U0567115

　　本书出版受西北大学"双一流"建设项目及西北大学社科处"改革开放 40 周年、建国 70 周年、建党 100 周年"系列研究专项项目资助。

高校心理健康
教育发展

THE EDUCATIONAL DEVELOPMENT OF

MENTAL HEALTH

IN UNIVERSITIES FOR 40 YEARS

郑安云　张文芳　主编

社会科学文献出版社
SOCIAL SCIENCES ACADEMIC PRESS (CHINA)

序 言

光阴荏苒，我从事心理咨询事业已二十余载（从1996年读研开始）。当时我在陕西师范大学教育学系攻读心理学硕士学位，我们的心理咨询课程导师王淑兰教授在课堂上告知大家：陕西妇女研究会（现为陕西省妇女理论婚姻家庭研究会）要招聘为女性做心理服务的志愿者，她鼓励我们积极报名。通过一年的心理学专业学习，同学们觉得心理咨询太难做了，但我们几个女同学还是勇敢报了名。紧接着就进入对志愿者的心理测试（由第四军医大学空医系的胡文东老师给我们做心理测试）和面试环节，我顺利被录用。就这样，我与研究会招聘的第一批志愿者一起开始心理咨询的学习、体验、提升和成长，一直走到今天，我也从一名志愿者成长为该研究会的理事。

我的大学生心理咨询和健康教育工作始于2001年，当时西北大学学生处（现为学生工作部）处长令狐培选老师召集西北大学管哲系（现为公共管理学院）的三位心理学教师商谈组建西北大学大学生心理咨询中心的事宜，其中就有我。从那时起我就开始在心理咨询中心兼职为学生开展心理咨询活动，同时在全校开设大学生心理健康教育通识课程。就这样，我在心理咨询中心兼职到今天，学生处一直聘任我为心理咨询中心的业务主任。从2001年开始，我就更多关注大学生心理健康教育的研究和发展，关注教育部出台的有关大学生心理健康教育的各项政策，关注国内大学生心理健康教育各种学术组织、学会、协会的研讨和发展动态。同时，我将教育部的相关政策和著名高校大学生心理健康教育中心建设等信息传递给学校相关领导，以期为改善我校的心理健康教育环境做好铺垫工作。

我亲身经历了我国心理健康教育由弱到强的发展历程。这20多年来，我也帮助了无数有心理困扰的学生，经历了多次学生危机事件，为学生做了上千场心理健康报告。然而，感触最深刻的还是心理健康教育中心的建设与发展。刚开始组建的心理健康教育中心挂靠在学生处，是一个虚体机构，专业老师当初只有我一人，其他兼职咨询的老师都是辅导员。当时没有办公室和咨询室，学生处腾出了一间资料室的一半空间给心理咨询中心用来开展电话咨询。即便如此，在令狐培选老师的鼓励下，我和辅导员们一起学习心理咨询的理论和方法，一起研究大学生的心理问题及原因，一起开展心理健康教育的宣传和普及工作，一起外出学习交流、一起成长，那是一段非常难忘的日子。这些辅导员在为学生提供心理服务的过程中学习心理咨询的理论和方法，成长很快，如今他们中的大多数成为学校的中高层骨干力量，有的在行政职业生涯的发展中也兼收了心理咨询师和心理注册师的资格。直到2008年，心理中心才相对独立，招聘了第一位专职教师，有了一间独立的办公室兼咨询室。如今的心理咨询中心（全称是西北大学心理健康教育中心）得到了很好的发展，学生活动中心大楼里有十几间房用于办公和做咨询，有专职教师9人，兼职心理咨询师20多人，每年为全校学生开展全方位的心理健康教育和辅导工作，并于2016年获得"陕西省心理健康教育示范基地"称号。

伴随着我国心理健康教育事业的发展和心理健康教育中心的日益成熟，我一直想完成一部关于高校心理健康教育的著作。恰巧遇到学校社科处召集改革开放40年的研究课题，我便萌生了把我国高校心理健康教育40余年的发展历程进行梳理进而成书的想法。经过认真查阅，我发现有几篇论述高校心理健康教育发展历程的论文，但系统阐述高校心理健康教育发展历程及其演变的书籍还没有。带着一种使命感和对学校心理咨询行业教师的敬意，我构思了本书的提纲。本书分为八个板块（高校心理健康教育发展概述，高校心理健康教育的政策、法规与伦理，高校心理健康教育的理论基础，高校心理健康教育的内容，高校心理健康教育的课程及教学建设，高校心理健康教育中心的建设，高校心理健康教育的评估与激励，高校心理健康教育研究的发展趋势），每一个板块既相对独立又彼此联系。我们采用历史发展观视角，通过重点突出改革开放40余年心理健康教育的发展和演变来呈现我国心理健康教育的历史进程。我们试图在每章都讲40余年来我国高校心理健康教育的故事，也想把多年来在该岗位上努力奉献的心理教师和咨询师们的感受和思考融入其中，反思心理健康教育事业的社会意义和价值，同时想探讨心理健康教育本土化的路径……带着这些愿望，团队成员以诚恳、真实、专业、认真的态度，本着开放思想、排除禁锢的原则，以我们自己亲身的体验和对工作的思考组织材料，阐述、论证……经过半年多的努力，终于完成此书。我有惊喜，也有遗憾。惊喜的是，通过文献的整理，我们确实发现了我国高校心理健康教育发展过程中的成就和社会价值；遗憾的是，有些内容资料不够充实，这反映出我国高校心理健康教育的经历和故事虽多但研究不足。本书的特点就是以高校心理健康教育40余年的发展脉络为主线，将心理健康教育的种种事件和活动贯穿其中，以期使读者能够清晰地看到我国高校心理健康教育从无到有、从弱到强的发展历程。本书的不足是描述更多，论证、研究和探索显弱，但梳理和尽量系统阐述改革开放以来我国心理健康教育事业发展的目的已达到。

本书适合教育一线的教师和管理者尤其是心理健康教育和咨询工作者阅读。我希望本书能对各位有一定的指导和借鉴价值，也真诚接受大家对本书提出宝贵意见！

郑安云

2020 年夏

目　录

第一章　高校心理健康教育发展概述

伴随着我国改革开放的春风，高校心理健康教育在我国开始萌芽、成长、繁荣，改革开放的 40 余年也是心理健康教育发展的 40 余年。这 40 余年来，我国的经济快速发展，社会不断进步，教育发展水平进一步提高，使我国在国际大舞台上备受关注。高校心理健康教育与时俱进，在吸收西方心理学理论的同时，结合本土化特点，探索出一条"阳光大道"。本章将沿着历史的脚步梳理高校心理健康教育的发展历程。

第一节　高校心理健康教育在各个时期的发展

综观国际社会，大学生心理健康教育是高校一直关注的重点。1907 年，美国学者戴维斯开设学校心理辅导课，拉开了大学生心理健康教育的序幕（简华、胡韬，2006）。我国大学生心理健康教育可追溯到 20 世纪 30 年代，随着西方教育理念及模式传入国内，一些学者开始翻译国外相关的文献书籍。1936 年成立于南京的中国卫生协会促进了中国高校心理健康教育的发展（王恩界、罗雪，2017），而真正意义上的发展直至 1978 年改革开放之初才开始。

本节通过梳理我国高校心理健康教育从无到有的发展脉络，从时代背景中厘清心理健康教育的发展历史，将心理健康教育的发展历程分为萌芽阶段、探索阶段、快速发展阶段和繁荣阶段，并对当前我国高校心理健康教育的发展状况做出客观评价和前瞻性展望。

一　高校心理健康教育概述

高校心理健康教育是现代教育的产物，是素质教育的重要组成部分。20 世纪七八十年代初，中国还没有心理健康的概念，只有心理卫生、心理品质等概念。直到 80 年代后期，心理健康的概念才逐渐被使用。

关于心理健康的概念，目前国内外学术界尚无一致的看法。

心理健康有广义和狭义之分，广义的心理健康是指一种高效而满意的、持续的心理状态；狭义的心理健康是指人的基本心理活动过程的内容完整、协调一致，即认知、情感、意志、行为、人格的完整和协调，并与社会保持一致。《简明不列颠百科全书》中写道：心理健康指个体心理在本身及条件许可范围内所能达到的最佳功能状态，但不是十全十美的绝对状态（王登峰，1992）。心理健康是指心理机能处于健全的活动状态（朱家雄，1983）。心理健康就是能认识自己，悦纳自己，控制自己（张声远，1986）。1946 年，第三届国际心理卫生大会曾拟定心理健康的具体标准：①身体、智力、情绪十分协调；②适应环境，处理人际关系时能谦让；③有幸福感；④在工作和职业中，能充分发挥自己的能力，过有效率的生活。有关心理健康的概念，我们会在后面的章节中阐述。

关于高校心理健康教育，学术界也未有统一的定论，目前较为活跃的观点有四种（卢爱新，2007）。第一种是活动论：陈家麟（2002：29）认为，高校心理健康教育是以心理学的理论和技术为主要依托，有目的、有计划地培养（包括自我培养）学生良好的心理素质，促进学生身心和谐发展和素质全面提高的教育活动，心理健康教育是一系列的活动。第二种是过程论：吴汉德（2003：8）认为，大学生心理健康教育指教育者通过对大学生普及心理保健知识，传授心理保健技能，培养大学生良好的心理品质和健全的个性，促进其心理健康发展的过程。第三种是系统论：张继如（2003：13~14）认为，心理健康教育是教育工作者通过多种途径并运用多种手段，从学生的心理实际出发，有目的、有计划地对学生心理的各个方面进行积极的教育和辅导，促进学生个性全面而和谐地发展，维护和促进学生心理健康的系统工程。第四种是功能论：樊富珉（2002：96）认为，心理健康教育是根据学生身心发展的特点和规律，运用心理科学的理论、技术、方法，有目的、有计划、有步骤地通过多种形式及途径，培养学生良好的心理品质和健全的人格的教育活动；申荷永、高岚（2002：17）认为，心理健康教育是一项新的心理学事业，它以实现心理学自身的意义和价值为目标，以培养与完善人格，提高人们的心理素质，提高人们的生活质量为目的。

综合来看，心理健康教育的涵盖面较广，可概括为两大方面：良好心理素质的培养和心理疾病的防治。两者相辅相成。具体来说，不仅包括以面向全体学生的发展为目标的心理健康教育（形式上主要有课程、讲座、宣传、活动等，内容包含心理卫生、心理品质、心理素质等多方面的心理教育），还包括对存在心理困惑、心理障碍或心理问题的个别学生进行必要的心理辅导、心理咨询和治疗等。

通过文献梳理，心理健康教育的发展脉络逐渐变得清晰，我们将从历史大事件的视角去观察心理健康教育的发展，因此从1978年至今，我们将心理健康教育发展历程分为四大阶段：①萌芽阶段（1978~1989年）；②探索阶段（1990~1999年）；③快速发展阶段（2000~2010年）；④繁荣阶段（2011年至今）。这一划分方式与潘曦等（2015）的划分方式略有不同，潘曦等在《近三十年我国大学生心理健康教育工作历史、现状与对策研究综述》中将2000年以后统称为提高完善阶段。笔者认为，虽然我国高校心理健康教育历经40余年的发展，但并没有达到完善的程度，在实际工作中还是有很多现实难题需要解决，制度、理论上亦有很多不完善的地方需要继续探索。

二 心理健康教育的萌芽阶段 (1978~1989 年)

说到心理健康教育的起源,不得不提及现代科学心理学在我国的起源与发展,心理健康教育是心理学的一个分支,这一分支的成长和繁荣,是历史的必然也是前辈们不懈努力的见证。

我国心理科学的出现与发展要从清末西方心理科学的传入算起。早在"五四运动"思潮的影响下,陈大齐在北京大学讲授了中国的第一门心理学课程,并于 1921 年成立第一个心理学组织——中华心理学会。

从新中国成立后到改革开放前心理学的发展经历了改造、繁荣、停滞和新生四个时期。早期的研究重点在心理学的研究对象、方法、基本内容等方面,而后逐渐发展到儿童心理学与教育心理学、工程心理学、实验心理学、医学心理学、生理心理学等心理学分支的研究,并取得了空前的成就。但受"文革"的影响,这一时期,我国心理学的发展几乎停滞。"四人帮"被粉碎后,心理学才得以重获新生。

1977 年恢复高考,大学校园又充满了生机。经历了"文革"的学子们带着一身"创伤"走进大学校园,他们的心理健康问题也逐渐显现出来。1982 年,学校里的"难以教育的学生"引起了教育者的关注。苏联心理学家苏霍姆林斯基提出学生的心理问题是由于家庭和学校的教育不当造成的心理创伤,形成了一种"学校病"。他指出在德育中要注意学生的"心理卫生",也就是要密切注意学生的心理变化(杜殿坤,1982)。

1985 年 9 月,筹备了 6 年之久的中国心理卫生协会正式成立。该协会旨在团结全国医学、教育等各级组织进行心理卫生工作,提高人民健康水平,预防心身疾病。

综上,我国大学生心理健康的思想是在改革开放后开始萌芽的,具体可分为以下几个节点。

1. 开始关注大学生的心理特点和心理问题

1983 年，凤肖玉在《学校的心理卫生工作》中提出，校领导和教师应该较全面地了解心理健康的意义和要求，并懂得一些心理疾病的知识，在学校管理工作中预防学生心理疾病的发生，培养学生健康的心理，这是学校管理工作者的重要任务之一（凤肖玉，1983）。1984 年 6 月 13 日，同济大学党委办公室发文，要求重视大学生的心理健康问题，并开展心理健康教育和心理咨询工作。1986 年首届青少年心理卫生学术交流会在京举行，与会者认为独生子女教养问题、大中学生的心理障碍、青少年性教育、青少年犯罪等是当下最突出的问题。

与此同时，为了有针对性地开展心理健康教育，有学者开始对学生的心理特点和心理问题进行调查统计，刘平根据王极盛修订的心理健康测验量表，分层抽样调查了某高校 300 名大学生的心理健康状况，其结果为：①心理健康水平高的占 12%；②心理健康水平一般的占 71%；③心理健康水平低的占 14%；④心理不健康的占 3%（刘平，1987）。这是我国首次关于大学生心理健康问题的统计数据。之后，陈锡林（1985）、赵恒泰（1985）、姚本先（1987）、邓明昱等又分别撰写了关于大学生的心理特点和心理问题的文章，我们从中得知，20 世纪 80 年代的大学生有着与当代大学生相似的心理特点：依赖性强、理想化、盲目自信，并存在以下几种矛盾——期望与失望、满足与空虚、自豪与自卑、新鲜与怀旧、独立与依赖等。从文献来看，当时心理障碍的发生率在 20% ~ 50%，但其中并未提及是用何种测量工具做出的统计结果，因此无法与当下的数据进行比较。

2. 心理咨询开始扎根中国大地

心理咨询是西方心理工作的产物，随着心理学被引入我国，心理咨询也开始在中国大地扎根，作为最早的心理健康教育方式被高校引用。沈琪瑶提到我国高校心理咨询活动始于 1981 年，但并未说明是哪所高校。1985 年，上海交通大学成立的"益友咨询中心"

是我国第一所心理咨询专业机构。1988年，高校心理咨询协会成立，全国48所高校开启心理咨询服务工作（沈琪瑶，1992）。在当时实属开创先河之举。

1986年，姜维茂在《关于建立具有中国特色的心理咨询事业的刍议》一文中解读了心理咨询的内容：疾病的咨询、克服精神障碍和情感障碍的咨询；升学、就业、工作、人际关系中出现心理困扰的咨询；恋爱、婚姻、家庭和性的问题的咨询；计划生育、优生优育的心理问题及独生子女的抚养、教育和心理卫生的咨询；残疾人的心理问题的咨询；等等。进行心理健康教育的途径与方式有门诊咨询、书信咨询、专栏咨询、现场咨询、电话咨询、宣传栏等。20世纪90年代初期，一些高校还配有计算机、生物反馈仪及其他心理测量仪。这对于当时的经济状况和社会意识来说，是非常前沿的。

3. 浙江大学的探索和经验堪称"引路人"

浙江大学从1983年开始筹备建设心理咨询中心，1987年正式挂牌，为学生提供心理咨询服务。其心理健康教育工作模式在当时是非常先进的，具体表现为：咨询方式灵活，除了个体咨询还有团体咨询；开设青年与心理健康、大学生心理卫生、心理发展与指导、性科学等心理健康课程；创办刊物《心理咨询》；开展讲座、心理测验等工作，为新上岗的班主任、辅导员以及班干部做心理咨询专题报告；此外还开设校外服务，通过婚恋机构、电台等方式为社会各界人士提供义务心理咨询、心理讲座等；承担《大学生心理健康与心理咨询研究》《中国特色的高校心理咨询模式研究》等国家哲学社会科学"八五"规划课题；六年时间出版了《心理卫生学》《大学生心理卫生》《辅导人生——心理咨询学》等著作（马建青，1992）。

浙江大学的心理健康教育途径丰富且有创新性，为之后我国心理健康教育的发展与壮大起到了很好的榜样示范作用。其教育方法至今仍被各高校使用和扩展。若以浙江大学心理健康教育工作的模式为参照点，我国心理健康教育工作的起点是相当高的，但从其他高校的发展情况来看，浙江大学的探索和经验并没有得到很好的推广。由于政策、观念、师资等众多因素的影响，因此心理健康教育长期处于萌芽阶段。

三 心理健康教育的探索阶段（1990~1999 年）

1. 大学生心理问题日益凸显，高校开始重视心理健康教育工作

20 世纪 90 年代，大学成为人才培养的首要基地，越来越多的青少年有机会进入大学校园进行学习提升。然而，知识的学习并不能带来学生素质的全面发展，学生的心理问题日益凸显。"文革"时期出生并成长起来的一代人开始走进大学校园，到 90 年代中期，第一批独生子女也开始步入大学校园。此时，社会正经历从计划经济到市场经济的转型时期，从 1996 年开始，国家不再对大学生包分配，于是大学生们经历了前所未有的时代难题。他们或带着原生家庭的创伤，或因独生子女而感受天差地别的待遇（在家众星捧月，出了家门不再是中心），或因人际交往、恋爱而苦恼，或因就业而发愁。石显成（1990）对大专院校的调查资料显示，大学生中有心身疾病的患者占一定比重，因心理不健康而影响正常学习生活的人数更是不断增加：重庆的调查结果表明，在 418 名大学生中，有心身健康问题的占 21.77%，其中神经症为 1.9%；兰州 4 所高校的调查结果显示，在 4868 名学生中，患神经衰弱的有 413 人，患病率为 8.48%。面对大学生的心理健康状况，许多学者呼吁高校应该开展心理卫生教育（即心理健康教育），认为心理卫生工作是维护和增强身体健康、心理健康和社会适应能力的一项重要活动和积极有效的措施（王应杰，1991；范耀萍，1993；沈晓良，1995）。因此，90 年代后期逐渐有更多的高校开展心理健康教育工作，越来越多的学者开始关注心理健康教育工作。

2. 国家出台相关文件，明确高校心理健康教育的思路

1994 年 8 月《中共中央关于进一步加强和改进学校德育工作

的若干意见》指出"通过多种方式对不同年龄层次的学生进行心理健康教育和指导",这是国家政策中首次提出"心理健康教育"的概念。1995 年,国家教委出台《中国普通高等学校德育大纲》,明确提出心理健康教育的内容包括心理健康知识教育、个性心理品质教育、心理调适能力培养;同时,要求在日常思想政治教育中加强心理健康和心理素质的咨询与指导。1999 年《中共中央 国务院关于深化教育改革,全面推进素质教育的决定》提出,针对新形势下青少年的特点,应加强学生的心理健康教育,培养学生坚韧不拔的意志、艰苦奋斗的精神,增强青少年适应社会的能力。相关文件的出台表明党和政府开始全面重视学校心理健康教育工作,各部门、各级各类学校开始了心理健康教育的新一轮探索。

3. 心理健康教育与思想政治教育的关系讨论

关于心理健康教育与思想政治教育的关系,早在心理健康教育萌芽的阶段就有相关论述。实践中,人们意识到很多问题是思想政治教育无法解决的。因此,心理健康教育从思想政治教育的"大树上"分出了一根新枝,开始慢慢壮大。但心理健康教育应该怎么做一直是大家讨论的热点,与思想政治教育关系的理论探索是中国学校教育发展过程中重要且特有的问题,主要有以下三种观点。

(1)补充观。伴随着社会的发展和进步,已有思想政治教育在观念、目标、内容、方法、途径等方面不再适用。此时出现的心理健康教育是新形势下改进思想政治教育工作的重要途径与有效补充。如王应杰(1991)、仲玉英(1987)、石显成(1990)等认为我国心理咨询工作从无到有,成为大学生思想政治教育不可或缺的辅助手段,作为借鉴国外学校心理卫生工作理论和实践的新尝试,使学生思想教育工作得到了更为科学化、专业化、系统化、现代化的发展。心理健康教育可使思想教育工作者了解学生的心理活动和个性,同时有助于思想教育工作者自身素质的提高,对培养大学生具有远大的理想、强烈的事业心、非凡的创造力、良好的心理素质、适应改革开放的需要非常有帮助。

（2）母子观。该观点认为心理健康教育是思想政治教育工作的重要内容和组成部分。1995年颁布的《中国普通高等学校德育大纲》就把心理健康教育明确列为高校德育的重要组成部分，心理健康教育属于德育范畴。但也有完全相反的"母子观"，张海钟（1996）认为，心理发展包括思想、品格、智力、人格的全面发展，心理教育也就包括了思想教育、品德教育、智力教育等部分。

（3）互补观。马建青（1997）认为，心育与德育结合，两者既有联系又有区别，互为补充。尽管在发展初期，持补充观的人更多，认为心理健康教育属于思想教育的一个分支，但心理健康教育还是逐渐从中独立成长起来，成为当今高校非常重要的学生工作之一。有关心理健康教育与思想教育的关系讨论仅在20世纪90年代较多。2000年以后，人们的脑海中已开始正式接纳"心理健康教育"一词，不再纠结它与思想教育的关系，而把更多的研究精力放在心理健康教育的途径与内容上。

4. 心理健康教育工作内容与形式的探索

1990~1999年，心理健康教育的内容与形式有了很多创新，有人将心理健康教育工作分为心理指导工作和心理卫生工作。

（1）心理指导工作。重点是对大多数心理正常学生的发展性指导，心理指导是从学生的实际心理需求出发，予以点拨和帮助解决问题，使学生成为更好的自己。通过谈话咨询、测试、训练来改变或调节原来的状态。

（2）心理卫生工作。重点是预防危机事件的发生，辅导内容主要包括科学用脑，关注智力活动中的心理卫生，加强思想修养，树立远大理想和正确人生观。

心理健康教育的主要方式包括以下几种。

（1）心理咨询。当时的咨询方式如门诊、书信方式（在20世纪八九十年代是一种非常流行的方式，甚至刊登书信咨询的范例以达到咨询效果）、专栏方式（在报刊上刊登专栏咨询），虽然难以提出针对性很强的意见，但对普及心理卫生知识、发展预防保健医学的社会服务发挥了一定的作用。同时还有现场咨询和电话咨询，尽管现在看来不够专业、严谨，但在当时对推进心理健康教育仍起到了非常重要的作用。

（2）团体咨询。当时上海工业大学采用"寝室人际关系讨论会"的形式同学生讨论如何巧妙地拒绝他人、女性的理想与理想的女性等，这种团体的形式给大家一个学习交流的机会，开启了团体咨询、小组咨询、班级咨询等群体性咨询活动（沈晓良，1995）。

（3）心理健康课程。有的学校称为心理健康指导课，还有的称为大学生心理健康教育等，同时开设心理健康教育讲座、政工干部心理指导培训班等（沈贵鹏，1994）。

此外，还有建立心理档案，加强体育锻炼，重视学校环境和校园文化娱乐设施建设，建设健康愉悦的心理气氛等形式（穆小丹，1990）。

四 心理健康教育的快速发展阶段（2000~2010年）

2000年以后，学界对高校心理健康教育的关注和研究热度居高不下。比如，为解决就业问题，国家开始实施高校扩招政策，大学生不再是"天之骄子"，从神坛跌落的大学生们该何去何从？再如，中国人民大学人口研究中心根据第二次全国人口普查数据研究表明，早在2000年，全国14岁以下的农村留守儿童总量接近2000万人，进入21世纪以后，这些有留守经历的孩子开始进入大学校园，早年的亲情缺失使他们进入学校环境后难免存在人际适应问题；随着网络的迅速普及，高校又面临着新的时代挑战。于是，留守儿童、网络成瘾、心理危机干预成为这一时期的高频词。与此同时，全国40%以上的高校都设立了心理健康教育机构（宋英，2005）。高校心理健康教育也越来越有针对性、越来越专业化，针对性体现为对不同群体的关注和教育，诸如网络群体、新生群体、毕业生群体、贫困生群体；专业化体现为对心理教育途径方面的研究越来越细化，高校相继关注心理健康教育的研究方向，重点由理论研究落实到全方位、多角度、创新方式的实践研究，诸如关于心理健康教育课程的专门研究、关于心理咨询方法技术的研究、对宣传活动形式的研究、对心理健康教育本土化的研究等。

1. 政策大力支持

2001 年出台的《教育部关于加强普通高等学校大学生心理健康教育工作的意见》、2002 年出台的《普通高等学校大学生心理健康教育工作实施纲要（试行）》，为大学生心理健康教育工作的开展制定了基本要求。国家陆续出台的关于高校心理健康教育的文件，要求越来越具体、严格、规范，促进了这一时期的高校心理健康教育开展正规化。文件也专门对心理健康教育工作的主要任务和内容，工作的原则、途径和方法，从业人员专业化培训、心理健康教育课程课时、专项经费等做了要求，为高校的心理健康教育工作提供了有力的政策支持和保障，让心理健康教育工作更有方向性。

2. 历史大事件：国家心理咨询师从业资格考试

劳动部于 2001 年 4 月正式推出《心理咨询师国家职业标准（试行）》，并将心理咨询师正式列入《中华人民共和国职业分类大典》。2002 年 7 月，心理咨询师国家职业资格项目正式启动，每年举办两次全国统一鉴定考试，时间分别在 5 月和 11 月。要求心理咨询从业人员经过考核、评审，持证上岗，这预示着我国心理咨询专业化、职业化的发展趋势，心理咨询成为我国高校大学生心理健康教育重要工作形式之一。通过考试而持证从业的人越来越多，高校心理健康教育工作正式走向专业化，没有经过专业培训的政工干部逐渐退出该项工作。

3. 心理危机干预开始成为工作重点

从知网的文献来看，2000 年以前，以"心理危机干预"为主题词搜索到的文章不足 30 篇，而 2000~2010 年的文献总量达 1638 篇，以"高校心理危机干预"为主题词搜索到的文献有 461 篇。

随着高校的扩招，进入高校的学生数量快速上升，这个年龄段的大学生的心理特点表现为易激动，思维、情感趋于成熟，自我意识增强，人生压力诸如学业、人际关系、情感、就业求职适应等也相对集中，早年不良的成长经历更会导致心理危机的发生。尤其是 2004 年震惊全国的"马加爵事件"，让人们意识到教育学生不能只看成绩而忽视心理。随后几年，"天之骄子"自杀的事件也屡屡刺痛了教育者的神经，学生心理危机干预工作开始受到重视。

4. 班级心理委员开始走上历史舞台

高校心理工作者们在不断探索学生心理危机干预模式时，经常思考如何才能在危机发生的第一时间迅速知道消息，从而快速做出反应。这就需要在一线学生中有人能够承担及时发现危机、汇报危机、初级干预危机的任务。辅导员、老师无法时时刻刻和学生在一起，于是学生干部成为最好的人选，班级心理委员也就应时代的需要出现。2003 年，天津大学首次开设班级心理委员的探索与尝试，詹启生说把"心理委员"建在"班"上，使心理健康工作纳入规范化的学生事务中，从而确保心理危机干预快速反应体系有一个坚实的落脚点（詹启生，2005）。2004 年，浙江海洋学院、南阳理工大学也开始了班级心理委员的尝试。在中国知网以"心理委员"为主题词进行搜索，这十年仅有 130 篇相关文献。可见，班级心理委员作为心理健康教育中的一个新"助手"，还需不断地探索、研讨与推进。

5. 提出心理健康教育工作 X 级网络体系

随着心理健康教育工作的逐步开展，学生心理健康的自我意识逐渐提高，对心理健康教育服务的需求也逐年上升。但各高校的专业心理师资有限，无法满足学生的咨询需求，也无法兼顾心理健康教育的其他方面，诸如心理健康教育课程、心理咨询、危机干预、宣传活动等。庞大的工作内容要求更多的人加入心理健康教育工作，除了班级心理委员，还要发展更多可利用的资源来共同开展工作。针对实际情况，许多高校充分利用现有的教育资源，调动一切积极因素，如将专职学生思想政治工作者、学生干部、心理素质较好、个性品质优良、对心理健康教育有热心和爱心的学生纳入学校心理健康教育队伍。建立专兼职结合的工作队伍，形成了心理学专业工作者、专职学生思想政治工作者、学生干部的"三级网络体系"。这便是形成于 2004 年前后的"三级网络体系"的雏形。一些学者也相继发表心理健康教育体系的相关论述，如黄新华（2004）提出的构建三级保障网络的工作机制，分别为大学生心理健康教育网，大学生心理咨询辅导网，大学生心理疾病防止、干预体系；戴晴晴（2005）提出的"三梯队网络工作机制"，第一梯队是指心理学教师和具备相关知识的医务人员，第二梯队以专职学生思想政治工作者为重要力量，第三梯队是以大学生心理健康协会为组织依托的班级心协委员。郑翔（2005）也提出关于构建三级网络的思考，认为校级心理健康机构、院系级心理健康组织、班级学生心理健康援助小组是有效实施大学生心理健康教育的三级网络。他还提出采取切实措施，以三级网络为组织基础，逐步构建教育、指导、咨询、预防、干预相结合的心理健康立体教育模式，营造学校心理健康教育的良好氛围。在这一工作理念下，各高校开始大量探索心理健康教育工作三级、四级甚至五级网络体系的工作机制，从学校党委领导，到学生宿舍的舍长，每一层级都有各自的分管任务，期待用这样一张从上至下的网涵盖学校所有的心理健康教育工作。

随着心理健康教育网络体系的工作思路被大家熟知，各高校在实践中逐渐把更多的资源纳入心理健康教育的工作，如"四位一体"心理健康教育模式：①由学校领导、心理中心专职教师、二级心理辅导站负责人、心理委员四个层级构成工作队伍；②将心理健康教育渗透到宿舍、班级、校园、网络这些大学生常用的空间；③科学实施"教育、测验、咨询、干预"相结合的心理健康教育工作内容；④抓好心理健康教育的保障建设，如学科、机构、经费、场地等。

五 心理健康教育的繁荣阶段（2011 年至今）

2011 年至今，中国的变化日新月异，尤其是网络技术的发展。

大学生们在网络中成长起来，各种功能的应用软件协助教育者将各类知识更便捷地传送到他们面前，他们对心理健康的了解程度比之前更深、更广、更全面。这个阶段是全民开始关注心理健康的阶段。高校心理健康教育工作推进了三十多年，廖友国、连榕（2019）运用横断历史研究方法对7554组采用症状自评量表（SCL-90）获取的数据进行分析，结果表明从1986年到2017年，国民心理健康水平总体呈现缓慢向好趋势。笔者在高校心理健康教育工作的第一线发现，从2011年到2020年，大学生心理问题越来越复杂，前来咨询的学生中重症的较多，诸如抑郁症、焦虑症、双向情感障碍、人格障碍等。这个时期的高频词为：自杀危机干预、留守儿童进入大学、手机网瘾等。

1. 加大政策推进力度

学校心理健康教育工作的推进离不开国家在政策、制度上的支持。正是有了这些政策的指导，学校心理健康教育的发展蓝图才会越来越清晰，从而更加明确了工作目标、工作重点和工作职责。同时，相关政策在协调社会各方力量共同促进学生心理健康发展方面也发挥了强有力的助力作用。

2010年，《国家中长期教育改革和发展规划纲要（2010~2020年）》明确提出加强心理健康教育，促进学生身心健康、体魄强健、意志坚强；各高校应建立管理体系、课程体系、危机干预体系。2011年，教育部办公厅印发了《普通高等学校学生心理健康教育工作基本建设标准（试行）》的通知。2012年《中华人民共和国精神卫生法》通过并实施，该法不仅对精神卫生工作做出严格规定，而且对心理健康教育划分清晰边界。2016年《"健康中国2030"规划纲要》把心理健康教育服务上升为国家发展战略，要求加强心理健康服务体系建设和规范化管理，加大全民心理健康科普宣传力度，提升心理健康素养。2017年1月，国家卫生计生委、中宣部、中央综治办、民政部等22个部门共同印发《关于加强心理健康服务的指导意见》。作为贯彻落实习近平总书记在2016年全国卫生与健康大会上的讲话要求，落实"十三五"规划纲要和《"健康中国2030"规划纲要》的重要文件，《关于加强心理健康服务的指导意见》是我国首个加强心理健康服务的宏观指导性文件，明确了社会工作者参与心理健康服务的路径和方法，强调了专业社会工作在提供心理健康服务、完善心理健康服务体系中的重要作用，对于加强心理健康领域社会工作专业人才队伍建设、推动心理健康领域社会工作实务发展具有重要意义。至此，我国高校心理健康教育进入由量到质的规范提升阶段，这不仅表现在咨询技术的专业提升、活动场地的规范建设上，还表现在服务定位及未来发展趋向的提升与优化上。

在高校、社会、家庭都越来越接纳心理咨询时，2017年11月，国家正式取消心理咨询师技能考试。但对从业者来说，这并不意味着心理咨询师这一职业的消失，对于心理咨询行业来说，一个更加强调专业性、系统性和规范性的时代即将来临。

2. 心理健康教育模式研究精细化

心理健康教育的工作模式从开始的咨询到"咨询+课程"，再到"心理咨询+心理课程+讲座+宣传+危机干预"，学科教育渗透到心理健康教育模式中。工作场所从一间咨询室逐渐转变为一个部门——心理发展教育中心，涵盖的工作内容也更为丰富，开展的心理健康教育活动方式更加多元，诸如校园心理情景剧、心理微电影、微课、心理公开观摩课、优秀教案评选、优秀案例评选等。人们无限地挖掘每一种方式，细致地探索每个环节的影响因素，力图将这一方式做得更好。心理健康教育工作者相互结队、共同成长，也推动成立了非常多的专业组织。以陕西省为例，近十年来成立了大学生心理咨询委员会、高职心理咨询委员会、心理危机干预委员会、高校心理教育研究会等。这些组织机构的成立在很大程度上推动了全省心理健康教育工作的普及与规范化。

关于心理健康教育途径的研究更为精细化，诸如关于心理健康教育课程体系的建设、高校网络心理健康教育队伍培养、心理危机干预体系的建构，以及心理健康教育"四位一体两线"网络体系、心理咨询体系、高校网络心理健康教育体系、网络心理健康教育体系（"网络课程+网站宣传+网络咨询"）的建立等。而且，对心理咨询的要求也趋于专业化、正规化。

3. 重视心理健康教育师资队伍建设

随着国家政策文件的出台，大学生心理问题的逐年递增，高校对心理健康教育的重视程度越来越高，对师资队伍的建设力度也在逐年提升。①增加专职教师人数。刘明（2013）的调查数据显示，专职心理健康教育师生比从 1∶12000 到 1∶2800 不等。以陕西某高校为例来看，2011 年有 1 名专职心理健康教育教师，2013 年新增 1 名，2018 年有 3 名专职教师，师生比约为 1∶4300，达到这样比例的高校占多数。②培养兼职教师。在取消国家心理咨询师考试前，各高校积极为学生管理人员提供培训机会，使之成为学校的兼职心理工作者。考试取消之后，有部分高校采用招聘具有心理学背景的学生辅导员的方式，为学校补充兼职心理工作者。③为专兼职教师提供专业培训机会。刘明（2016）对陕西省 15 所高校的调研数据显示，约有 46.7% 的高校的专职教师能够经常性地参加专业培训，50% 左右的高校专职教师能够不定期地进修培训，基本能保证一年至少一次。④为专职教师提供督导机会。以陕西为例，专职教师每年学习不少于 40 学时，有条件的学校还为专职心理咨询师提供督导机会。

4. 特殊时期的天使——心理援助新冠肺炎疫情危机

2020 年 1 月 23 日，武汉因新冠肺炎疫情封城，这是新中国成立以来第一次封城。全国人民积极响应号召，大部分人都居家隔离，最大限度减少外出。这种漫长的居家生活，使我们每个人都处在应激状态中。

1 月 26 日，《新型冠状病毒感染的肺炎疫情紧急心理危机干预指导原则》下发，28 日教育部发出通知，要求面向广大高校师生和人民群众开展疫情相关的心理危机干预工作。各高校纷纷设立心理咨询热线及网络心理援助平台，为广大师生和人民群众提供服务。中国心理卫生协会大学生心理咨询专业委员会整合全国高校督导资源，向全国尤其是湖北省有督导需求人员提供公益督导服务。2月2日，国务院应对新型冠状病毒感染的肺炎疫情联防联控机制发布《关于设立应对疫情心理援助热线的通知》，要求各地设立应对疫情心理援助热线，每条热线至少开通两个座席，结合本地公众需求提供24小时免费心理服务。

可以看出，为了做好应对疫情的心理援助工作，国家采取了非常迅速、有序且规范的行动。2003年非典型肺炎疫情暴发时，国内的心理危机援助工作多由民间组织自发提供，无相应的工作指导原则，还处于公共危机应对的摸索阶段。当时80岁的著名心理学家李心天教授表示"这次心理援助行动，可以把心理卫生界团结起来，在遇到重大突发的事件时，我们就可以马上启动心理援助行动"。时隔17年，正如李老所说，这一次心理工作人员迅速团结起来，在各个省市建立心理援助热线。此外，还有QQ、微信等网络援助方式。仅华中师范大学心理援助平台就有4000多人参与志愿服务，心理学界的许多领军人物在此期间通过网络直播等方式对心理援助工作人员进行专业的危机干预培训和对普通人在疫情期间如何进行心理调适开展培训。中国心理学会临床工作委员会也积极为心理援助机构提供督导服务。而在十多年前，樊富珉、贾晓明（2003）在"非典"心理援助热线来电初步分析报告的记录中显示，"非典"疫情期间的心理援助热线工作人员仅160人。由此，我们也能窥见高校心理咨询随着时代的需求正在进步并发展壮大。

经过40余年的发展，我国高校心理健康教育取得了长足的进步，在从无到有、从虚到实、从有到优的发展过程中帮助了一批批有心理成长困扰的学生，为他们营造了良好的校园健康氛围。但也依旧面临着种种难题需要攻克解决，诸如目标定位不清晰、机构设置不完善、人员专业化素质不足，以及心理健康教育模相关机制不健全、操作流程缺乏标准与规范等。本书借此次40余年的经验梳理，希望为今后的心理健康教育发展提供一个思路和方向。

拓展阅读

大学生心理健康变迁的横断历史研究

自恢复高考至今，我国的高等教育取得了巨大进步，这一历史时期的大学生整体的心理健康水平是如何变化的呢？本研究对1986年至2010年237项采用"90项症状自评量表"（SCL-90）的研究报告进行了横断历史的元分析，以考察这些研究（被试为30多万名大学生）所测心理问题的9个因子得分随年代的变化趋势。

结果如下。

（1）SCL-90各因子均值与年代之间均呈负相关，年代可以解释9个因子4%~36%的变异；25年来9个因子均值下降了1%~13%（0.16~0.78个标准差），其中偏执、人际关系、抑郁、敌对因子变化较明显。这说明25年来大学生的心理问题逐渐减少，即大学生心理健康的整体水平逐步提高。

（2）年代对与其相关的大一新生的6个因子的解释率低于非大一学生的9个因子，表明25年来大学生心理健康的改善主要由非大一学生引起。

（3）年代对与其相关的非重点大学学生的7个因子的解释率低于重点大学学生，这表明较之非重点大学学生，重点大学的学生25年来心理健康的水平有了更明显的提高。

（4）虽然除敌对和偏执因子外，男生SCL-90的7个因子的均值均小于女生，但25年来其各因子均值随年代的变化却大于女生，即男生的心理健康水平的改善速度快于女生。

（5）虽然整体上城市生源大学生SCL-90各因子均值均略小于农村生源大学生，但25年来城市生源大学生SCL-90量表中有7个因子下降的比率略高于农村生源大学生。这表明较之农村生源，城市生源的大学生的心理健康水平和改善速度均略高。

资料来源：辛自强、张梅、何琳（2012）。

第二节　港台地区心理健康教育的发展

一　我国香港地区心理健康教育的发展与特色

（一）起源与发展

我国香港地区在 1954 年 1 月成立了"香港心理卫生协会"，目的在于推动香港心理卫生计划在促进心理疾病和智力落后方面所需要的最广泛的医学、教育和社会领域的发展。

我国香港地区高校的心理辅导在 20 世纪 70 年代开始起步。1964 年香港大学成立工作研究小组，针对学生中存在的思想、学业、就业等问题进行调查研究，1966 年提出成立学生辅导处的建议，1970 年学生辅导处正式成立，并聘用首位临床心理学家担任心理辅导人员。1971 年香港浸会书院（现为香港浸会大学）创立了辅导中心，有三位兼职辅导员提供服务（樊富珉，2005）。80 年代，我国内地心理健康教育处于起步阶段，此时香港的学生心理辅导机构已开设了相关的课程，例如如何有效地生活、如何与人相处、社交礼仪培训、人际关系技巧训练、领导才能训练等。90 年代，香港大学的学生辅导中心改名为"个人发展及辅导中心"，经过多年的发展，香港高校在工作宗旨、机构设置、人员配备、活动开展、对外合作与沟通等方面积累了许多成熟的经验，形成了一套完善的工作模式。

1988 年香港心理卫生周期间，有美国、加拿大、日本、澳大利亚等国外专家代表参加会议，港内有社会学家、经济学家、法律专家、康复学家、青少年心理卫生专家、教育学家与会，还有工人、农民、医生、商人、学生、科技人员参与活动，包括从儿童、青少年到中年、老年各年龄阶段的市民。在宣传方面，通过报纸、电台、电视台、广告等方式进行广泛报道，在香港地区引起了强烈反响，心理卫生成为香港人不可缺少的观念之一。在这样的背景下，香港地区高校的心理健康教育也如火如荼地发展起来（丁勤璋，1989）。

（二）我国香港地区心理健康教育的特色

在香港地区，心理健康教育与欧美高校非常相似，学生辅导分为补救/治疗性、预防性、教育/发展性三种。其心理辅导的宗旨放在"全人发展"上，概括起来体现在心灵、智能、体能、社交、美艺、事业及情绪七个方面，并用"counseling"一词概括学生辅导的特色：全面服务——预防、补救、发展三方面并重；开拓外展——面向世界；用者为本——按照学生的需要和生活方式去设计服务；广结网络——与中学、政府、雇主等广结关系；进修培训——辅导员们不断进修学习；体验学习——通过经验、活动、反思去学习；终身学习——不停地学习去适应信息社会；创新突破——在服务内容和方式上不断创新；无限乐趣——参加者和主办者都能分享个人乐趣；全人发展——辅导的主旨是个人成长和发展。

心理辅导在香港是专业性工作，辅导员不仅要具备专业知识与技能，还要具备良好的道德修养和较高的个人素质。心理辅导员必须经过专业培训，并至少获得辅导学、辅导心理学、教育心理学、社会工作学、临床心理学等专业中的一种硕士以上的学位。可以看出，香港地区高校对从事心理辅导的辅导员要求非常严格。

香港地区的慈善机构也会参与学校的心理工作，关注学生的心理健康，对学校的心理健康教育辅导工作起到了促进作用。香港中文大学的心理健康教育采用全校参与的模式，包括决策及行政单位、健康促进及防护咨询委员会、学生辅导及发展组、书院辅导处、保健处、学院、学生团体、宿舍等部门，它们都在一定范围内发挥心理健康教育的作用，形成了较为完整的心理健康教育网络，学生无论在哪个部门都可以寻求到支持和帮助。

二 我国台湾地区心理健康教育的发展与特色

(一) 起源与发展

我国台湾地区在 20 世纪 50 年代曾派遣教师与教育行政人员到美国进修心理健康教育，之后开始在台湾开展心理健康教育工作，为了解决随父母迁台子女的适应问题，先后举办了多期"辅导研习会"，并编印《辅导研究》期刊。这一措施培养了大批心理辅导人才，为之后在高校设立"学生辅导中心"提供了师资。从机构设置来看，学生辅导中心（有些学校称之为学生心理咨商与辅导中心）为独立的行政或研究单位，属于一级机构，或从属于学生事务处，工作相对独立，拥有完善的硬件设施和房间设备。

70 多年来，台湾地区的学校辅导事业经历了从无到有、从实务到实务与理论相结合、从行动到行动与制度相融合的发展历程（叶一舵，2006）。台湾地区著名的辅导专家吴武典（2003）将台湾地区学校辅导分为五个阶段：①介绍期（20 世纪 50 年代末 60 年代初）；②实验期（20 世纪 60 年代），推动了中等学校辅导工作实验计划；③推广期（1968～1991 年），以"九年国教"为标志；④发展期（1991～2002 年），以台湾地区教育部门实施的"辅导工作六年计划"为标志；⑤转型期（2002 年至今），通过制定相关规定，台湾地区的心理工作越来越专业。漆明龙（2002）将台湾地区的心理健康教育发展分为发起、实验、推广、应用四个时期。

台湾地区心理健康教育有一个非常重要的理念，即高校心理健康教育不只是心理咨询中心的工作，也不只是学校安全维稳的工作，而是需要全社会共同参与的工作。积极调动学生队伍、其他教师、医院、政府、社工、家长等各方力量和资源，从制度建设、法律保障、专业建设、从业人员几个方面入手，构建心理健康教育工作的生态合力。

（二）我国台湾地区心理健康教育的特色

1. 法律保障

从台湾地区学生辅导的发展脉络来看，台湾地区一直非常重视制度、法规的建设和执行。1972 年，颁布了《高级中等学校辅导工作实施纲要》与《高级中等学校辅导工作实施要点》，2001 年制定了"心理师法"，2014 年又制定了"学生辅导法"。通过法律保障的方式推动心理健康教育的发展，这在国际上也处于领先地位。可以看出，台湾地区对心理健康教育工作和心理咨询行业非常重视。

"学生辅导法"对学生辅导工作的内容进行了详细的规定。①使用课程、心理测评、辅导活动等方法为学生提供身心发展、自我整合、学业生涯规划发展所需要的知识、技能和资讯。②针对学生的特别需要，以个人或小团体为单位，进行心理咨询或心理治疗、危机干预、资源整合、个案管理、转介及信息服务，并且为家长、教师提供咨询与心理教育服务，以协助学生解决认知、情绪、行为问题。老师作为专业人士为学生提供适宜的服务和帮助。

台湾地区同样通过法律来规范高校心理辅导工作的伦理问题，制定了"伦理守则""性别平等法""个人资讯法""心理师法"等。对违规行为有完善的上报和处罚程序，从而最大限度地保障来访者和咨询师双方的利益，保证心理咨询和治疗的专业性，使大众对心理咨询更为接纳、认可。

2. 分级对待

1998 年，台湾地区教育部门将"教训辅"三合一纳入教育改革的"十二方案"中，先试点再评估检讨，确认可行之后再逐步扩大试办学校。"教训辅"三合一的教育模式，就是将心理健康教育工作分为不同的工作内容，教师、训导员、咨询师各负责一部分，针对不同性质的学生采用不同的策略。从一般的学生到适应困难、有行为偏差的学生都有对应的教育策略，分级别辅导，以达到对学生综合教育的目的。各院系的导师也会协助学校开展部分工作，而且心理老师会参加系务会、导师会，并对参会导师进行业务培训，以便他们更好地开展心理健康教育工作。学校还会进行系所的业务探视，并将导师的工作作为今后升级、评比的参考因素，每年开展系所优良导师的评比工作，对工作出色的导师予以表彰奖励。

不同级别采用不同的辅导方法，大大提高了工作效率。对一般学生的适应困难问题，使用一般性的辅导；对处于偏差行为边缘的学生，使用专业的心理辅导和咨询；对偏差行为及严重适应困难的学生，使用专业心理矫治咨询及身心复建。这三级分别被称为"锦上添花""未雨绸缪""危机处理"。成功大学、国立清华大学、国立台湾大学等都采用分级的辅导模式。

另外，各高校都在开展咨商中心事务的推广工作，从而让同学们打消对咨商中心的成见，重新认识其并非为有心理疾病的人才去的场所，而是遇到问题应首先寻求帮助的场所。这为今后开展咨询和教育工作打下了良好的基础。

3. 体系完善

台湾地区高校心理健康教育经过多年发展，在政府和民间组织的大力推动下，学校心理健康教育体系不断健全、完善，台湾地区几乎所有高校都有严密的辅导工作体系。在广度上，涵盖所有学生，不仅服务于一般学生，还对特殊学生采取特殊工作方法；在体系构成上，涵盖学校辅导课程体系、法规体系、组织与管理体系、师资培育与任用体系以及评鉴工作体系等。此外，社会辅导机构支持与补充了学校辅导工作，使学校辅导工作体系不断延伸和完善。

针对存在心理障碍或特殊问题的学生，台湾地区高校在个案咨询中更注重系统家庭疗法，其认为学生的心理问题，根源于家庭，形成于社会，表现于学校，家庭是维护学生心理健康的重要环节。于是，台湾地区高校形成了完善的关于系统家庭疗法的体系。成功大学定期开展面向家长的心理健康通识教育，通过信函邀请学生家长参加在不同城市举行的专题讲座，以加强对家长心理健康知识的普及。

第三节　国外高校心理健康教育的发展

国外高校心理健康教育最初是从关注心理问题开始的，着眼于如何矫治问题，服务对象是少数问题学生和适应困难的学生。这也是心理健康教育出现的原因。由于越来越多的问题学生让学校、家长不知所措，因此针对这类学生的心理健康教育应运而生。如美国、德国、日本等国家早期出现的高校心理健康教育就是为了"问题解决"。此后，随着高校心理健康教育的发展，其关注的问题逐渐变得更为广泛，强调提高大学生心理健康水平、发掘大学生心理潜能的发展性工作日益受到重视（余支琴，2005）。在欧美和日本等经济发达国家和地区，许多大学都设有心理健康服务机构，为解决大学生的心理困扰、预防心理疾病做了大量有效的工作，咨询工作的重点正在由以障碍咨询为主转向以发展咨询为主（苗素连，1999）。

20世纪80年代初是世界高校心理健康教育交流最为频繁的时期，美国心理健康专家及学者受邀到英国、日本等国讲学，互相交流大学生心理健康教育的经验，促进了学生心理健康教育发展进程。特别是1982年国际学校心理学协会的建立，使国际心理健康教育专业标准逐步走向统一。后来，随着各国大学生心理健康教育工作实践的逐步深入，心理健康教育工作者开始认识到本国的社会政治、经济文化和社会矛盾发展现状与其他国家的不同，同时发现各国学生心理问题的差异，各国开始改革心理健康教育模式，根据本国学生需求思考并实施本土化教育方案（邵艳，2013）。

下面以美国、英国等国家为例，概述国外心理健康教育的起源与发展特点。

一 起源

国际上普遍认为心理健康教育最早出现在美国。1886 年，被誉为"美国学校心理学之父"的莱特纳·威特默在宾夕法尼亚州立大学建立了全世界第一个儿童心理咨询诊所，开创了心理学为教育实践服务的先河（余支琴，2005）。1908 年，"心理辅导之父"佛·帕森斯在波士顿创办了职业局，开展针对青少年的职业辅导活动，成为现代心理辅导诞生的标志。职业辅导也为学校心理学的产生做出了重要贡献。1910 年，美国高校第一所心理健康服务机构在普林斯顿大学成立（赖海雄，2016）。1915 年，格赛尔为儿童做智力测验，以智力测验得分作为特殊儿童分班教学的依据，格赛尔也因此成为美国第一位"学校心理学家"。

比尔斯因在精神病院住院三年，体验到精神病人的悲惨处境，于 1908 年出版《一颗找回自我的心》（*A Mind That Found Itself*），这在美国和世界各地掀起了一场心理卫生运动。第二年，美国成立全国心理卫生委员会，1930 年召开第一届国际心理卫生大会，并正式成立国际心理卫生委员会，1946 年通过《国民心理卫生法》，这促使美国政府制定了一个心理咨询人员培养计划（李国强，2015）。1947 年，美国高等教育委员会提出对高校心理健康服务给予进一步支持，并认为高校应该"把情感和社会适应作为一项主要目标"。1959~1960 年，世界卫生组织与联合国教科文组织联合举办国际心理健康年，大力呼吁全人类重视心理健康。20 世纪 70 年代，心理健康教育作为一门颇有生命力和使用价值的学科，在各发达国家迅猛发展。

英国高校心理健康服务开始于 20 世纪 40 年代后期，它的产生也有时代的必然性，其为世界大战带来的社会危机和矛盾做出了一定的贡献。1970 年，大学生心理咨询协会（ASC）的成立，为英国高校心理健康服务机构及从业人员奠定了行业基础。基尔大学是二战后英国成立的第一所大学，也是首个建立心理健康服务体系的大学，它提供的服务包括学业支持、个性支持、就业指导、生涯规划和心理咨询等，以帮助大学生积极融入大学生活、克服学习障碍，获得稳定发展。20世纪80年代，政府推动高校扩招，高等教育迅速普及，加上留学生增多，高校心理健康教育在帮助学生顺利完成学业的过程中发挥了很好的支持作用。

1911年，威廉姆·斯特恩在德雷斯顿首次提出学校教育要以心理学为支持，1922年，德国首个学校心理咨询中心成立，此后很多学校开始成立心理服务机构。但在后来的40年间，德国学校心理服务的发展一直很低迷。直到2000年以后，德国高校连续发生多起校园枪击案惨剧，导致多人死亡，政府又不得不把学生的心理健康问题提到日程上来。2010年，巴登符腾堡州议会宣布开展广泛的学习心理危机预防及干预项目，推广学校心理服务工作。但前期的不重视，导致这个阶段的从业人员一直不多。

二 发展

从历史上看，美国高校心理健康教育的变革始于20世纪80年代，快速发展于20世纪末，这与当时美国的时代背景密切相关。美国高校心理健康教育大体经历三个发展阶段。

1. 第一阶段——问题模式

从19世纪末至20世纪50年代，心理健康教育从无到有，心理学开始被运用并为民众健康服务，尤其在早期针对发展障碍的儿童的鉴别、诊断与分类，为学校、家长提供了建设性的教育方案。在这个阶段，学校的心理健康教育总体上处于辅助地位，其工作模式是"问题模式"，服务对象只是少数有心理问题的学生（曹绍平，2012）。

2. 第二阶段——人本主义

从20世纪60年代到20世纪末，美国经济快速发展，成为经济总量世界第一的超级大国。随之而来的"问题青少年"也越来越多，逐渐成为社会发展的阻碍。人们强烈要求学校的心理健康教育工作不能只关注"问题学生",而是要主动扩大工作范围,以人为本,为更多的人服务,防止青少年成为"问题学生"。在这样的背景下,美国逐渐发展出"邀请""综合""顾问教师计划"三种更为专业化、人本化的工作模式(佟月华,2002)。人本主义教育理念成为美国高校心理健康教育工作者的基本共识,美国高校开始强调将心理辅导渗透到几乎所有的教育环节,学校管理者以心理辅导为中心来设计学校教育的各个环节。

3. 第三阶段——积极心理

从 20 世纪末至今,美国心理学界正在兴起一个新的研究领域——积极心理学。赛里格曼等在 2000 年出版了《积极心理学》一书,迅速被大众接纳。它倡导心理学不能只关注人类的弱点和问题,而应该同时关注人类的美德、优势、资源(庞红卫,2009)。积极心理学研究人的积极情绪、积极特质、积极组织系统,认为保持积极健康的心态对人的事业和成长极为重要;提出心理资本的概念,强调激发学生积极的心理力量。哈佛排名第一、风靡全球的课程是泰勒讲的积极心理学,他本人也成为全美最受欢迎的心理导师。简言之,美国高校心理健康教育的重心是挖掘学生积极潜能、激发学生自我活力、培养学生积极心理品质,运用积极方式处理学生存在的心理问题,目的是提高学生的心理素质,引导他们建构积极乐观的生活方式。

三 特点

(一) 法规政策推动行业发展

为使心理健康教育行业健康有序发展,美国多次制定相关法规政策,从法律层面给予支持。美国国会 1946 年通过《国民精神卫生法》,开始在国家层面为心理卫生专业训练与相关研究提供经费支持。1949 年成立了"国家心理卫生研究院",为联邦政府提供相关政策之建议。从 1960 年开始,美国开展了著名的社区心理卫生运动，发起者包括政府部门、政治活动家、相关专业人员等。美国政府还先后通过了《国家健康教育规划和资源发展法案》《健康资讯与健康促进法案》《健康人民：关于健康促进与疾病预防的报告》《健康人民 1990：健康促进与疾病预防》《健康人民 2000：健康促进与疾病预防国家目标》《健康人民 2010》等，其健康促进政策具有连续性、科学性、法制性、可操作性、灵活性等特点（罗鸣春，2008）。此外，以州立法的形式来支持学校心理健康教育工作，包括研究经费的投入，自 70 年代以来，每年相关研究经费有 17 亿美元之多（俞国良，2007）。美国联邦政府颁布的《国防教育法》极大地促进了学校心理健康教育的发展，也标志着美国学校心理健康教育进入扩大化发展阶段。

英国、日本、德国、澳大利亚等国也通过立法来推动心理健康教育工作。如 1983 年，英国正式通过《心理卫生法》，1997 年又提出"现代化的心理卫生服务"目标。英国也通过法律对高校心理咨询工作者的身心健康加以保障，如严格规定咨询师的工作量、工作时间，严禁超时超量工作，并有协会统一的保险和额外工作保险。1995 年，日本通过《心理卫生法》，心理卫生相关经费占其GDP 的 0.5%（李国强，2015）。德国在 20 世纪 70 年代将心理治疗指南写进法定健康治疗体系，法律规定咨询和治疗费用由保险公司支付。1998 年德国政府颁布的《心理学心理治疗师和儿童青少年心理治疗师法》明确了心理治疗属于医学范畴，将心理咨询与心理治疗进行了区分界定，规范了咨询和治疗的执业资格，提出了学校心理服务系统层级式服务的特点（梁燕，2016）。德国还非常注重隐私权，在学生入校时，学校无权强制要求学生进行心理筛查，也不能在不经学生同意的情况下将其个人情况透露给其他人（包括家长），否则属于违法行为。澳大利亚立法规定了学校必须设置心理健康康复部门，必须帮助受助者进行自我管理；同时，对家人和医师也有要求。学校在应对危机事件时必须有可依据的法律流程等。同时强调应有相应的保密法案，入校心理筛查不能强制，需要学生同意才可以进行，否则属于违法行为。

（二）从业资格要求严谨

美国心理健康行业的从业要求较高，需要拥有高学历（硕士及以上）并接受严格的专业训练，必须进入美国心理学会或美国学校心理学家协会。行业协会对高校心理健康教育工作进行规范与管理，有力地促进了美国高校心理健康教育工作专业化发展。1997年美国学校咨询协会（ASCA）颁布了《国家学校咨询标准》，就学校咨询的目标、工作对象、内容以及基本的咨询范畴等方面做了规定（李正云，2007）。2000年修订的《美国大学和学院咨询中心资格鉴定标准》，对美国高校心理咨询中心服务系统进行了明确的框架搭建（赖海雄，2016）。

德国要求在学校从事心理咨询的教师必须是心理学、医学或教育学专业本科毕业，取得心理咨询师职业资格证书且具备五年以上的心理咨询实践经验。想要成为学校心理学家则必须是硕士及以上的学历，至少具备某一学科的教学资格，还要在专业机构接受100个小时的专业学习、为期2年的督导考核。除此之外，还规定已经获得学校心理学家资格的从业人员需每年接受四次专业培训和一定时间的督导。

澳大利亚将心理咨询师分为四个等级，第一级为非正式成员，完成心理学本科学业并通过考试的人可以注册。第二级为成员，在四年本科的基础上，再完成两年或两年以上的心理学硕士课程的人可以注册。第三级为会员，在成为"成员"后继续在心理健康教育系统工作10年的人方可注册。第四级为荣誉会员，是最高级别，只有在专业及社会方面做出了极大贡献的人才能成为荣誉会员。在高校，心理咨询中心主任需被认定为第三级才可以胜任。心理义工也需要第二级的成员来担任，并在中心主任的督导下进行工作。澳大利亚高校的这一要求保障了学校心理咨询师的专业水平。

（三）专业化程度要求高

在专业伦理方面，也有相关的政策性要求。如美国心理学会的《心理学的职业准则》、美国心理咨询学会的《道德准则和实践标准》、美国社会工作者协会的《伦理手则》，以及美国学校心理学者协会和一些州的法律规定要求，青少年健康工作的从业者（包括心理咨询师、学生的管理老师等）有道德义务和法律义务为青少年的权利服务。从业者所遵循的道德准则包括职业责任、职业能力、职业训练以及管理与青少年之间关系的行为规则，如对人类生活的尊重、对真理的尊重、对隐私权的尊重、对自由和自主的尊重、对诺言的尊重、对弱者的关心、对人类成长和发展的关心、对人类尊严和平等的关心等（王芳，2007）。

据统计，在美国作为一名合格的学校心理教师，必须遵循的职业法规达上千项，从学业要求（包括专业课程）、实习时限、学历要求、职业道德、量表限制、收费标准、服务设施乃至服务的准确性与效果等均做了详尽的规定（李国强，2016）。

澳大利亚高校中的心理咨询服务是按照国际心理咨询服务协会（IACS）制定的大学生心理咨询中心建设标准进行的，从心理咨询的作用和功能、心理咨询伦理规范、心理中心工作人员、工作相关指南与大学社区的关系五个方面制定标准，给每个大学一个标准化的操作流程，确保为学生提供有质量的心理咨询服务（王玉玲，2017）。

英国一方面实行职业资格认证制度，保证校级机构从业人员的专业性；另一方面定期组织心理咨询师培训班，对辅导员及相关从业人员进行教育学和心理学等方面的理论培训，增强其专业理论水平。

（四）心理健康教育内涵丰富、形式多样

各个国家的心理健康教育内容都非常丰富，包括心理咨询、心

理治疗、心理测量、学业指导等，教育理念从之前矫正问题模式转变为更关注人自身的积极方向。心理健康教育的形式多样，除了传统的游戏、谈话法外，还有行为疗法、生物反馈技术等干预方式。美国学校通过在体育课程、德育课程中渗透心理健康教育，帮助学生学会处理压力、人际、情感等问题；同时非常注重家长干预和环境干预。家长干预即通过为家长提供咨询、培训、保健等服务，间接地促进学生发展。麻省理工学院的心理咨询专家还专门在学生宿舍设点接待学生，力图打破心理问题的神秘感，同时避免治疗时间被延误。哈佛大学在学生宿舍派驻的心理健康教师又叫"健康家庭教师"，以帮助学生及时解决心理问题。哥伦比亚大学、康奈尔大学和纽约大学也在学生宿舍派驻了心理健康顾问（房东波，2006）。

澳大利亚的心理健康工作被称为"精神心理健康教育服务"，重点体现在服务上。精神心理健康服务作为一项综合性的公共事业，受到国家战略的支持。在澳大利亚，各地区都设有精神心理健康服务机构，为民众提供个人、家庭、团体等咨询、教育、测量、治疗等服务。高校心理健康服务制度完善、内容丰富，有针对全体师生的紧急情况流程图，学校与社会服务机构高度联系、紧密合作，为需要帮助的学生提供治疗和返校后的心理服务。图书馆、学生中心、卫生间、茶歇处都有关于心理健康的宣传。

英国高校也非常重视对学生心理健康环境因素的干预，通过改变学生周边人的观念来改善学生所处的生活环境和心理环境，进而预防和减少各种心理问题。心理咨询中心常常在新生入学后提供不同主题的工作坊，帮助他们适应大学生活和学习。

本章小结

我国心理健康教育是伴随着改革开放而起步发展的，在西方心理卫生理论的影响下，逐步从本土思政教育模式中脱颖而出。从国外高校心理健康教育的发展和特点来看，其领先之处在于对从业者专业化的高要求和严标准，从法律层面规范行业发展，保障从业者的利益，重视制度建设。这是我国心理健康教育事业需要不断学习和发展的内容。另外，各国心理健康教育虽然起初都借鉴了他国的先进经验，但随着本国心理健康行业的发展，各国结合本国国情、社会文化、民众特点，都在努力探索更适合本土的心理健康教育模式。我国的心理健康教育也面临这样的挑战，如何让传统文化在心理健康行业发展中焕发生机，是值得心理健康教育工作者探索的新课题。

关键词

心理健康　心理健康教育　心理卫生

拓展阅读

中国心理学会的成立

特别推荐大家读读我国心理学的起源与发展史，在那个特别的年代，在那样艰苦的环境下，我们的先辈将西方心理学引入我国，为我们认识世界开辟了新的视角，让我们逐渐跟自己接近，在认识自我的路上打开了新的窗户。在本书资料收集整理的过程中，我备感枯燥繁杂，但先辈们的努力却时时激励着我。作为心理工作者，能够见证并参与我国心理健康教育的发展，我倍感骄傲，我愿意继续为我国的心理学和心理健康教育事业的发展贡献自己的力量。

以下是 1955 年中国心理学会成立时的部分摘录。

中国心理学会筹备委员会于 8 月 1~12 日在北京召开第一届会员代表大会，出席大会的有筹备委员和各地分会选出的代表，共33 人。

潘菽在开幕词中指出，在反动统治时代，中国的心理学是直接从欧美资本主义国家贩运过来的制成品，其中很少有创造性的成分。在那时候，多数心理学工作者只是在学校中担任一种实际上没有多大意义的教学工作，甚至是唯心主义心理学的传播工作，科学研究工作是谈不上的。新中国成立六年来，中国心理学工作者们对于马克思列宁主义、巴甫洛夫学说和苏联先进心理学的学习有着显著的成绩。大家对于心理学必须在马克思列宁主义思想指导之下以巴甫洛夫学说为基础进行业务改造的方针已经没有什么原则性的分歧了，并且这个方针已经在心理学的教学和研究工作中得到了初步贯彻和体现。心理学是研究高度困难的对象的科学，要有较高的马克思列宁主义水平和较广泛的自然科学基础，才能揭露人类心理活动的规律。而在祖国广大的社会主义建设工作中也有不少方面是需要心理学知识的协助来加以解决的，但是今天中国心理学工作者的思想水平和业务水平还远远落后于这些现实的要求。潘菽号召全国心理学工作者必须进一步深入学习马克思列宁主义、巴甫洛夫和苏联心理学，展开对资产阶级唯心主义心理学理论的批判，总结中国历史上有关心理学的学术思想和中国人民革命斗争中有关心理学的实践经验，结合我国社会主义建设的实际问题进行科学研究，并且大力培养新生力量。

大会的主要任务是：（1）接受教育部委托编订全国师范院校同意使用的两种心理学教学大纲，一种是教育系使用的，一种是各系共修和师范专科学校使用的；（2）讨论心理学的哲学问题；（3）交换关于中国心理学发展愿景的意见。最后还讨论了会务，通过了会章，选举了学会的领导人员，并且宣告了中国心理学会的正式成立。

到会的代表们都怀着极为兴奋的心情，以严肃认真的态度来推行大会中的一切工作，在有关学术思想和业务问题上，也展开了不同意见的争论，并在经过讨论以后逐渐取得一致的意见，更加增强了团结。所以代表们都认为大会是有收获的。

在心理学教学大纲的编订过程中，每一个心理过程（如感觉和思维等）都贯彻了列宁反应论和巴甫洛夫学说的精神，而在许多章节中都特别针对唯心主义的反动理论（如在感觉理论中马克思主义、学习理论中的行为主义）进行了批判，这在一定程度上反映了我国当前正在全国热烈展开的思想战线上的斗争。在教学大纲的讨论中，还结合中国目前的教学案件和学生的接受能力，做了反复的研究讨论。例如在介绍心理学的自然科学基础时，除了简明地介绍巴甫洛夫的基本概念以外，还把比较复杂的分析器学说结合感觉知觉来介绍，把神经型学说结合个性心理来介绍。还有在一般心理学的讲授中往往有"活动"一节，"活动"这一概念不仅是美国心理学说一直滥用的、比较空泛的概念，而且也缺乏严格的科学意义，在苏联心理学界也有人提出过批评的意见，在这次教育系的教学大纲的讨论中，大家经过慎重考虑一致同意将"活动"一词改为"劳动与学习的心理分析"，并且增加了客观实验的科学资料，这就初步加强了这一章的科学性。上述这些考虑也都是贯彻今年全国文教工作会议所指出的"学少些，学好些"的原则，教学大纲概括了全部心理学的内容。

资料来源：中国心理学会第一届会员代表大会秘书处（1955），略有改动。

第二章　高校心理健康教育的
政策、法规与伦理

改革开放以来，随着党和国家对高校心理健康教育工作的持续关注和推进，相关的政策、法规和伦理也应运而生。与西方国家不同的是，我国高校的心理健康教育工作历来是高校人才培养、德育工作和稳定安全工作的组成部分。因此，与国外仅局限于行业规范和职业要求的界定不同，我国高校心理健康教育的政策、法规和伦理的制定与发展主要是围绕如何建立和完善培养合格的社会主义建设者的总体目标而演变的。

第一节　高校心理健康教育工作政策演进

"由政府主管部门通过颁布政策文件而形成层层推进的政策推动，是改革开放以来我国高校心理健康教育快速发展的有力推手。"（卢爱新，2019）通过梳理改革开放以来的政策和制度，有学者总结得出，改革开放40年以来，我国高校心理健康教育历程可划分为：民间组织自发实践阶段、政府引导纳入德育阶段和政府推动纳入高校思政体系阶段（李娜，2019）。党和国家的政策支持对确立心理健康教育工作在高等教育体系中的价值地位、角色定位、路径探索等起到了关键性的作用。

一　自发探索、逐步引入阶段（改革开放至1993年）

现代意义上的心理治疗被引入我国的时间是20世纪50年代后

期，但没有得到较大发展。直到 1978 年改革开放以来，心理咨询才重新活跃起来，心理咨询的相关论文、书籍如雨后春笋般出现。但在同期，高校心理咨询和心理健康教育并未受到重视，直到 20世纪 80 年代，高校心理健康教育才有了初步探索，具体表现为：起初因需要而促使一些学校师生自发成立心理咨询中心、心理咨询委员会、心理咨询热线等。如 1985 年 9 月，上海交通大学成立了全国第一个大学生心理咨询专业机构"益友咨询中心"，进而一些高校引入心理咨询服务、开设心理卫生课程。随后，学者们的研究关注点也转向高校心理咨询。刘献君（1990）、李晓凤（1990）、刘朝胜（1990）分别在文章中对高校心理咨询的必要性、重要性进行了分析。与此同时，国家教委颁布的《学校卫生工作条例》第十四条指出应加强心理卫生工作，心理健康教育开始进入教育主管部门的视野。这个时期的特点是政府主管部门与学者、教育者共同关注并探索高校心理健康教育的本土化实践和研究。

二　起步发展、纳入德育阶段（1994~2000 年）

1994 年 8 月，《中共中央关于进一步加强和改进学校德育工作的若干意见》指出，通过多种方式对不同年龄层次的学生进行心理健康教育和指导，帮助学生提高心理素质，健全人格，增强承受挫折、适应环境的能力。该意见首次明确提出"心理健康教育"一词，首次正式提出"对学生进行心理健康教育和指导"，"是学校德育工作需要研究和解决的新课题"。这标志着国家开始全面重视学校心理健康教育工作，进入了心理健康教育和德育相结合的阶段，此后相关部门和各级各类学校也开始心理健康教育的探索工作。

1995 年，《中国普通高等学校德育大纲》把"具有健康的心理素质"作为高等学校德育目标之一，在德育目标中对大学生心理素质目标进行了表述，明确了健康的心理素质是指要"具备良好的个性心理品质和自尊、自爱、自律、自强的优良品格，具有较强的心理调适能力";在德育内容中对心理健康教育的内容进行了明确说明,即"心理健康知识教育、个性心理品质教育、心理调适能力培养";在德育途径中,明确了要在日常思想政治教育中"加强心理健康和心理素质方面的咨询与指导"。由此可见,国家教委已将高校德育工作中的心理健康教育具体化、明确化和操作化,推进了高校心理健康教育内容和途径的发展。

1999年,《中共中央 国务院关于深化教育改革,全面推进素质教育的决定》正式将"心理健康教育"作为德育工作的必要组成部分来加强,指出要针对新形势下青少年成长的特点,加强学生的心理健康教育,培养学生坚韧不拔的意志、艰苦奋斗的精神,增强青少年适应社会生活的能力。这标志着心理健康教育政策已上升到国家层面,心理健康教育被明确纳入德育工作,肯定了高校心理健康教育是德育工作的重要组成部分。

这一阶段的特点是:逐步对高校心理健康教育工作的具体称呼、工作内容、重要性、性质归口等进行了明确。这是心理健康教育这个"舶来品"与中国高等教育体系有效结合和本土化发展的一个重要阶段。

三 快速普及、纳入思政阶段 (2001~2010年)

2001年3月,《教育部关于加强普通高等学校大学生心理健康教育工作的意见》(以下简称《意见》)的颁布标志着我国高校心理健康教育工作进入快速普及和全面推进阶段,这是我国第一部专门为加强高校心理健康教育工作而颁布的文件。文件对高校心理健康教育工作的重要性、主要任务和内容、工作原则、途径、方法以及工作机制、队伍都进行了明确规定。《意见》指出:目前这项工作在全国高等学校开展的情况很不平衡,一些高等学校对大学生心理健康教育工作的意义认识不足,还没有把这项工作放到应有的重要位置上;一些高等学校对新形势下大学生心理健康教育工作的任务、特点和规律等,还缺乏足够的认识和研究;大学生心理健康教育工作队伍建设亟待加强。教育部首次以文件的形式对高校心理健康教育工作进行系统性、整体性的推动，并对队伍配备和经费支持做了详细规定：高等学校专职从事心理健康教育的教师原则上应纳入学生思想政治工作队伍管理序列，要通过专、兼、聘等多种方式，建设一支以少量精干专职教师为骨干，专兼结合、专业互补、相对稳定的高等学校大学生心理健康教育工作队伍，并要求高校从德育工作经费中统筹解决，配备大学生心理健康教育工作经费。

2002 年 4 月，为了进一步落实《意见》精神，教育部印发了《普通高校大学生心理健康教育工作实施纲要（试行）》，明确了高校心理健康教育工作的指导思想、主要任务、主要内容、途径方法、工作机制、队伍建设等。该文件对高校心理健康教育工作进行了细致全面的布局，并提出了具体、明确、可行的路径方法，要求高校要制定配套政策，切实做到领导责任落实、机构设置落实、队伍建设落实、制度建设落实、工作场地落实、经费投入落实，努力把大学生心理健康教育工作提高到一个新水平。

2004 年 10 月，中共中央、国务院出台的《关于进一步加强和改进大学生思想政治教育的意见》第一次将高校心理健康教育纳入高校思想政治教育领域。该文件指出，一些大学生不同程度地存在"心理素质欠佳"等问题，加强和改进相关教育是一项重大而紧迫的战略任务，应该开展深入细致的思想政治工作和心理健康教育，要制订大学生心理健康教育计划，确定相应的教育内容、教育方法。要建立健全心理健康教育和咨询的专门机构，配备足够数量的专兼职心理健康教育教师，积极开展大学生心理健康教育和心理咨询辅导，引导大学生健康成长。

这一时期的政策特点是：不断地细化、明确高校心理健康教育工作的要求和方法路径，提出具体要求，推动高校切实将各项工作落实；同时，将心理健康教育归入大学生思想政治教育工作也意味着心理健康教育与高校学生思想政治教育和学生管理工作是密不可分的。这表明我国高校对大学生心理健康教育工作的定位不仅仅是心理教育和心理咨询，还增加了德育素质、思政教育、管理引导等要求。由此，也就决定了我国大部分高校的心理咨询中心都设置在学生工作部门之下或者隶属于德育教研室。这个时期，在政府的有力推动下，大部分高校都成立了专门的心理咨询机构。

四 规范提升、育心育德阶段（2011 年至今）

2011 年 2 月，教育部办公厅印发了《普通高等学校学生心理健康教育工作基本建设标准（试行）》（以下简称《基本建设标准》）。《基本建设标准》对高校心理健康教育的体制机制、师资队伍、教学体系、教育活动体系、咨询服务体系、危机预防与干预体系、条件保障等都提出了明确的建设标准，第一次提出高校应该成立专门工作领导小组，要健全校、院（系）、学生班级三级心理健康教育工作网络和心理危机预防与干预工作体系。《基本建设标准》一经出台，各级政府和高校都相应制定了与自身相适应的建设标准。因此，这一标准既是推动建设，也是规范提升，使高校心理健康教育工作的推广普及程度和质量建设水平都迅速提升。同年 5月，教育部办公厅又印发了《普通高等学校学生心理健康教育课程教学基本要求》。其对大学生心理健康教育课程的性质要求、教学内容、课程性质、教学方法、条件保障、监督评估等都做了详细规范，目的在于规范建设、保证质量。

2016 年 10 月，中共中央、国务院印发的《"健康中国 2030"规划纲要》提出要"加强心理健康服务体系建设和规范化管理"，把心理健康教育服务上升为国家发展战略。2017 年 1 月，22 部门共同印发了《关于加强心理健康服务的指导意见》，这是我国首个加强心理健康服务的宏观指导性文件，要求教育系统"进一步完善学生心理健康服务体系，提高心理健康教育与咨询服务的专业化水平"，"加大应用型心理健康专业人才培养力度，完善临床与咨询心理学、应用心理学等相关专业的学科建设，逐步形成学历教育、毕业后教育、继续教育相结合的心理健康专业人才培养制度。鼓励有条件的高等院校开设临床与咨询心理学相关专业，建设一批实践教学基地，探索符合我国特色的人才培养模式和教学方法"。其目的在于扩大影响、提升质量。

2018 年 7 月，中共教育部党组印发的《高等学校学生心理健康教育指导纲要》明确指出，心理健康教育是"高校人才培养体系的重要组成部分，也是高校思想政治工作的重要内容"，提出"育心与育德相统一"的指导思想，要求形成和夯实教育教学、实践活动、咨询服务、预防干预"四位一体"的心理健康教育工作格局，并对主要任务和工作保障进行了重申。该纲要可以被看作是对 2011 年《基本建设标准》的重申和深化。

这一时期的特点是：心理健康教育始终是高校思想政治工作的重要内容，其重点在于规范建设、扩大影响、提升质量。

总体来说，改革开放以来，不同时期关于高校心理健康教育工作政策的出台，都是基于发展的需要应运而生，也是我国高校心理健康教育工作由点到面、由粗到细、层层推进的方针导向；同时，政策的演变过程也是我国高校心理健康教育工作本土化发展和探索的历程。

第二节　高校心理健康教育工作法规探索

心理健康教育最初被引入高校的形式是心理专业和心理咨询，关于心理健康教育最初的法规、行业规定也多源于心理咨询方面，专门针对高校心理健康教育的法规目前仍然没有。因此本节只论述与高校心理健康教育工作内容相关的法律法规，其可分为以下三个阶段。

一　恢复重建、无法规阶段（1978~1990 年）

这一阶段，我国产生了一些与精神卫生相关的法律法规，如《精神药品管理办法》(1988)、《精神疾病司法鉴定暂行规定》(1989) 等，但这些法律法规与高校心理健康教育工作没有太大的关联性，这一阶段的大学生心理咨询和高校心理健康教育属于恢复重建和探索阶段。具体表现有：20 世纪 80 年代各高校尝试开展的大学生心理咨询活动；从 1978 年开始，河北保定召开中国心理学会，北京大学申请恢复心理学专业；1988 年，上海交通大学召开研讨会，创办了《高校心理咨询通讯》等。在此阶段，与高校心理健康教育工作相关的心理咨询、心理服务等的法律法规尚未形成。

二 行业规范、法规探索阶段（1991~2012 年）

这一阶段，高校开始成立研究机构、专业委员会等学术组织，进一步加深对大学生心理健康教育与咨询相关的探索与研究，如1990 年，成立了"高校心理咨询研究会"；1991 年，北京师范大学成立了"大学生心理咨询专业委员会"，这是国内首个关于大学生心理咨询的专业学术组织。关于心理咨询的行业规范建设的呼声日高。

2001 年 4 月，劳动与社会保障部正式推出了《心理咨询师国家职业标准（试行）》。2002 年 7 月，与《心理咨询师国家职业标准（试行）》相适应的心理咨询师国家职业资格项目正式启动，全国统一鉴定考试，由劳动和社会保障部颁发证书，每年举办两次，分别在 5 月和 11 月。2005 年，劳动和社会保障部又委托中国就业培训技术指导中心与中国心理卫生协会编写了《心理咨询师国家职业标准》（2005 年版）（以下简称《标准》），2006 年 1 月开始正式执行，并在此基础上修订完成了《国家职业资格培训教程——心理咨询师》系列教材（以下简称《教程》）。《教程》紧贴《标准》，《教程》的基础知识部分的内容涵盖《标准》的"基本要求"；技能部分的章对应于《标准》的"职业功能"，节对应于《标准》的"工作内容"，节中阐述的内容对应于《标准》的"技能要求"和"相关知识"内容。这项细致规范的《教程》和相应的职业资格认证考试，为我国培养了大批心理咨询从业人员。

而在 2017 年 9 月 15 日人力资源和社会保障部新公布的职业资

格名录里，心理咨询师已不在其中，一时间引起热议。就国家重视程度和职业市场需求而言，近几年国家对全民心理健康的重视程度越来越强，老百姓对心理健康的需要也越来越多，但为什么心理咨询师资格认证反而被取消了呢？有专家认为这是心理咨询行业的一次涅槃重塑的机会，认证取消是"国家对心理咨询及心理服务行业进行规范、整顿的序曲"（张冉，2017）。之前，由于大学生就业"考证热"、心理咨询师市场需求旺盛、培训机构弄虚作假等，心理咨询师入口把关不严、学历门槛变低、缺乏从业监督，导致很多拿到心理咨询师资格证书的人没做过咨询、不会做咨询、做不好咨询或者违反伦理做咨询等现象。因此，国家出于调整的目的暂停了心理咨询师资格认证考试，但心理咨询师这种旨在提高人民心理健康水平的重要职业在我国行业体系中不会消失，而是需要更加规范化管理，这是国民需求决定的必然。目前心理咨询师的认证进入了一个调整期和嬗变期，需要探索一个更严格的行业规范和监管机制，使这种职业更具规范性和专业性。

此外，2002年4月卫生部、民政部、公安部、中国残疾人联合会共同颁发了《中国精神卫生工作规划（2002～2010年）》。而2001年12月，上海市就制定了我国首部规范精神卫生的地方性法规《上海市精神卫生条例》，其中明确规定：学校应当将心理健康教育纳入整体教育工作，配备教师，开展心理健康教育，为学生提供心理健康咨询服务。北京市也在2006年12月通过了《北京市精神卫生条例》，并于2007年3月1日施行。此后我国在法律法规上形成共识：将学校进行心理健康教育的必要性上升到法律法规层面，即不进行心理健康教育是违法的。2008年2月，卫生部等17个部级单位联合印发了《全国精神卫生工作体系发展指导纲要（2008年～2015年）》，其中强调学校要结合实施素质教育，将学生心理健康教育、预防学生心理和行为问题工作纳入学校日常工作计划。

因此，这一阶段是通过学术组织、地方政府以及国家层面的逐层推动，以行业规范、法律法规的形式，对学校心理健康教育的必要性、心理咨询行业的行业规范、心理咨询师的执业标准等进行了界定，这些都与高校心理健康教育的发展推动有着密切的关系。对高校心理健康教育工作的重视和要求，也从行业规定和职业标准逐渐进入了法律法规的轨道。

三 国家立法、质量提升阶段（2013年至今）

在前一阶段的探索期间出现了有关心理教育的相关政策并未达成广泛共识的现象，如关于心理健康的标准、精神疾病诊断范畴、心理治疗方法手段、心理健康教育与心理咨询人员的从业资格等方面都存在不同程度的争议与困境，如2001年出台的我国首部地方性精神卫生法规《上海市精神卫生条例》的执行效果并不理想（张静君，2011）。因此，学术界和政府逐渐形成一个共识，即需要通过国家立法，专门制定一部相关法规，这也就是制定《中华人民共和国精神卫生法》的缘起。从1985年开始，关于《中华人民共和国精神卫生法》提交的草案就不少于20稿，引起了社会各界的广泛关注。2012年10月26日，在历经27年广泛征集意见与研究后，终于在第十一届全国人民代表大会常务委员会第二十九次会议上通过，自2013年5月1日起施行。

《中华人民共和国精神卫生法》（以下简称《精神卫生法》）不仅对精神卫生工作做出了严格规定，对精神障碍预防、治疗、康复全程要求，还对精神障碍患者权益保护和相关组织保障等进行了一系列规定。笔者认为，这对高校心理健康工作的影响体现在三个方面。一是对心理咨询和心理治疗进行了边界划分，高校的心理专兼职教师或咨询师属于心理咨询工作范畴，不具备进行精神障碍诊断和治疗的资格。二是将学校的职责定位为心理健康教育、心理咨询及危机学生心理援助，并把精神疾病的预防放在突出位置。《精神卫生法》第16条明确规定："各级各类学校应当对学生进行精神卫生知识教育；配备或聘请心理健康教育教师、辅导人员，并可以设立心理健康辅导室，对学生进行心理健康教育。"三是为高校心理健康教育工作者遇到不同程度的心理问题及精神病患时的处理方式提供了法律视角，如"心理咨询人员发现接受咨询的人员可能患有精神障碍的，应当建议其到符合本法规定的医疗机构就诊"即表明，高校心理咨询人员发现来访学生可能患有精神障碍时，应该第一时间进行转介。再如"疑似精神障碍患者发生伤害自身、危害他人安全的行为，或者有伤害自身、危害他人安全的危险的，其近亲属、所在单位、当地公安机关应当立即采取措施予以制止，并将其送往医疗机构进行精神障碍诊断"。虽然学者们认为《精神卫生法》倾向于法律上的私权保护，防止"被精神病"，但也明确表达了"非自愿性住院的危险性原则"（闫奕铭等，2014）。也就是说，对于高校来讲，若学生在校期间因疑似患有精神障碍而发生伤害自身或他人的危险行为时，学校可以立即采取措施制止，并将其送往医疗机构进行精神障碍诊断。

这部几经斟酌出台的《精神卫生法》"既有国际视野，又充分考虑了我国的文化传统和社会发展的现实水平，坚持国际立法基本准则的同时尊重了我国的现实，循序渐进地促进精神卫生立法进程"（谢斌等，2011），"改善了我国精神卫生领域长久以来无法可依、医患双方利益无法得到保障的困境，促进了我国精神卫生事业的规范发展"（赵君等，2019），也促进了高校心理健康教育工作的法制化、规范化和专业化发展，为我国高校心理健康教育工作提供了法律依据和操作规范；对高校和精神病患学生双方利益都进行了考虑和保护，也有利于高校心理健康教育、咨询与心理危机干预工作有法可依、有道可循，避免操作盲区，使工作更为规范和合法。至此，我国高校心理健康教育进入了规范提升阶段。

2018年，《精神卫生法》进行了修正，不过没有大的变动，只是将第八条第二款中的"人力资源社会保障等部门"修改为"医疗保障等部门"；将第六十八条第二款中的"人力资源社会保障、卫生、民政等部门"修改为"医疗保障部门"，将第三款中的"民政部门"修改为"医疗保障部门"。

综上,在这一阶段,不论是《精神卫生法》的探索、制定,还是心理咨询师资格认证的暂停、调整,都是从规范行业、提升质量这个目的出发进行的探索和反思,为推动我国心理咨询行业和心理健康教育工作在法规化、专业化过程中不断探索和曲折前行做出了巨大努力。

拓展阅读

"后证书"时代的心理咨询师如何发展?(节选)

2017年9月,人力资源和社会保障部印发《关于公布国家职业资格目录的通知》,其中取消了"心理咨询师"职业资格考试,也就是通常我们所说的"心理咨询师证书"被取消,国内心理咨询行业进入"后证书"时代。

心理咨询师证书被取消是有原因的。经过15年的社会发展,心理咨询师资格考试的弊端凸显:(1)考试准入门槛低;(2)专业培训时间短,甚至其中一些考试内容缺乏专业性或存在错误;(3)缺少职业伦理的教、考和训;(4)"只生不养",即考试获得证书后没有继续教育和伦理监控与从业管理;(5)与境外的心理咨询师或临床心理学相关的从业标准差距巨大,不符合国际上对心理咨询师职业胜任力的一般共识;(6)因该考试所依据的职业能力模型不科学、不合理,实际上获得证书的人无法有效从业,仅有不足3%的获证者在"从业",而能有效从业的人员实际上更少,有些在从业后甚至给求助者带来伤害(或咨询师自己也被伤害),导致该资格考试无法担负相应的社会责任。

心理咨询是一个助人行业,涉及人心理的改变和行为干预,这其实是一个需要较高准入标准和较长的职业训练过程以达到一定胜任力的职业。没有接受足够职业训练的从业者类似于职业受训不足的医生一样,给求助者带来"医源性损害"。

因此,取消这个"心理咨询师资格考试"是政府一种负责任的行政行为!

但是，这给"后证书"时代的心理咨询业似乎也带来了一些问题。心理咨询师考试被取消后，实际上带来我国"心理学人口"的增幅下降，为心理学发展持续提供"从业人口"的入口减少等问题，除了心理学科班出身者外，不少人都认为非科班出身的人士似乎很难进入心理咨询行业了。其实不然。

首先，读者需要了解在中国大陆合格的心理医生一般怎么找到。

基本上，真正从事这个行业的专业人士存在以下共识。

（1）具有职业胜任力的心理咨询师须经过一个必要的选拔和长期的培养过程。

（2）培养一名合格的心理咨询师不仅需要足够的知识（接受包括职业伦理在内超过 30 门课程约 1000 课时的专业课程学习），而且需要督导下的临床实践（在督导下与求助者一对一面询的时间不少于 250 小时，注意是在"督导下"），至少接受过资深同行的心理治疗（或被分析）不少于 200 小时。这三类训练都是为了让咨询师具有一定的觉察力和个案建构（case formulation）的专业能力。

（3）一名合格的心理咨询师须接受足够的科学训练，养成批判性思维和科学鉴别能力，能科学有效地为求助者提供专业服务。例如，各大医院心理科经常给病人用于检查的"脑涨落仪"其实是毫无科学依据的产物（该仪器尽管合法，但是不科学；如果该仪器是真的管用，绝对可以获得"诺贝尔医学奖"）。又如，没有充分的科学研究表明沙盘治疗是一个独立的心理治疗方法，仅仅接受"沙盘治疗训练"而缺乏心理咨询或心理治疗基本功训练的"沙盘治疗师"，其实只是忽悠求助者，甚至可能让沙盘治疗成为有害的"暴露治疗"。

（4）一名合格的心理咨询师须在一个由支持性的专业组织或行业组织内，定期接受伦理学习和以专业提升为目的的学习，有足够的能力进行自我照顾，才能持续提供合格稳定的专业服务。

因此，"后证书"时代的心理咨询行业一个最可行的发展模式是政府监管下的行业自律模式。

本文转自：钟杰博士临床心理学科普专栏，https：//zhuanlan.
zhihu.com/p/55845141，最后访问日期：2020年3月1日。

第三节　高校心理健康教育工作伦理研究

心理咨询是高校心理健康教育工作的重要内容，心理咨询伦理贯穿高校心理健康教育工作的整个过程，如是否允许课堂上的学生直接寻找任课心理老师进行咨询？在学校咨询过程中，咨询师发现危机学生，如何突破保密原则？是否允许心理社团的学生找负责社团的心理老师进行咨询？兼职咨询师是辅导员，能给自己的学生做咨询吗？是否允许用人单位来函查询学生的咨询档案？这些问题一直贯穿在高校心理健康教育工作之中。因此，关于高校心理健康教育工作的职业伦理是心理健康教育工作不能回避的重要问题。

一　什么是心理咨询伦理

心理咨询伦理是心理咨询过程中必须遵守的行为规范和专业准则，是对心理咨询从业人员的职业道德的基本要求，也是来访者和咨询师双方权益、心理咨询专业性和有效性的重要保障。如知情同意、保密、转介、价值中立等原则是心理咨询中基本的伦理规范，这些规范不但保护来访者的利益，而且为心理咨询师提供了在特定情境下应该遵循的准则。

二　我国心理咨询伦理的产生及发展

（一）无伦理规范阶段（1978～2000年）

国外有关心理咨询的伦理和行为规范经过了一个漫长的理论发展和实践过程。比如，美国心理学会（APA）1892年成立，1938年专门成立了科学与专业伦理学委员会来处理与伦理学相关的问

题，1953 年正式制定了《心理学工作者的伦理学标准法典》，1992
年又把伦理学标准修改为《心理学工作者的伦理学原则和行为规
范》。美国心理学会也在 1952 年颁布了《心理咨询伦理与道德守
则》。

我国主要负责管理规范心理咨询工作的相关协会有两个：一个
是中国心理学会；另一个是中国心理卫生协会。中国心理学会成立
于 1921 年，但是没有专设伦理学专业委员会，只是设立了临床与
咨询心理学专业委员会来规范管理心理咨询临床工作。中国心理卫
生协会成立于 1985 年，截至 2018 年仍然没有设立专业伦理学委员
会。但近两年中国心理咨询伦理专业委员会筹备正在推进中，实际
上关于心理咨询伦理的培训和理论研究近两年也已成为热点。

（二）伦理探索阶段（2001~2006 年）

心理咨询是"舶来品"，长久以来，我国心理咨询从业者一直
默认遵从的是国外有关咨询伦理的规定。但管理机构的缺失和管理
职能的不明晰，造成对心理咨询从业人员的监管盲区和实践困惑，
导致从业人员的职业行为无从界定和约束，无法保障咨访双方的利
益和咨询的科学性、有效性。尤其是应市场需求，大量的国家二
级、三级心理咨询师持证进入咨询市场以后，怎么监管和规范咨询
成了首要的问题。并且，相关法律和统一的职业道德规范的缺乏也
为职业资格认证、职业培训机构认证、职业监控和管理带来了巨大
困难。这些问题相互钳制，对我国心理咨询与治疗实践工作构成巨
大阻碍。

高校心理咨询是面向学生开展心理健康教育和咨询工作的。高
校心理工作的特殊性，也引发了高校心理工作中的伦理困惑和难
题。高校对心理咨询者的培训比较重视心理咨询理论、方法与技术
的传授和指导，对心理咨询者的临床伦理教育较为忽视，这在很大
程度上制约了我国高校心理咨询事业的发展。由于文化和高等教育
模式的差异，我们不能照搬西方发达国家有关高校心理咨询的临床

伦理研究成果，因而我国高校心理工作者对咨询伦理规范化的需要和呼声也越来越高。

针对以上情况，2001 年劳动和社会保障部开始试行《国家心理咨询师国家职业标准（试行）》资格认证时，委托中国心理卫生协会制定了《国家心理咨询师国家职业标准》，第 2.1 款中涉及歧视、知情同意、避免双重关系、转诊和保密等 6 条职业道德，但没有标明有关心理咨询伦理问题的受理和监督管理机构。至此，我国开始探索关于咨询伦理的规范，但一直未形成明确的、成文的规定。为了统一专业人员和专业机构准入标准、培训机构认证标准，以及专业伦理规范，实现对行业进行有效内部监控和自我管理，做到行业内部自律，中国心理学会从 2004 年开始酝酿"中国心理学会临床与咨询心理学专业委员会"，于 2005 年着手准备，至 2006 年 1 月成立；同时建立了"临床与咨询心理学专业机构和专业人员注册系统"（以下简称"注册系统"），目的在于对我国临床与咨询从业人员进行统一规范要求，制定统一的从业标准和职业规范。注册系统下设三个工作组，分别是注册标准制定工作组、注册工作组、专业伦理工作组。其中两个小组都与专业伦理相关：注册标准制定工作组重点负责组织注册系统注册标准和伦理条文草案的制定工作；专业伦理工作组重点负责伦理条文的执行和解释工作，对提出注册申请的专业人员和机构进行专业伦理审核和监控，并为专业人员提供伦理问题的培训和相关问题的咨询和建议，接受伦理问题的申诉，并负责处理违反专业伦理守则的案件。至此，我国对心理咨询从业人员的伦理规范探索正式走上轨道。

（三）产生与发展阶段（2007 年至今）

2007 年，中国心理学会颁布了第一部专业伦理规范《中国心理学会临床与咨询心理学工作伦理守则》。该伦理守则从专业关系、知情同意、隐私权和保密性、专业胜任力和专业责任、教学培训和督导、研究和发表、远程专业工作、媒体沟通与合作、伦理问题处理九个方面做了详细、专业的规定，目的在于维护临床与咨询工作的教育性、科学性和专业性，促使心理师、寻求专业服务者以及广大民众了解心理治疗与心理咨询工作专业伦理的核心理念和专业责任，保证和提升心理治疗与心理咨询专业服务的水准，保障寻求专业服务者和心理师的权益，增进民众的心理健康、幸福和安宁，促进和谐社会发展。同时，该伦理守则的出台也为中国心理学会临床与咨询心理学注册心理师的专业伦理规范以及学会处理有关临床与咨询心理学专业伦理投诉案例提供了行业法规依据和工作基础。2018 年，中国心理学会又发布了《中国心理学会临床与咨询心理学工作伦理守则（第二版）》，其中的规定被很多业内人士认可、推行。

同时，我国心理咨询伦理尤其是高校心理工作伦理仍有很长的一段路要走，主要原因有以下两点。一是该伦理守则是中国心理学会制定的，它只用于管理、规范本组织内部成员，这是由学术组织和专业协会的权力有限性决定的，目前我国还没有一部用来规范管理所有心理工作从业者的伦理守则。二是高校心理工作有其特殊性，高校心理工作内容不仅包括心理咨询，还包括心理宣传、课程教育、心理危机干预等环节，加上高校心理咨询工作队伍包括专兼职工作者，兼职队伍中大部分存在双重甚至多重身份。另外，高校心理工作归口思政工作体系，多隶属于学生工作部门，保密与保密例外、主动求助与积极干预等问题和困扰纷至沓来……所有这些伦理问题在高校心理工作实践中层叠交织，为高校心理健康教育与咨询工作带来了诸多伦理困扰和现实障碍。

三 我国高校心理工作伦理的几个问题

（一）高校心理档案管理的伦理问题

在高校心理档案管理工作中，容易产生以下几方面的伦理困扰。

（1）教学科研资料来源如何获得当事人知情同意书的困扰。高校心理教师具有心理咨询师和教师的双重身份，他（她）不仅要从事实践工作，还有科研工作要求，因此在工作中，有些老师会借用日常工作中能接触和收集到的数据信息撰写相关研究报告和论文，这些数据资料涉及大学生的心理测评数据、心理咨询档案、典型案例等。由于各种客观和主观原因，有些老师并不能或者没有获得当事人的知情同意书。

（2）安全管理工作与当事人隐私保密的矛盾。高校心理工作归口于思政教育和管理部门，往往也与学校稳定安全工作密不可分，实践工作中经常会出现用人单位来函调研、稳定安全管理部门检查和调取心理咨询档案，甚至有司法单位前来高校心理中心要求查阅相关记录等情况。面对这些情况，该怎样既维护学校整体利益又保护学生个人利益，一直没有可以依据遵循的规范准则，往往是高校心理工作部门参考多方意见，酌情处理，因此，存在标准不一、举棋不定、僵持扯皮等现象。在笔者所在的"高校心理工作负责人"群里，大家经常会就工作中的问题进行同侪求助、互相交流，其中大部分困惑就来自这一方面。

（二）高校心理咨询中双重、多重关系的伦理难题

高校心理咨询工作中的双重、多重关系一直是讨论的热点。

（1）熟识的求助学生与转介困难的伦理困扰。高校心理中心专职工作人员身兼心理健康教育活动组织、心理课程讲授、个体心理咨询、团体心理辅导、心理危机干预、院系心理工作协助、学生心理社团工作指导等职责，这决定了高校心理专职工作人员身份的多重性。例如，有的学生在课堂上了解和认可了某位心理老师，就强烈希望这位老师进行辅导，这种事情屡屡发生。也有学生来访者本身就是熟识老师或同学推荐而来的，遇到这样的情况，大部分老师会选择进行解释和转介。但有为数不少的学校存在专职工作人员只有一人的情况，所以面对学生迫切的心理咨询需求，双重、多重关

系就成了一个伦理难题。

（2）兼职咨询师如何处理角色转变的伦理困惑。目前大部分高校的心理咨询师队伍都是由专、兼职两部分人员构成，兼职咨询师大多来自学生辅导员，学生辅导员的身份角色是高校思政管理干部，担负着教育、管理学生的职能，工作理念和要求也与心理咨询工作不相同，如何在工作中避免双重身份对实际工作带来的影响，也是高校心理咨询工作经常会探讨到的难题。

（三）高校心理危机个案干预工作中的伦理问题

稳定安全和"生命第一"原则一直是高校心理教育工作坚守的底线，在实际工作中，各高校对心理危机信息识别、报送、干预、跟踪帮扶等都极为重视，这就产生了以下两个方面的伦理困扰。

（1）危机状态中的学生缺乏家庭支持，延误处理危机事件的最佳时机。在心理咨询过程中，咨询师通过与来访学生的接触，很快就能识别到危机学生。例如学生属于严重心理障碍或表露出自杀或伤人、杀人意念，而这样的学生经常会存在家庭支持系统和人际关系薄弱，不愿意告知老师、同学和家长的诉求，有的学生甚至情绪激动、言辞激烈地告知咨询师不可告知别人。当然，在工作中，咨询师往往会与来访者进行反复讨论或者以"生命第一"原则为准，妥善处理，但这也造成了来访学生脱落、别的学生形成偏见等情况，不利于对学生的进一步心理帮扶，也给学校心理咨询工作带来负面影响。

（2）"被动来访"与"主动干预"时常发生。在高校心理工作过程中，经常出现院系辅导员在日常工作中识别到心理隐患学生，并推荐和要求学生到心理中心咨询的情况，这就形成了"被动来访"；也会出现由于学生处在心理危机状态中，经学校和院系要求，心理中心咨询师主动为当事学生提供心理援助，这就形成了"主动干预"。"被动来访"和"主动干预"在高校心理工作过程中屡见不鲜，但也给高校心理咨询师带来了困扰。

（四）高校心理工作中与法律相关的伦理问题

（1）高校心理咨询工作的局限性，使有些危机个案难以推进。虽然《精神卫生法》明确规定，"心理咨询人员不得从事心理治疗或者精神障碍的诊断、治疗"，但高校心理工作服务的对象是大学生，只要学生来求助，就应免费无条件接待，无法按照《精神卫生法》的规定只接待法规认可的求助者。例如有个学生明显有精神障碍的表现，但本人及其家长拒绝去医院诊断，只愿意进行心理咨询，高校心理咨询师不能像社会咨询机构一样对疑似精神病患的学生置之不理。因此有些高校心理咨询师一边担心一边做咨询，并用大部分时间与来访者讨论、与家长做工作，使其去专业机构进行诊断和治疗。对于高校心理咨询师来说，"违法"和"保障生命安全"这两者之间该如何权衡？

（2）危机学生的家庭不配合，使危机学生的救助难以推进。《精神卫生法》规定"心理咨询人员发现接受咨询的人员可能患有精神障碍的，应当建议其到符合本法规定的医疗机构就诊"以及"疑似精神障碍患者发生伤害自身、危害他人安全的行为，或者有伤害自身、危害他人安全的危险的，其近亲属、所在单位、当地公安机关应当立即采取措施予以制止，并将其送往医疗机构进行精神障碍诊断"。但在具体工作中，总是会存在咨询师建议去医疗机构诊断治疗，而来访学生坚决拒绝，或者学生出现伤害自身或他人的意向和行为，家长不同意将其送往医疗机构诊断和治疗的情况。这是高校心理工作中的一大难点，有的高校会使用《家长知情同意书》或者《家长知情授权书》等以获取家长知情或授权，且不说这是否符合法律规定，即使家长授权同意学校将危机学生送往医疗机构，如果后续仍然置之不理、不来校配合，那么危机学生的治疗和安全监护也是很大的问题。

以上是我国高校心理工作中存在的一些主要伦理问题。但其也有积极的推动意义，正是因为我们在高校心理工作实践中的不断探索，以及对工作伦理、规范和总体目标的深入探究，才会发现这些困扰和思考。现实需求催生研究创新，这对我们在日后工作中寻找和制定一套适合高校心理工作的伦理准则有着极为重要的意义。

本章小结

保障心理健康教育规范、科学、有效地发展的基石就是心理健康教育的政策、法规与伦理。本章梳理了我国心理健康教育相关政策、法规及伦理的诞生、发展和演变。这个艰难的过程承载着前人不懈的努力和奉献，同时也是不断吸收和汲取国外先进的理念和做法的过程。政策、法规、伦理的梳理，一方面使心理健康教育工作者有了更清楚的行为规范和工作方向，另一方面也督促行业管理者承担起明确贯彻和更新行业法规的责任，为心理健康教育事业更好地发展保驾护航。

关键词

心理健康教育工作　思想政治工作　心理咨询伦理

拓展阅读

高校心理咨询的伦理困境

1. 高校心理咨询师与来访者之间难以避免的双重关系

《中国心理学会临床与咨询心理学工作伦理守则》第一条就是对专业关系的要求，心理咨询师需要清楚地了解双重关系对专业判断力的不利影响及其伤害来访者的潜在危险性，避免与来访者发生双重关系。对于高校心理咨询而言，咨访关系以外必然存在着师生关系。因此，咨询师往往不能完全脱离学校的管理要求，而是按照一般心理咨询的目标来进行咨询。如存在考核与被考核的关系，来访者则可能存在较多心理的阻抗，从而难以暴露深层的心理问题，阻碍咨询的进展；有些咨询师利用师生关系委托来访者为其做一些咨询以外的事情，这将构成剥削关系，从而对咨询效果造成危害；

教师对学生过度的情感卷入会使工作超出咨询范畴；免费的高校心理咨询也难免会使某些来访学生对咨询老师产生亏欠感或为了感谢咨询师而赠送礼物，这种情况导致的双重关系也将影响咨询效果。

2. 高校心理咨询师难以把控的咨询与治疗边界

《精神卫生法》对于学校心理咨询服务的范围有明确的界定，"心理咨询人员不得从事心理治疗或者精神障碍的诊断、治疗。心理咨询人员发现接受咨询的人员可能患有精神障碍的，应当建议其到符合本法规定的医疗机构就诊"。然而转介工作并不总是能够顺利进行，如有的学生对医学治疗存在恐惧或质疑而拒绝治疗；有的学生无法支付高额的心理治疗费用；有的学生因社会心理治疗资源匮乏而难以得到系统的医学治疗。种种原因使一些超出咨询范畴的学生仍无法接受心理治疗而滞留在咨询师手中。在这种情况下，高校心理咨询师站在最大限度地保护学生利益及维护校园安全稳定的角度上，就将触及行业规范和专业边界等问题。

3. 心理危机干预与突破保密原则的两难问题

《精神卫生法》规定"心理咨询人员应当尊重接受咨询人员的隐私，并为其保守秘密"。而当一些情况出现时则应立即突破保密约定以最大限度地保护来访者的人身安全，如来访者存在伤害他人的可能性；有自杀或自伤的危险；来访者有精神疾病的倾向；等等。然而咨询师在短时间内获得来访者的信任的基础上，充分收集信息以进行风险评估和是否达到解密标准的判断本身就是具有挑战性的工作，需要咨询师具备非常高的专业素养和极其丰富的临床经验。同时，在工作实践中我们会发现，一些处于严重心理危机的学生拒绝咨询师将其情况反馈给老师和家长，甚至会以死相逼，此时，咨询师往往需要承担极大的精神压力。因此，在高校对于大学生的危机状况普遍处于高焦虑状态的今天，如何处理心理危机干预与保密原则的突破是值得从业者反复思考的伦理问题。

4. 新生心理普查的实施及结果反馈

目前，我国多数高校在新生入学后会进行心理健康普查，根据普查结果进行后续的回访、干预与跟踪，必要时将结果反馈给学院辅导员。这是维护学生心理健康的一项重要任务，但是在普查的具体实施中仍然存在许多问题需要高校心理咨询师认真思考。例如，是否给了大学生知情同意的权利；是否同意一些大学生不愿参与测试的诉求；非专业人员可否接触测验结果；测试结果在多大范围内公开；学生拒绝接受心理咨询师的回访时应该如何处理；如何在反馈信息以及约请回访的过程中最好的保护学生隐私；等等。目前，各高校咨询业内对这些问题尚有不同意见，这是需要从伦理角度重新思考的一个重要议题。

5. 心理档案的建立及保密工作

一些高校根据学生入学时的心理测试结果及在校期间的心理咨询记录为学生建立心理档案，以便全方面掌握学生的心理健康状况以及向学生提供最有效的服务。但与此同时，新的问题又产生了：存储在网络或硬盘中的信息是否存在泄露的风险；学生对心理档案是否有知情权；哪些人可以浏览心理档案信息以及咨询记录；其他非专业人员是否可以申请查询相关资料以及需要通过怎样的流程；等等。随着高校对学生心理健康的重视程度的提升，不断有新的问题需要专业人士去思考。只有工作做到事无巨细，才可能最大限度地保护来访者和咨询师的共同权益。

资料来源：崔爽、卢绍君（2017）。

第三章 高校心理健康教育的理论基础

我国高校心理健康教育主要是学习、借鉴西方的经验和理论，西方大量心理学理论在这 40 余年间被引进、吸收并应用于高校心理健康教育课程及教材、心理咨询、危机干预、团体辅导等方面。本章以高校心理健康教育的不同发展阶段为主线，主要梳理并阐述三个方面的内容：第一，不同发展阶段高校心理健康教育理论的引进、应用情况；第二，结合高校心理健康教育不同时期的理论应用情况，分阶段介绍具体理论及其影响；第三，论述高校心理健康教育理论 40 余年来的演变、发展趋势，并对未来进行展望。

第一节 不同时期的高校心理健康教育理论

高校心理健康教育理论主要包括精神分析理论、行为主义理论、人本主义理论、人力资本理论、素质教育理论、积极心理学理论、表达性艺术治疗理论、心理危机干预理论、团体心理辅导理论，以上理论应用于高校心理健康教育的不同方面，不同时期侧重的理论并不一致（方鸿志、潘思雨，2019）。本节将分阶段介绍 40 余年来高校心理健康教育实践过程中不同理论的概念、应用及影响。

一 萌芽阶段（1978~1989 年）

1978 年恢复高考后，最初的大学生结构异质化程度高，学生心理素质亦参差不齐。此时，就有学者已经开始关注学生的心理健康问题。1983 年，燕国材教授率先提出培养学生的非智力因素问题，随后大批学者和研究机构开始调查在校学生的心理健康状况，相关研究报告、文献如雨后春笋般出现（朱亮，2006；丁园园、姚本先，2004）。这一阶段既是高校心理健康教育恢复重建阶段，也是心理健康教育理论的萌芽起步阶段，此时期以介绍心理学基础理论流派为侧重点，常见的有精神分析理论、行为主义理论及人本主义理论。

（一） 精神分析理论

精神分析理论由奥地利著名心理学家西格蒙德·弗洛伊德于 19 世纪 20 年代创建，他的理论被称为经典精神分析理论。当然，精神分析理论自弗洛伊德提出并建立后并非一成不变，弗洛伊德在经典精神分析理论中所倡导的驱力模式，经过荣格、阿德勒、安娜·弗洛伊德、梅兰妮·克莱因、沙利文、埃里克森、海因兹·科胡特等人的不断修正后，进一步演化成自我模式、客体关系模式和自体模式，分别对应自我心理学、客体关系学派、自体心理学等，被称为现当代精神分析理论（郭本禹、陈巍，2012）。

弗洛伊德的理论主要包括地形模型、人格结构理论、性驱力理论、释梦理论及防御机制理论（裴学进，2006）。

1. 地形模型

弗洛伊德认为人的心理活动分为三个部分，即潜意识、前意识、意识。潜意识是指个体无法感知和意识到的心理活动，经过提醒也无法知道。这部分心理活动往往包含大量本能的、非道德的冲动、欲望。前意识是指处在意识和潜意识之间，由能够变成意识内容的可接受的想法和情感构成。意识是指人脑对大脑内外表象的觉察，是在任何时刻个体都能觉察到的想法、感觉和体验（张厚粲，2003）。地形模型也被称为冰山理论，意识只是冰山上的一角，在个体心理活动中只占据很小的一部分，大量未知的心理活动潜藏在冰山最底下的潜意识中。

2. 人格结构理论

弗洛伊德同样将个体的人格结构划分为三个部分，即本我、自我、超我。本我即原我，是指原始的自己，包含生存所需的基本欲望、冲动和生命力。本我遵循"快乐原则"，寻求无条件的、即刻的满足。自我指自己可意识到的执行思考、感觉、判断或记忆的部分，遵循"现实原则"，调节本我和超我之间的冲突，即寻求本我的满足，同时也保护个体不受超我的过分苛责。超我是个体在成长过程中通过内化道德规范、社会及文化环境的价值观念而形成的，超我要求自我按社会可接受的方式去满足本我，遵循"道德原则"。三者之间始终处于一种冲突-协调的矛盾运动中。

3. 性驱力理论

弗洛伊德认为人有两种本能，一是性本能（或称生本能），二是攻击本能（或称死本能）。这两种本能是一切心理活动的内在动力（弗洛伊德称之为力必多），性本能是指人们一切追求快乐的欲望，攻击本能派生出攻击、破坏、战争等一切毁灭行为。根据性驱力理论，弗洛伊德提出个体的性心理发展理论分为五个阶段：口欲期、肛欲期、性器期、潜伏期、生殖器期。其中，性器期又被称为俄狄浦斯期，这个阶段所产生的冲突被称为俄狄浦斯冲突。弗洛伊德认为前三个时期（0~6岁）非常重要，是奠定人一生行为模式的关键时期。

4. 释梦理论

弗洛伊德和荣格等认为梦是潜意识过程的显现，是通往潜意识最可靠的途径。白天，本我冲动被自我压抑无法完全释放，在梦中通过凝缩、置换、象征等方式将本能冲动经过梦中的意象以故事的形式释放出来。通过对梦的分析可以窥见个体的内部心理，探究其潜意识中的欲望和冲突。

5. 防御机制理论

防御机制是自我的一种功能，用以减轻痛苦和焦虑。本我与超我之间时常发生冲突，使个体产生痛苦和焦虑，而自我的主要功能之一就是调节、平衡两者之间的冲突，为减轻痛苦和焦虑，自我发展出许多防御机制，以不同的方式调整冲突双方的关系，既可以使超我的监督得以接受，又能以某种方式满足本我的欲望。自我的防御机制包括压抑、否认、投射、退行、情感隔离、抵消、转化、合理化、补偿、升华、幽默、反向形成等各种形式。

弗洛伊德的继承者们在上述理论的基础上不断进行补充、修正，扩充了经典精神分析理论的内容，使得精神分析理论一直处在不断发展前进的道路上。该理论自创建以来就受到了褒贬不一的评价，引起巨大争议，但其影响力毋庸置疑，精神分析理论的最大贡献不仅在于其治疗方法在心理治疗中的应用，也在于其理论价值。该理论对人的理解是从婴幼儿时期开始，认为个体当前的人格特征、行为模式等是其儿童早期心理经验在其内心世界的残存。个体在毕生发展过程中不断经历各种丧失，但通过这个过程，个体逐渐对自我形成稳定而清晰的意识，拥有作为独特且独立的人同外界发生联系的能力。这些观点深化了人们对人性的理解、对人的本质的看法，为人类进一步深入探索自身精神世界开创了新纪元。

（二）行为主义理论

20 世纪初，约翰·华生发表了《行为主义者心目中的心理学》，标志着行为主义的建立。直到 20 世纪五六十年代，行为主义理论开始盛行于美国和其他西方国家。行为主义理论的发展可以被区分为古典行为主义、新行为主义和新的行为主义，代表人物分别为华生、斯金纳、班杜拉。该理论直接观察和检测人的外显行为，认为心理学应该只研究可以进行定性、定量研究的客观行为。在研究方法上，行为主义主张采用客观的实验方法，反对主观的内省法（张厚粲，2003）。

1913～1930 年是古典行为主义时期，由美国心理学家华生在巴甫洛夫条件反射学说的基础上创建而成。经典条件反射又称巴甫洛夫条件反射，是指一个刺激和另一个带有奖赏或惩罚的无条件刺激多次联结，可使个体学会在单独呈现该刺激时，也能引发类似无条件反射的条件反射。经典条件反射具有获得、消退、恢复、泛化四个特征。古典行为主义提出的刺激-反应（S-R）理论是行为主义的核心范式，其认为环境决定个体的行为模式（李艳丽、阎书昌，2014；韩惠黎，2019）。

1930年出现的新行为主义理论修正了华生的刺激-反应理论，指出在个体所受刺激与行为之间存在中间变量，这个中间变量指个体当时的生理和心理状态，个体行为的一般模式被改为刺激-个体生理/心理-行为（S-O-R）理论。

新行为主义代表人物之一斯金纳在巴甫洛夫经典条件反射理论的基础上提出操作性条件反射理论。斯金纳通过著名的"斯金纳箱"实验指出人类大多数可观察到的行为都是有机体主动适应环境的行为，即使在没有观察到的外部刺激下也可以发生，对行为后果的强化或无强化直接影响着行为发生的频率。强化包括正强化、负强化、惩罚，强化的方式有连续强化、固定比例强化、固定时间间隔强化、可变比例强化和可变时间间隔强化。行为的消退是由无强化引起的（阮晓钢、武璇，2013）。

之后，班杜拉提出的社会学习理论进一步促进了行为主义在当代的发展。班杜拉在其理论中强调认知、思维、意象在行为中的调节作用，并提出四个主要理论：交互决定论、观察学习理论、自我效能理论、自我调节理论。班杜拉主张行为、环境、个人内在诸因素三者相互影响、交互决定着个人的成就。观察学习理论强调个体行为的习得并不一定需要亲自体验，而是通过观察他人（榜样）所表现的行为及其后果就可以习得。自我效能是一种自我生成的能力，即对自己能力的觉知。自我调节包括自我观察、自我判断、自我反应三个方面，突出个体的内在强化过程，表明人具有理性认知的能力，能合理地控制和调节自己的行为，强调人心理的主观能动性，而不是机械地只受环境影响。

认知行为理论的主要代表人物是爱德华·托尔曼，该理论是认知理论和行为理论的整合，是对古典行为主义刺激-反应理论的批判和发展。认知行为理论认为行为并不直接由刺激导致，在行为和刺激之间存在复杂的认知过程，即刺激本身并不影响个人行为，而是人们对事件的认知、判断和评价影响了个人行为。在认知、情绪和行为三者中，认知扮演着中介与协调的角色，不同的认知导致不同的情绪和行为（裴学进，2006）。

行为主义理论把心理学的研究对象确定为可以进行外部观察的行为，坚持以客观的实验方法来研究人和动物的行为，提升了理论研究的严谨性、客观性和科学性，强化了心理学的自然学科特征，同时也扩大了心理学的研究领域及应用领域。在大学生心理健康教育过程中，行为主义理论不仅应用在教学内容、教育方法上，而且用于心理咨询，如厌恶疗法、系统脱敏疗法、合理情绪疗法、认知行为疗法。行为主义理论不同于以往精神分析理论对潜意识、意识的研究，而是将着眼点放在个人外显的行为及认知上，为探索和发展心理咨询工作提供了一个全新的视角。

（三）人本主义理论

人本主义思想最早起源于希腊的一种哲学思想，至今已有两千多年的历史，人本主义强调以人为中心。在心理学和教育学领域内，以卡尔·罗杰斯和亚伯拉罕·马斯洛为代表创建的人本主义心理学，是同精神分析流派和行为主义流派并列的心理学第三大流派。人本主义流派以正常人为研究对象，不同于其他流派最大的特点是十分强调人的价值、尊严、潜能、创造性、积极情感、自我实现，认为人发展的自然倾向是在生活需要基本满足的基础上对人类高级需要或真善美等心理需要的追求（史影、尹爱青，2017）。

罗杰斯作为一名临床心理学家，在临床工作中首次对以往以咨询师为中心的治疗方式提出异议，提出以来访者（患者）为中心的心理咨询方式，进而提出以人为中心的非指导性心理咨询疗法（徐红，2000）。每个个体的主观世界都是一个独一无二的现象场，对于这个现象场，任何人都无法如当事人本身一样做到完善的、真正的了解，因此罗杰斯在治疗过程中十分推崇来访者自己的主导作用，而咨询师的作用只是辅助性的、引导性的、启发性的。同时，罗杰斯也极力推崇在咨询过程中站在来访者的角度理解来访者问题形成的原因，理解他所面临的现实、痛苦、焦虑，做到真正的"移情性理解"。他还强调心理咨询中治疗关系的重要性，心理咨询的重点就在于营造一种安全的、温暖的、良好的关系氛围，使来访者可以自由地探索内在的感受。

罗杰斯认为"以人为中心"的观点和主张，不仅是一种临床心理咨询的方法，更是一种行之有效的教育方法。罗杰斯提出"最好的教育培养的人，与最好的咨询产生的人非常相似"（罗杰斯，2006）。咨询的最终目标是促成个体的自我完善，而有效且有意义的教学活动也能够帮助学生实现自我完善，在促进知识增长的同时，个人潜力得到充分发挥，从而成为功能充分发挥的人。

马斯洛人本主义理论的核心是自我实现，强调人的本性、尊严、创造力、价值等，主要包括三个方面：动机理论、需要层次理论、自我实现理论（彭聃龄，2004）。

马斯洛认为个体行为产生的心理驱力不是性驱力，而是需要背后是个体的动机，动机、需要、行为三者相互联系。动机是决定行为的根本因素，而一种行为产生的背后往往是由动机导致的几种或多种需要，并非仅由其中一种需要决定。需要层次理论将需要分为五个层次，由下至上依次是生理的需要、安全的需要、归属与爱的需要、尊重的需要、自我实现的需要。这五个层次的需要又被分为两大需要系统，即基本需要和心理需要，或称低级需要和高级需要。其中生理的需要、安全的需要、归属与爱的需要属于基本需要，尊重的需要、自我实现的需要属于心理需要。一般情况下，只有低级需要被满足，个体才会追求更高层次的需要。但也存在一定的例外，如殉道者、苦行僧或其他有着更高精神追求的人，他们可以忍受低级需要的不充分满足而追求高级需要。人的最高层次的需要是自我实现，即以最有效和最完整的方式表现自己的潜能，使自己充分获得高峰体验（吴雪丽，2007）。

自我实现是个体各方面的才能、潜能能够在适宜的社会环境中得以充分发挥的过程，是个体内部不断趋于统一、整合或协同动作的过程，也是最终实现个人理想和抱负的过程。马斯洛认为这是个体追求未来最高成就的人格倾向性，是人的最高层次的需要。

人本主义理论从人性本善、人性基本可以信赖、人具有自我实现趋向这样的观点出发，形成自身独特的以人为中心的心理咨询及教育方法和理念。不论是咨询还是教育，最终的目标都是促成个体成为能够充分发挥自身功能的人，从而使个体的自我意识与经验世界完全一致，也就是个体、他人与社会之间的和谐一致。

随着时代的不断发展，人本主义理论被广泛应用于高校心理健康教育工作中。高校心理健康教育强调以学生为中心、以学生的需求和发展为中心，提倡教师是教育过程中的引导者和合作者，不论是教材的编写、课程的安排、课堂设计、教学的方式方法还是心理咨询，均要牢牢把握以学生为中心的核心思想，在教育教学过程中不断促进学生的人格发展、自我实现。

二 探索阶段（1990～1999年）

从1990年开始，我国高校心理健康教育进入全新的阶段——探索阶段。该阶段，关于大学生心理健康教育的专业学术组织成立，有关大学生心理健康教育的著作等相继出版，国家颁布出台大学生心理健康相关政策法规。心理健康教育逐步获得国家、社会、教育者的认可，高校心理健康教育理论在原有理论的基础上不断扩充，步入深入学习阶段，该阶段的理论更多地作为一种指导思想贯穿于高校心理健康教育实际工作中，主要包括人力资本理论和素质教育理论。

（一）人力资本理论

人力资本理论最早起源于经济学研究。20世纪60年代，美国经济学家舒尔茨和贝克尔创立人力资本理论。该理论认为资本可以分为物质资本和人力资本两大类。物质资本包括厂房、机器、设备、原材料、土地、货币和其他有价证券等；人力资本则是体现在人身上的资本，表现为蕴含于人身上的各种生产知识、劳动与管理技能以及健康素质的存量总和。舒尔茨认为决定人类前途的不是空间、土地、自然资源，而是人的素质、技能、知识水平及处理各种复杂经济活动的能力。舒尔茨提出"人力资本"的概念，将人作为一种不断完善的生产力看待，认为对人进行投资便可以增加财富。人力资本是人的能力和素质的总和，主要体现在人的知识、技能、经验和技术熟练程度等方面（景秀燕，2013）。

人力资本的获得有赖于对人的投资，这主要包括五种途径，即营养及医疗保健投资、学校教育投资、在职培训投资、择业投资、迁徙投资。其中，最主要的途径是教育（包括学校教育和在职培训）。

舒尔茨反对将教育支出看作一项纯粹的消费行为，而是主张将教育作为人力资本的最大投资，认为教育能够使人们增长知识和提升技能，从而增加将来的收入，并推动国家经济发展。因此，教育对于整个国家和个人来说既是消费行为，又是投资行为。个人通过教育尤其是高等教育可以提高自身人力资本，社会通过教育尤其是高等教育可以改善人口结构、提高劳动者素质和促进技术进步，从而推动经济和社会发展（熊荣生，2007）。

人力资本理论强调个人的地位和作用，鉴于人力资本具有非复制性、效益性和开发性的特点，要充分提高人力资本，就必须紧密联系教育尤其是高等教育。当人力资本理论应用于高等教育时，它的贡献不仅在于计算出高等教育的经济价值，更重要的是，它提出了一种崭新的观念，确立了高等教育在当代经济和社会发展中的重要地位，使教育的作用得到充分发挥。同时，成功的高等教育不仅使得个体获得知识、提高技能，而且促进个体提高纪律性，增强对工作和社会的责任感。

在高校心理健康教育工作中，人力资本理论是从新的角度来解读人性的，认为心理资本是人力资本的核心，研究和探讨心理资本对学生的自我认知与自我成长非常重要。因此，人力资本理论可以帮助学生分析自我价值，在进行就业和职业规划时做好心理准备，树立人力资本意识，学会适应社会，为将来成为合格的职业人奠定基础。同时，人力资本理论作为一种理论思想指导，可以提高大学生整体心理健康水平，使其在校期间学会储备知识、能力、素质，为日后的工作、学习、生活获得更强有力的心理能力和心理弹性。总之，只有全面认识自己的资本才能发挥自己的价值，进而为社会创造出更多的效益。

（二）素质教育理论

素质教育最早提出是针对中小学应试教育的弊端而言的，出现于 20 世纪 80 年代。不同的学者对于素质教育内涵的界定有不同的说法。总体来说，素质教育就是一种全面发展的教育，它以提高人的素质为目的，将人的先天禀赋和后天的各种社会因素结合起来，强调在德、智、体、美等各个方面发挥受教育者的身心潜能，使受教育者能健康和谐发展（邵献平、袁岳，2011；吴琼，2016）。素质教育理论对各级各类教育都产生了深远的影响，高校素质教育也成为高校教育的主要方向，以人的全面发展为出发点。

国外较早的大学素质教育起始于"自由教育"（general education），现多称为"通识教育"。通识教育的概念最早可以追溯到"博雅教育"（liberal education），是为了改善现代大学学术分科的专门化和知识的严重割裂化的现象而提出来的，主要目的是培养能够全面发展、独立思考并将不同学科知识融会的完整的人。博雅教育与素质教育有相同之处。首先，它们都是一种教育理念；其次，这种教育理念不仅体现为独特的课程体系，更是校园文化、社会实践活动等与教育相关的潜在内容的综合，关注的不仅仅是知识的掌握，更强调灵活性、思维与能力的训练（Grieder，1938）。

高校素质教育的主要实施目的是提高学生各方面的能力和素质，为社会培养既具有内在精神品质又具有综合知识结构的高素质全面复合型人才。因此，高校素质教育主要包括四个方面：思想道德素质、科学文化素质、身心素质以及业务素质。其中，与大学生心理健康教育紧密相连的就是身心素质教育（邵献平、袁岳，2011）。

身体素质是指人们在工作和生活等社会活动中表现出来的体质、体能、精力等方面的能力。健康的身体是适应工作强度的基础，是实现一切工作的基本条件，充沛的精力、敏捷的反应均是健康体质的具体表现（甘行元，2005）。心理素质是指人的心理发展水平和心理特征，是以先天禀赋为基础，在环境和教育影响下形成并发展起来的稳定的心理品质（史志谨，2003）。

江泽民曾指出："一个民族的新一代没有强健的体魄和良好的心理素质，这个民族就没有力量，就不可能屹立于世界民族之林。"[1] 心理健康水平的高低直接关系到大学生能否健康成长，以及在未来的人生中能否更好地生活、能否成就一番事业。心理健康对个体其他方面能力的发展有一定的影响，心理承受力、耐受力、调节能力的提高也会促进其他方面能力的提高。高校大学生心理健康教育在提高大学生心理素质方面扮演着重要的角色。素质教育并非一种固定的思想，而是一种理念、一种紧跟时代脚步的教育思想，这种教育思想的提出对我国整个教育事业有着深远的意义，也督促着我国高等教育不忘初心，为培养全面发展的人才而努力奋斗。

三 快速发展阶段（2000~2010 年）

步入 21 世纪后，我国高校心理健康教育进入快速发展、规范

---

[1] 《亲切的关怀 殷切的期望——江泽民总书记关怀少年儿童纪事》，http://www.people.com.cn/rmrb/199910/13/newfiles/wzb_19991013001002_1.html。

提升的阶段。高校心理健康教育作为社会心理服务体系的主力军，占据着举足轻重的地位。心理健康教育理论逐步进入普及完善阶段，更加注重在实际工作中的应用，主要有积极心理学理论、心理危机干预理论。

（一）积极心理学理论

积极心理学的研究起源，最早可以追溯至 20 世纪 30 年代特曼关于天才和婚姻幸福感的研究，以及荣格关于生活意义的研究（Seligman，2003）。随着二战的爆发，心理学研究的主要任务转向治疗战争创伤和精神疾患。直至 20 世纪最后十年，心理学家开始关注对心理疾患的预防。研究发现，对抵御心理疾患起缓冲作用的是人类的力量，如勇气、乐观、人际技能、信仰、希望、忠诚、坚忍等（Maggs & Schulenberg，1998）。

20 世纪末，美国心理学家马丁·塞利格曼基于上述背景，以及自己的研究提出了"积极心理学"（Gable & Haidt，2005）的概念。塞利格曼自六七十年代起开始研究习得性无助，通过对动物实验的反复研究发现，人也会在环境事件的习得性无助中产生抑郁等消极情绪（李金珍等，2003）。随着研究的深入，塞利格曼发现个体不仅可以习得抑郁，而且可以习得乐观，最重要的是学会维持乐观的态度对避免抑郁有很大的帮助，并且在提高健康水平中发挥着重要的作用。因此，塞利格曼指出积极心理学的三个重要使命：(1)研究消极心理，治疗精神疾患；(2)让所有人生活得更加充实有意义；(3)鉴别和培养天才（Seligman，1998）。积极心理学的提出就是为了拓展心理学在后两个方面的贡献，该理论一经提出就受到广大学者的关注。

积极心理学的研究主要集中于积极情绪体验、积极人格特质、积极情绪与健康、积极的社会组织、关于创造力与培养天才等方面（翟贤亮、葛鲁嘉，2017），主要目的是通过积极取向的科学心理学研究推进个体的幸福感以及人类社会整体的进步与发展。与传统的心理学研究不同，积极心理学更多关注处于平均水平的普通人的心理状态，并非异常心理或病态心理。这就要求心理学家用一种更加开放的、欣赏性的眼光去看待人类的潜能、动机和能力等。相较于传统心理学中所熟悉的诸如病态、幻觉、焦虑、狂躁、死亡、恐惧等词，积极心理学更多提到的是健康、勇气、自信和爱。

随着时代的发展变迁，高校大学生面临越来越多的压力，国家为改善大学生的心理健康状况，提出"心理健康教育计划"，旨在引导大学生在面临心理危机的时刻能够运用更多的心理资源和更强的自我调节能力应对危机状态。积极心理学的研究和广泛普及为高校心理健康教育提供了全新的思路，即高校心理健康教育不应该仅聚焦于心理问题学生，而是应更多地关注处于亚健康状态的中间学生，通过心理健康教育使他们能够更好地发现、挖掘自身的潜在能量，提高他们的积极性，从而让他们以更加良好、积极的态度面对学习和生活。

传统高校心理健康教育课程大多以心理问题和心理疾病为切入点，引导学生学习如何应对实际生活、学习、工作中遇到的问题，这容易让学生对心理健康教育的目标造成片面性的误解，认为其目的只是解决心理问题。积极心理学的出现，首先使心理健康教育的目标从解决问题变为关注个体的健全人格，促进其全面发展这样一种更加全面、更加积极的角度。除此之外，在积极心理学的理论指导下，高校心理健康教育的内容也不再局限于传统的消极心理或心理疾病，而是注重发现学生的积极心理潜能，重视培养学生积极的心理品质。以上这些无一不拓宽了高校心理健康教育的思路，使高校心理健康教育从防治疾病逐步转变为提高个体心理健康水平。

（二）心理危机干预理论

1953 年首次出现"心理危机"一词。美国心理学家卡普兰认为，个体总是在努力维持内心的平衡状态，这种状态是自身与环境相协调的平衡状态。当重大事件或重大变化的发生使个体无法解决困难、调节自己的身心状态时，个体内在的平衡就会被打破，继而出现认知、意志、情绪、思维、行为等方面的紊乱、失调或异常，此时个体进入一种失衡状态，即危机状态（Pack，2013；Anonymus，1996）。从 20 世纪 90 年代开始，我国学者陆续开始研究心理危机，不同学者对心理危机的定义提出了不同的观点（樊富珉，2003；王瑞雪，2010）。

心理危机包括情境性危机、发展性危机、内心危机和存在危机。心理危机发生后，个体一般经历急性反应、悲伤反应、创伤后恢复三个阶段。当心理危机产生时，个体所承受的刺激已经超过其自身能力所能承受的范围，需要进行危机干预（crisis intervention）。

危机干预也被翻译为"危机介入"或"危机调解"。心理危机干预是指采取紧急的应对方法帮助当事人尽快恢复心理功能、安全度过危机的专业助人过程（上海学生心理健康教育发展中心，2013）。心理危机干预是一种短期心理治疗方法，目的是对正在经历危机、遭受挫折打击或将要发生危险（如自杀）的人提供支持和帮助，使其心理状态恢复平衡。因此，心理危机干预的主要侧重点是解决目前面临的紧急危机状态，不涉及个体的人格矫正治疗。

现阶段常用的危机干预模式是贝尔金等提出的三种模式，即平衡模式、认知模式、心理转变模式，这三种模式为不同的危机干预策略和方法提供了理论基础（王璐等，2011）。平衡模式（又称平衡/失衡模式）认为个体处于危机状态时心理处于失衡状态，在这种情况下，原有的应对机制和解决问题的方法不能满足其需要。平衡模式的目的在于帮助个体重新获得失衡前的平衡状态，适用于早期干预，可以使个体获得能够应对当下危机状态的能力，稳定情绪和行为。

卡普兰认为危机事件或创伤性事件本身并不能够导致心理危机的产生，只有当个体主观上认为事件本身威胁到自身需要的满足、安全等时才会产生创伤。危机来源于对事件和围绕事件的境遇的不合理认知，并非事件本身或与事件和境遇有关的事实。因此，认知模式的基本原则是，个体通过改变认知中的非理性部分和自我否定部分，重新获得对生活的掌控感。该模式适用于危机稳定后，并回到接近危机前平衡状态的求助者。

心理转变模式认为个体在不断地成长、发展过程中所处的社会环境也在不断变化，危机的产生也是由心理、社会、环境因素引起的。危机干预应从这三个方面寻求方法，从系统的角度综合考虑各种困难，帮助个体选择新的应对方式，寻找各种社会支持与环境资源。该模式同样适用于心理已经趋于稳定的个体。

心理危机干预方法主要包括吉兰和詹姆士的危机干预六步法：明确问题、确保安全、提供支持、提出并验证变通的应对方法、制定计划、获得承诺。米奇提出的关键事件应激报告法（Critical Incident Stress Debriefing，CISD），其方针是降低创伤性事件症状的激烈度和持久度，迅速使个体恢复常态，可分为正式援助和非正式援助及危机灾难后心理卫生工作策略。该方法是一种团体心理危机干预方法，分为前期、中期、后期三个阶段。

我国高校心理危机干预工作始于 20 世纪 80 年代（陈进，2015），30 多年来在理论指导和实践的过程中不断推进和完善。心理危机干预理论及相关研究促使我国高校对大学生心理危机的现状、成因及相关性有了更加全面、深入的了解，推动高校从宏观层面构建心理危机多级干预系统，加强医校合作。大学生心理危机的预警研究结合当前新媒体时代的特点，提出全新的心理危机干预预警指标体系，明确该体系包括搜集、评估、反馈和危机个体干预四个部分（姚宏伟，2017）。在理论指导下，高校也在不断完善危机干预的模式、方法及具体实施步骤。与此同时，高校心理危机干预也将危机预防工作纳入整体计划安排当中，做到预防和干预同时进行，提高了危机干预的整体效果。

四 繁体阶段（2011年至今）

（一）表达性艺术治疗理论

"表达性艺术治疗"一词最早在文献中出现是1940年。直到1961年乌尔曼创办《艺术治疗》杂志，表达性艺术治疗才真正作为心理治疗方法被正式定义（赵江燕，2017）。1994年，国际表达性艺术治疗协会（IEATA）成立，该协会注重将不同的表达性艺术治疗方法整合起来（Wallingford，2009）。

2000年，美国纽约州通过修法，将各类艺术治疗正式定名为"表达性艺术治疗"或"创造性艺术治疗"（李宗芹、宋文里，2009）。关于艺术治疗的定义，美国艺术治疗协会及英国艺术治疗师协会均提出过。我国学者孟沛欣根据两者对艺术治疗的界定，将艺术治疗定义为：以心理学和艺术理论为基础，以多种艺术活动为媒介，通过治疗师、来访者、作品等多层关系的互动，达到帮助来访者缓解情绪、减少焦虑和冲突、整合人格等目标，最终借助艺术作品的创作过程及作品中富含的来访者心理信息，促进来访者的心理成长和发展（陈丽峰，2011）。

表达性艺术治疗创始人乌尔曼认为，治疗师之所以能够促进来访者人格的协调、统一与发展，是因为表达性艺术创造活动可以使来访者将自己潜意识中的情感、记忆、冲突、欲望投射在创作的作品中，从而让来访者可以和治疗师一起探讨自己内心真实的东西。

表达性艺术治疗可借助的艺术媒介有绘画、音乐、舞蹈、游戏、故事文本、书法、戏剧等，这些大多是以非语言的方式介入，释放被言语所压抑的情绪情感，帮助来访者对自己、他人和环境有更深刻的认知，重新接纳和整合外界刺激，达到心理治疗的目的。不同于其他的治疗方式，表达性艺术治疗有其独特的特点（许新赞，2016；武培博，2016）。第一，表达性艺术治疗的适用人群更广泛，如遇到一般性自我成长及神经症问题、发育迟缓或学习困难、经历过严重创伤性事件的人群（Ho，2015），可以突破不同来访者年龄、语言、认知范围与艺术技能的限制，具有很强的灵活性和多面性。第二，表达性艺术治疗是非语言、象征性的沟通方式。第三，表达性艺术治疗可以降低来访者的心理防御程度，使来访者感到更加安全。第四，表达性艺术治疗具有高度的整合性。第五，表达性艺术治疗创作过程本身就是疗愈的过程，可以引导来访者通过更能被社会接受的合理方式发泄心中的愤怒、敌意等不良情绪。

表达性艺术治疗同艺术表达方式一样有多种方法，目前比较常见的方法有音乐治疗、舞动治疗、沙盘治疗、心理剧治疗、绘画治疗、书法治疗等（Price，2009）。其中，绘画治疗、沙盘治疗、心理剧治疗已成为我国高校心理健康教育工作理论与实践的重要内容。绘画治疗中比较常用的是荣格的曼陀罗绘画治疗和房-树-人疗法，该疗法同沙盘治疗一起既用于大学生个体心理咨询，也用于团体心理辅导。

表达性艺术治疗拓宽了高校心理健康教育工作的途径，使其不再局限于传统的咨询、教育方式，提高了学生的参与度，鼓励学生更加开放地表达自己，在调节情绪和改善自我的同时提高创造力的表达。

（二）团体心理辅导理论

团体心理辅导又称团体心理咨询，是由带领者和团体成员在团体情境下进行的一种心理辅导形式。团体心理辅导有效利用各种心理辅导理论、策略，最重要的是人际关系及人际互动，从而达到团体辅导的目标，即团体内各个成员对自我的认知、探索和自我的接纳，并且在与团体成员的互动过程中改变以往不良的人际交往模式，改善已有的固化的认知和行为模式，从而激发个体的潜能、提升其适应能力（王爱等，2019）。

团体心理辅导最初用于对身患疾病的人的治疗。1950年，普拉特将肺病患者组成团体进行治疗，开创了团体治疗的先河。之后，团体心理辅导渐渐应用于帮助正常人的成长、提高和自我完善。20 世纪 90 年代，我国开始对团体心理辅导进行专业的介绍，团体心理辅导经历了探索期、专业化发展的进展期、本土化探索期，逐渐变得成熟，也更加适合我国的国情（许岱民，2011）。

团体心理辅导通常包括两名专业的领导者和被选定的多名团体成员，活动次数从几次到几十次不等，时间设置为 40 分钟到 2 小时不等，但大多为 90 分钟。组成团体之前，领导者首先要确定团体性质，根据团体性质寻找拥有相同或相似问题的团体成员，运用专业知识与技能，引导成员探讨大家关心的共同问题，达成一定共识，并形成一定认知与行为方式，是团体内部成员间相互了解、认识、学习与影响的过程（许岱民，2011）。团体心理辅导主要分为成长性辅导与治疗性辅导，成长性辅导主要针对自我成长与发展过程中面临的问题进行引导，治疗性辅导针对精神类疾病进行辅导与治疗，其目的带有治疗与康复导向（唐嵩潇、郝丽莉，2019）。

团体心理辅导有助于促进个体自我成长、提高适应能力、改善不良心理状态，基于团体心理辅导的作用、特点及大学新生常见的心理适应问题和大学生的特点，在大学新生中有计划、有目的地开展不同主题的团体心理辅导性质的心理健康教育课程，有利于大学新生尽快熟悉大学学习生活的节奏，缩短适应时间，将更多的精力投入专业知识的学习、实践过程中；同时，对提高大学新生的适应能力、人际交往能力、团队凝聚力均有非常显著的作用。

我国大学生心理健康教育团体辅导课程不仅有面对面的线下课程，还逐步依托互联网平台，引进了高质量的网络平台课程，学生既可以在线下的团体中互动，也可进行线上互动。现阶段真正做到了全方位、多手段地普及课程，扩大了团体心理辅导的影响力。

在我国大学生心理健康教育工作实践过程中，团体心理辅导不仅应用于团体辅导课程，也应用于心理咨询。团体心理咨询以心理学各个流派的理论为基础，结合沙盘、绘画等表达性艺术治疗媒介，整合各种资源，形成了更加实用有效的心理咨询方式。

第二节 不同时期高校心理健康 教育理论的应用情况

纵观我国五千多年历史长河，许多贤哲贤人、思想家提出过不少有关心理健康的观点，如"形神合一""怒伤肝，喜伤心，思伤脾"等心身统一的健康观，这些不同的见解在科学心理学诞生后，有的也被心理学实验所证实（朱亮，2006）。然而，这些在漫长的历史过程中沉淀下来的心理健康思想，储存在我们的文化中，并没有进入科学心理学的教育体系。在科学心理学理论指导下对受教育者进行规范的、有目的性的心理健康教育是近现代的事情。

高校心理健康教育作为我国心理健康教育的重要组成部分，经历了不同的历史阶段，而高校心理健康教育理论实际应用情况也在不同阶段呈现不同的状态与特征。下面我们分别介绍每个阶段的时代特征及该阶段心理健康教育理论的应用情况。

一 萌芽阶段（1978~1989年）

高校心理健康教育随着改革开放的兴起而逐渐发展，心理学的学科地位也被重新认识。改革开放使我国迈入全新的时代，新的时代对大学生心理健康提出全新的要求，高校心理健康教育理论也就在这个时期开始应用与传播。

（一）时代背景

我国高校心理健康教育所谓重新起步的重建阶段，是指1978年高校心理健康教育事业恢复直到1989年之间的发展时期。改革开放以来，社会进入大踏步前进的阶段，社会节奏不断加快，价值观日趋多元化，人际关系日益复杂。在这样日趋复杂的社会环境中，部分大学生无法适应新旧时代交替带来的种种冲击，因而出现了焦虑、不满、厌世等消极情绪和行为。这些现象引起国内学者和教育者的关注，因此大学生心理健康教育的建设便被提上了日程。

1978 年，在河北保定召开的中国心理学会为心理学及相关专业恢复了名誉，设有心理学专业的学校开始录取招生。随后，教育部陆续发布相关文件开始重视大学生心理健康发展及教育。1986 年，班华教授提出"心育"的概念，在学术界引起极大反响（班华，1986）。1989 年，北京师范大学成立改革开放以来国内首个大学生心理咨询中心，为在校大学生提供心理咨询服务。20 世纪 80 年代中后期，有 30 多所高校相继成立心理咨询中心，分布在上海、北京、浙江、陕西、四川、湖北、山东等地（马建青，1992；叶一舵，2008）。

心理咨询中心作为早期大学生心理咨询的主要场所，标志着我国高校心理健康教育的起步。随着各大高校陆续建立心理咨询中心，心理健康教育课程作为心理健康教育整体工作的重要环节也开始被纳入高校课程体系。1987 年 2 月，浙江大学率先开设大学生心理卫生课，这是我国心理健康教育课程第一次以独立课程形式出现在高校课程体系中，随后国内其他高校争相效仿开设独立的心理健康教育课程（江立成、魏婷，2007）。

在我国高校心理健康教育恢复重建时期，除了高校建立心理咨询中心、开设心理健康教育课程，相关学会成立并召开学术会议之外，与心理健康相关的期刊也相继创立，并且其中大部分至今仍是国内心理健康领域的重要刊物。1988 年 6 月，在上海交通大学召开的"首届咨询教育与实践研讨会"会聚了全国 57 所高校的 139 名代表，本次会议通过了建立"中国高校心理咨询研究会统筹会"的提议（后改名为"大学生心理咨询专业委员会"），决定创办《高校心理咨询通讯》杂志，并筹划在全国范围内举办心理咨询研讨会、培训班等（李黎，1996）。1985~1987 年，《心理发展与教育》《社会心理科学》《中国心理卫生杂志》相继创刊（吴霞，2015）。

心理学名誉、专业及学术活动的迅速恢复加快了心理健康教育发展的步伐，再加上政府相关政策文件的出台、对心理学课题研究的支持等各方面的举措，我国大学生心理健康教育的重建和发展有了坚实的基础。

综上所述，随着我国改革开放步伐的推进，高等教育学陆续将西方心理学理论、心理健康思想、心理咨询及教育模式引入国内，同时也有学者基于国内的教育实践提出了关于我国高校心理健康教育的本土化研究课题。心理学专业的恢复、高校心理咨询及心理健康教育课程的建立、专业学会的成立、学术期刊的创立等为心理健康教育重新起步创建了必要平台，也为心理健康教育理论的传播提供了肥沃的土壤。

（二）理论应用情况

从时代背景可以看出，恢复重建阶段高校心理健康教育的各个方面都处于百废待兴的状态，高校心理健康教育理论也是如此。在这之前，虽然有学者简单介绍过西方心理学相关理论，但都未成体系且涉及的内容针对性不强。随着高校心理健康教育的逐步重建，一大批留学归国学者开始将先进的西方心理学理论及思想介绍到国内，推动了国内关于西方心理学理论及大学生心理健康的相关研究，此时，相关书籍、期刊文献也开始出现。

首先，通过国家图书馆搜索题名有"大学生"及"心理"的图书，从搜到的结果可以看出，筛选掉不符合要求的图书后，共检索到 1978~1989 年出版的 13 本与大学生心理相关的书籍。而如今，高校心理健康教育理论主要包括精神分析理论、行为主义理论、人本主义理论、人力资本理论、素质教育理论、积极心理学理论、表达性艺术治疗理论、心理危机干预理论、团体心理辅导理论等。恢复重建阶段查阅到的 13 本书籍并没有侧重讲述某一个理论，而是将这些理论直接融入整体书本之中。

其次，在中国知网高级检索的条件里选择篇名为"精神分析""行为主义""人本主义""人力资本理论""素质教育理论""积极心理学""危机干预""团体辅导""表达心理"等词，其中表达性艺术治疗理论涵盖绘画治疗、沙盘治疗、心理剧治疗及舞动治疗四个方面。选择 1978~1989 年，并删除不符合要求的文献，得到如表 3-1 所示的高校心理健康教育不同理论文献数量。

表 3-1 1978~1989 年高校心理健康教育不同理论文献数量

单位：篇,%

理论名称	文献数量	占比
精神分析理论	93	43.46
行为主义理论	22	10.28
人本主义理论	81	37.85
人力资本理论	8	3.74
素质教育理论	0	0
积极心理学理论	0	0
心理危机干预理论	2	0.93
团体心理辅导理论	0	0
表达性艺术治疗理论	8	3.74
合计	214	100

从表 3-1 可以看出，恢复重建阶段主要的心理学理论为精神分析理论、行为主义理论及人本主义理论。这三种理论作为心理学传统三大理论，是学习西方心理学理论的基础。因此，在该阶段国内学者主要是以这三大理论作为教学和研究基础的，并开始带领国内师生认识、走进心理学。

在表 3-1 的基础上，再加入"教育"或"心理"这两个关键词，搜索出如表 3-2 所示的 1978~1989 年不同理论在心理健康教育应用方面的文献数量。

表 3-2　1978~1989 年不同理论在心理健康教育应用方面的文献数量

单位：篇,%

理论名称	文献数量	占比
精神分析理论	0	0
行为主义理论	0	0
人本主义理论	6	40
人力资本理论	1	6.67
素质教育理论	0	0
积极心理学理论	0	0
心理危机干预理论	0	0
团体心理辅导理论	0	0
表达性艺术治疗理论	8	53.33
合计	15	100

　　通过表 3-2 可以看出，这一阶段研究的主要方向集中于理论介绍，理论同教育实践结合的研究和应用相对较少。这再一次从侧面展示出该阶段我国高校心理健康教育处于百废待兴的恢复重建时期，对于理论的学习和研究也停留在纯粹的理论学习阶段，实践应用较少，理论对实践的指导意义并未充分体现。

二　探索阶段（1990~1999 年）

　　1990~1999 年是我国高校心理健康教育的探索发展阶段，教育部门相继颁发系列政策条例，推动高校心理健康教育发展步入正轨。同时，书籍出版、期刊创建、专业学会组织的学术交流会议及培训班也在此阶段明显增多，心理健康教育理论逐渐得到进一步推广，学习内容的广度及深度明显较上一阶段增强。

（一）时代背景

　　1988 年，在上海召开的学术会议同意建立中国心理学会大学生心理咨询专业委员会。1990 年，该专业委员会正式成立，并在北京师范大学举行首次会议，成为我国首个关于大学生心理咨询的全国性专业学术组织。这次会议的召开标志着高校心理健康教育进入探索发展阶段（方鸿志、潘思雨，2019）。随后，一些地区性学术组织也相继出现，高校心理健康教育领域的学术委员会日渐增多，各委员会之间的交流也日益频繁（卢爱新，2007）。

高校心理咨询学术委员会的相继出现，极大地推动了心理健康教育各方面工作的开展，包括专业培训、书籍期刊、相关研究等不同方面。

专业学术委员会的建立不仅推动了学术方面的交流，也推动了国家举办的培训班的发展。截至1993年，国家教委在北京、上海、武汉、大连等地先后开办了各种形式的心理咨询培训班（李黎，1996），这些培训班的开展不仅深入传播了心理健康教育相关理论，也为日后高校心理健康教育培养了急需的人才。

1994年和1995年《中共中央关于进一步加强和改进德育工作的若干意见》及《中国普通高等学校德育大纲》先后出台，文件进一步明确了我国大学生心理健康教育的具体要求。同时，相关著作也在这十年间如雨后春笋般相继出版，如《大学生心理卫生》《大学生心理卫生与咨询》《心理咨询治疗与测验》《大学生心理指导教程》《当代大学生心理健康与调适》《大学生心理健康教育》和《大学生心理发展与健康》（方鸿志、潘思雨，2019；朱亮，2006）。1993年，《心理世界》《中国临床心理学杂志》和《中国健康心理学杂志》等期刊创立（卢爱新，2007）。

1995~1996年，国内团体心理咨询开始发展，樊富珉编著的《团体咨询的理论与实践》和杨眉编著的《青春期集体心理咨询与治疗的理论和实践——一种解决社交焦虑的模式》两本关于团体心理咨询的书籍出版，成为我国团体心理咨询发展的重要转折点。渐渐的，越来越多的人对团体心理咨询产生了兴趣，希望了解学习更多相关知识，人们需求的增加也使培训的力度加大了（朱亮，2006）。

在此阶段，政府也大力支持国家级、省级心理健康与心理咨询课题研究，全国教育科学"八五"规划和"九五"规划课题指南以及国家教科文社科"九五"规划课题指南中均有心理健康教育相关课题出现。一大批国家级、省级心理健康教育课题的展开，为心理健康教育的教学提供了扎实的理论基础。

（二）理论应用情况

在探索发展阶段，我国高校心理健康教育继续向前推进，国家政策、资金的支持推进了心理健康教育研究的发展与课题的开展。

首先，在国家图书馆官网搜索题名有"大学生"及"心理"的图书。从搜到的结果可以看出，筛选掉不符合要求的图书后，共检索到1990~1999年出现的85本与大学生心理相关的书籍。其中，1本专门介绍行为主义理论，2本是关于素质教育的著作，其余82本仍和上一阶段一样，将心理健康理论融入书籍编写的章节中，通过举例介绍相关理论，部分书籍会在整本书中用一个章节单独介绍某一种理论。其次，采用同样的文献搜索方法，继续将上一阶段的关键词输入中国知网高级检索的条件里，选择1990~1999年，并删除不符合要求的文献，得到如表3-3所示的高校心理健康教育不同理论文献数量。

表3-3　1990~1999年高校心理健康教育不同理论文献数量

单位：篇,%

理论名称	文献数量	占比
精神分析理论	135	20.30
行为主义理论	40	6.02
人本主义理论	189	28.42
人力资本理论	55	8.27
素质教育理论	176	26.47
积极心理学理论	0	0
心理危机干预理论	21	3.16
团体心理辅导理论	13	1.95
表达性艺术治疗理论	36	5.41
合计	665	100

从表3-3可以看出，精神分析理论和人本主义理论仍是心理学理论研究的主要方面，作为传统研究对象其研究热度一直不减。同时，与恢复重建时期相比该阶段人力资本理论和素质教育理论逐渐成为学术界的新宠，尤其是素质教育理论作为国家政策倡导的方向，其影响从中小学教育改革开始，波及各个阶段的教育，对高等教育也产生了深刻影响。其他如心理危机干预理论、团体心理辅导理论的研究渐渐进入国内学者的视野。而表达性艺术治疗理论从上一阶段到这一阶段均有研究，且呈现增长的趋势。

在表3-3的基础上，再加入"教育"或"心理"这两个关键词，搜索出如表3-4所示不同理论在1990~1999年心理健康教育应用方面的文献数量。

表3-4　1990~1999年不同理论在心理健康教育应用方面的文献数量

单位：篇,%

理论名称	文献数量	占比
精神分析理论	5	2.06
行为主义理论	2	0.82
人本主义理论	15	6.17
人力资本理论	6	2.47
素质教育理论	176	72.43
积极心理学理论	0	0
心理危机干预理论	0	0
团体心理辅导理论	3	1.23
表达性艺术治疗理论	36	14.81
合计	243	100

通过表3-4可以看出，广泛应用于教育实践领域的理论是在该阶段兴起的素质教育理论。此时，大量学者研究素质教育与教

育实践之间的关系，其他理论与教育实践相结合的研究也比恢复重建阶段多。这说明学者们开始注意到只做纯理论研究并不能很好地指导实践工作，而是要将二者结合起来，最大限度发挥理论对实践的指导作用以及实践对理论的检验功能，促进二者共同改革创新。

三　快速发展阶段（2000~2010年）

在快速发展阶段，我国高校心理健康教育事业获得了快速发展，整体来说专业化水平取得了极大的提升，主要体现在：第一，国家政策、纲领性文件的大力扶持；第二，学术界、教育界关于高校心理健康教育理论的研究水平逐步提高；第三，高校心理健康教育逐渐得到普及，将具体工作落到实处，保证了心理健康教育工作的实施和开展（许岱民，2011）。

（一）时代背景

经过前一阶段的快速发展，我国高校心理健康教育在21世纪上升为国家战略，高校心理健康教育工作进入全面普及阶段。

2001年3月，青少年心理健康教育成为国家"十五计划"的组成部分，随后教育部在2001年、2002年、2004年、2005年相继出台的政策文件不再是宽泛的指导性意见，而是具体的要求和措施，对高校心理健康教育的重要性、主要任务和内容、工作原则、途径和方法、师资队伍以及组织领导和管理等做了原则性的规定，并提出了具体实施意见，要求建立健全专业心理健康教育和心理咨询机构，配备足够的专兼职教师。这些要求愈加细致、操作愈加规范的文件的出台，致力于将高校心理健康教育全覆盖。

此外，在全面普及阶段，心理健康教育不再只是被当作一项工作展开，而是作为一门学科进行建设。在整体学科建设方面，各高校相继设立心理健康教育的研究方向，研究重点从理论到全方位、多角度、创新方式的实践研究均有涉及，尤其注重实践研究，强调解决实际工作中遇到的具体问题。

2005 年 6 月，教育部成立普通高等学校心理健康教育专家指导委员会，目的是推动全国各高校之间就心理健康教育工作进行研究、探讨（吴霞，2015）。全国范围内大学生心理健康教育发展较蓬勃的省份均开始进行地区性独立的交流研究，地方性心理健康教育分会及心理机构的成立，推动了心理健康教育理论的普及、系列课程的开设以及教育宣传活动的开展（潘曦、陈少平，2015）。除此之外，加强高校专业队伍和心理教育课程建设也是该阶段的重要内容。如从 2001 年开始，教育部社政司就依托"全国普通高等学校大学生心理健康教育骨干教师培训班"开展高校心理健康教育教师的培训，专业协会也开展大量培训（王淑军，2006）。

高校心理健康教育的全面普及使有关心理健康方面的理论知识不断得到宣传，现如今越来越多的大学生面对心理问题不再过度担忧，而是以积极的姿态面对，收集并吸收有关心理健康的理论知识，寻求专业帮助。各种校园心理文化活动的开展，也在潜移默化地影响着大学生对心理问题的态度，引导其正确面对成长过程中遇到的困惑，勇敢寻求心理咨询服务。

（二）理论应用情况

在全面普及阶段，心理健康教育已经得到广大师生、学者的认可，其理念逐渐深入人心，越来越多的大学生从心理健康教育当中获益。专业教师的培训、学科建设、课题研究等各个方面在这一时期均呈现稳步向前、扎实推进的势头。同前两个时期一样，笔者对这个时期的相关书籍、文献做了如下统计。

首先，在国家图书馆官网搜索题名包含"大学生""心理"的图书，从搜到的结果可以看出，筛选掉不符合要求的图书后，共检索到 2000~2010 年出版的 580 本与大学生心理相关的书籍。其中，30 本是主要针对素质教育理论的著作，3 本是关于积极心理学的著作，1 本是关于心理危机干预理论的著作，3 本是关于团体心理辅导理论的著作，其余543本教材依然是将心理健康理论融入书籍编写的章节中。

其次，在中国知网高级检索中继续按照前文所述搜索方式，选择2000~2010年的文献，并删除不符合要求的文献，得到如表3-5所示的高校心理健康教育不同理论文献数量。

表3-5 2000~2010年高校心理健康教育不同理论文献数量

单位：篇，%

理论名称	文献数量	占比
精神分析理论	942	17.99
行为主义理论	191	3.65
人本主义理论	1336	25.52
人力资本理论	397	7.58
素质教育理论	452	8.63
积极心理学理论	463	8.84
心理危机干预理论	662	12.64
团体心理辅导理论	603	11.52
表达性艺术治疗理论	190	3.63
合计	5236	100

从表3-5可以看出，关于心理学传统三大流派的研究一直都是学术界的中流砥柱，同前两个时期相比，在全面普及阶段发展迅速的理论有积极心理学理论、心理危机干预理论及团体心理辅导理论。人本主义理论、素质教育理论及积极心理学理论的大量研究呈现了该时代的特征，即高校更加注重学生人格的全面发展。心理危机干预理论的研究一方面反映了该阶段大学生面临的心理问题愈加严峻，另一方面折射出高校心理健康教育工作更加细致化、制度化、专业化。团体心理辅导增强了高校心理健康教育及心理咨询的效果，使更多的大学生获益。

在表3-5的基础上，加入"教育"或"心理"这两个关键词，搜索出如表3-6所示2000~2010年不同理论在心理健康教育应用方面的文献数量。

表3-6　2000~2010年不同理论在心理健康教育应用方面的文献数量

单位：篇,%

理论名称	文献数量	占比
精神分析理论	17	1.52
行为主义理论	13	1.16
人本主义理论	289	25.76
人力资本理论	60	5.35
素质教育理论	452	40.29
积极心理学理论	90	8.02
心理危机干预理论	21	1.87
团体心理辅导理论	58	5.17
表达性艺术治疗理论	122	10.87
合计	1122	100

通过表3-6可以看出，在该阶段，人本主义理论和素质教育理论是同心理健康教育实践相结合较紧密的两大主要理论，其他理论也开始探索如何将理论同实践相结合。心理健康教育相关研究不再局限于纯理论研究，而是将目光转向如何运用。这种理论与实践的结合进一步推动了高校心理健康教育事业走向逐步完善阶段。

四　繁荣阶段（2011年至今）

从2001年开始，加强心理健康教育就成为国民经济和社会发展五年规划的目标之一，并在2010年成为教育改革发展的战略主题及教育部门和高校的重要职责。高校心理健康教育进入逐步完善阶段，该阶段从课程、咨询、人员配置到制度建设等各个方面均在不断完善。全国及省级高校心理健康教育示范中心的设立，推动心理健康教育进一步完善。

（一）时代背景

2002 年以前，心理健康教育课程基本上已经普及，大多数高校开设了此门课程，但大多将其定位为选修课。2011 年，教育部印发的相关文件进一步明确了大学生心理健康教育课程的基本要求和开设目标，要求各高校结合自身实际与需要，组织开展相应的教育教学活动。此时，几乎所有的高校都有心理健康教育课程并定期举办心理讲座，尤其是针对大一新生的心理健康团体辅导课程成为必修课程，面向全校开设的心理健康教育通识课也作为必修课或必选课出现在高校课程体系中（卢爱新，2007）。在 2016 年、2018年，相关政策性文件的出台，使高校心理健康工作备受重视。相关文件要求在工作中形成教育教学、实践活动、咨询服务、预防干预"四位一体"的心理健康教育工作格局，旨在扩大心理健康教育的覆盖面、受益面，真正实现全面提高大学生心理健康水平的目标（方鸿志、潘思雨，2019）。

心理咨询和心理健康教育课程增加，必然需要更多的专业教师。于是各高校从自身实际情况出发，采取专兼职教师一同组建师资队伍的模式解决此问题。为提高专兼职教师的专业素养，国家成立的普通高等学校学生心理健康教育专家指导委员会不仅定期召开培训会，也编写了大学生心理健康教材及教师培训教材，通过专业化道路引领和帮助基层专兼职教师提升专业素养。

在 2000~2010 年，政府重点扶持了一批心理健康教育中心的建设，设立国家级示范中心（卢爱新，2007），部分省份设立省级示范中心。2015 年，教育部推进了全国性高校心理健康教育与咨询示范中心的建设，同期像陕西、内蒙古、广西、上海等省（区、市）率先于 2014 年底至 2015 年初批准建设省市级高校心理健康教育与咨询示范中心（卢爱新，2007）。当地教育主管部门和高校投入大量的人力、物力、财力，旨在建设更加规范化、专业化、品牌化的高校心理服务中心。同时，这十年来相关研究活动频繁，硕果累累。

（二）理论应用情况

在逐步完善阶段，我国高校心理健康教育不论从政策、制度还是从整个体系上来讲都趋于完善。大学生的心理发展是有时代特色的，新时期将面临新的挑战、机遇和压力。现阶段不论是大学生心理健康教育著作还是期刊文献都呈现井喷的势头。同以上几个时期一样，对这个时期的相关书籍、文献做了如下统计。

首先，在国家图书馆官网搜索题名有"大学生""心理"的图书。从搜到的结果可以看出，筛选掉不符合要求的图书后，共检索到 2011 年至今出版的 1900 本与大学生心理相关的书籍。同前几个时期相比，该阶段书籍数量明显大幅度增加，说明大学生心理健康教育问题已成为社会、教育界、学术界共同关注的重点问题。

其次，在中国知网高级检索中按照上述方式继续搜索，选择 2011 年至今的文献，并删除不符合要求的文献，得到如表 3-7 所示的高校心理健康教育不同理论的文献数量。

表 3-7　2011 年至今高校心理健康教育不同理论文献数量

单位：篇,%

理论名称	文献数量	占比
精神分析理论	1673	11.13
行为主义理论	222	1.48
人本主义理论	1723	11.46
人力资本理论	241	1.60
素质教育理论	248	1.65
积极心理学理论	5251	34.92
心理危机干预理论	1287	8.56
团体心理辅导理论	3456	22.98
表达性艺术治疗理论	937	6.23
合计	15038	100

从表 3-7 可以看出，在逐步完善阶段，积极心理学理论成为心理健康教育研究的主要理论，其次是团体心理辅导理论和人本主义理论。高校心理健康教育不再是被动地解决问题或只针对问题学生，而是将预防和干预结合起来，以提高大学生的整体心理健康水平。

在表 3-7 的基础上，加入"教育"或"心理"这两个关键词，搜索出如表 3-8 所示的 2011 年至今不同理论在心理健康教育应用方面的文献数量。

表 3-8　2011 年至今不同理论在心理健康教育应用方面的文献数量

单位：篇，%

理论名称	文献数量	占比
精神分析理论	26	0.83
行为主义理论	32	1.02
人本主义理论	423	13.51
人力资本理论	43	1.37
素质教育理论	248	7.92
积极心理学理论	1197	38.22
心理危机干预理论	48	1.53
团体心理辅导理论	359	11.46
表达性艺术治疗理论	756	24.14
合计	3132	100

通过表 3-8 可以看出，高校心理健康教育仍坚持"以人为本"的主要思想，将学生放到第一位，尊重学生的人格，同时加强了积极心理学理论的广泛应用。另外，表达性艺术治疗和团体心理辅导丰富了心理教育的方式，有利于心理健康教育工作多样化地开展。

第三节　高校心理健康教育理论的发展趋势

心理健康教育理论作为高校心理健康教育不可或缺的重要组成

部分，不同理论经历了不同的发展态势，应用于实践工作中的不同方面。随着实践探索的不断深化，整体理论体系在日益丰富和完善，其本土化、综合化也成为理论发展的必然趋势（陈旭、张大均，2002）。

一 高校心理健康教育理论的发展趋势

（一）理论体系逐步完善

对于心理健康教育理论的介绍、引进和学习经历了三个阶段，即萌芽起步阶段、深入学习阶段、普及完善阶段。最初被广泛介绍的心理学理论主要为心理学三大流派的理论，包括精神分析理论、行为主义理论、人本主义理论，其中行为主义理论流派的理论介绍可追溯至 20 世纪 50 年代。这三大流派的引进，奠定了心理健康教育的理论功底，使心理健康教育逐渐脱离传统的思政模式，开辟出新的途径。

高校心理健康教育具有基础性、全员性、互动性、针对性的特征（卢爱新，2007）。该项工作侧重对大学生非智力因素的培养，使大学生不断思考人与自己、人与自然、人与社会的关系，在这个过程中树立正确的价值观、注重生命的可贵、珍视生命、发展生命的意义和价值、提高心理调节和情绪管理能力、增强心理弹性。于是人力资本理论、素质教育理论很快被学习、引入并与中国实际相结合。

随着时代的快速发展，当代大学生面临更大的压力，加之自我价值的提升和创业创新的竞争氛围，使得整个中国社会都面临着只争朝夕的生活状态。压力、焦虑、抑郁、拖延等成为"竞技者"的苦恼，但同时又蕴藏着生机和希望，就好比黎明前的黑暗。如何化焦虑为动力？如何执着地追逐希望？此时，积极心理学给心理辅导者们带来一个新的视角，使咨询辅导的目光转向更积极、更阳光、更理性的方向。而心理危机干预理论为那些深度抑郁者增添了生命的机会和希望。表达性艺术治疗和团体心理辅导更是提供了多样的、鲜活的辅导技术，使更多的学生在娱乐、游戏、互动中获得成长，提升自我。

总之，改革开放至今的 40 余年，高校心理健康教育理论体系紧跟时代，一直走在不断吸收、学习与完善的道路上。

（二）理论学习更加专业化

樊富珉教授曾经说过，心理健康教育是一项专业性极强的工作，以教育学、心理学、社会学、心理卫生、医学等学科为基础（第十届全国大学生心理健康教育与心理咨询学术交流会学术报告，2007）。所以，心理健康教育不仅要求从业教师具有极强的专业背景、专业能力，同时也要求理论体系走出自己的专业化特色。

改革开放 40 余年以来，心理健康教育发展得如此迅速，得益于心理健康教育的专业理论、专业技能、专业队伍、专业规范的不断提升与完善。心理健康教育的理论基础是心理学，但两者之间仍存在区别。心理学理论是这项工作的理论基础，但如何重新审视、思考学生的心理问题？如何有效辅导与干预？实际工作中常常需要将理论与实践相结合，这种结合不是简单的理论框架的应用，也不是现实经验套路，它需要研究，需要检验，需要多次的临床分析，这些都是专业化的体现。只有专业化才有生命力，只有专业化才有针对性。

（三）基础理论与本土化工作方法的分歧①

在过去的很多年，思政教育模式承担着大学生心理健康和素质教育的工作，并培养了一批批的大学生人才。但改革开放以来，新情况、新问题、新需求层出不穷，思政教育的模式也面临重大挑战，问题的多样性意味着需要多种帮扶、教育的手段来辅导和教育

---

① 参见王恩界、罗雪（2017）。

学生，此时，心理健康教育悄然进入我国思想政治教育者的视野和领域（卢爱新，2007）。然而，在实际应用中，二者需要磨合，需要辩论，既相互独立，却又有着千丝万缕的联系。我国的思政教育体系有其明确的指导思想和教育模式，且源于本土用于本土。有别于思政教育体系，心理健康教育的理论基础源于西方心理学体系，不论是传统心理学三大流派、人格心理学，还是后来提出的积极心理学、心理危机干预等理论。迄今为止，我国一直在学习西方的心理健康教育理论，却并未出现一套能够得到国内学者普遍认可的心理健康教育理论及完整的体系。这就导致理论与工作方法之间存在重大分歧，既无法完全在西方心理健康理论体系的指导下开展我们的心理健康教育工作，又无法通过本土化的方法来充分体现西方心理健康教育的理念。

这种理论和工作方法之间的分歧主要是由于在 40 余年的发展历程中，我国心理学在理论层面过于依赖西方的理论，将西方理论同本国文化、实际相结合的推进不够。在这种分歧的背景下，心理健康教育如果不加速本土化研究，就很难达到预期的效果，甚至会限制高校心理健康教育工作的进一步发展，所以说这是未来心理健康教育研究的重点课题。

二 高校心理健康教育理论的展望

（一）全方位、综合性发展

高校心理健康教育是一项有组织、有目的、有计划的综合化发展的教育活动。首先，心理健康教育的目标是综合性的。第一，初级目标，即预防、治疗心理问题，增进大学生心理健康。一方面，对出现心理健康问题的学生做到早发现、早诊断、早干预；另一方面，通过开展心理健康教育讲座、课程、活动等，使学生提前掌握有关预防、识别、调整心理健康问题的基本知识与方法。第二，中级目标，即优化学生心理品质，使学生学会积极适应，能够根据实际情况适时调整自我状态，以适应不同的环境、工作、学习及生活。第三，最终目标，即开发学生潜能，促进其自我实现。可见，现代高校心理健康教育目标的最终落脚点不能只是心理问题的预防和缓解，更在于最终实现对大学生心理素质的提升、心理潜能的开发及自我价值的实现的促进（陈旭、张大均，2002；裴学进，2006）。

其次，心理健康教育的内容是全方位、综合性的。其包括从人生观、价值观教育到学习、情绪、人际交往、恋爱与性、职业规划、自我成长、心理测验与评估、心理治疗等多个方面的教育。

最后，高校心理教育的功能是综合性的，实现"学校-院系-班级"三级网络化、教育参与全员化，不再仅仅是心理教师或相关工作人员的事情，而是全校师生包括学生家长共同参与的活动。教育阶段全程化要求心理健康教育不仅着眼于事后处理，还将所有工作前置，并且不只关注新生的心理健康问题，还针对不同年级、不同阶段、不同人群的学生提供不同的全方位、相适应的心理健康教育服务。基于心理健康教育各方面的综合化，心理健康教育理论也呈现综合化的发展趋势，其整体理论框架不断扩充、交叉、综合。

（二）结合传统文化探索本土化发展路径

我国高校心理健康教育理论主要来自西方心理学，从各种常用的心理测评量表到心理咨询与心理健康教育的具体理论，基本都源自西方文化的研究，因此在实际工作中会产生一些冲突。这些冲突只有将西方的理论、工作技术与本土文化、实践结合在一起才能得到合理的解决。

在五千多年历史长河中，我们形成了自己特有的文化，这其中蕴藏着丰富的对于人类心理和精神生活以及人与自己、人与他人、人与社会之间的深刻思考。正如冯友兰先生所言，传统中国哲学的任务不在于增加实际的知识，而在于提高心灵的境界（张海熹，1998）。儒家文化提倡的仁、义、礼、智、信，其中蕴含着形成健康人格、建立良好人际关系、保持情绪稳定以及养成积极乐观的人生态度的心理健康思想。目前流行的"正念教育"正是基于传统文化的精髓而保留下来的修养身心的方法。此外，本土化发展还意味着不排斥西方的新理论、新思想，也不排斥我国传统的思政教育。正如现代著名心理学家科瑞所言：学习所有主要的理论，拒绝只接受一种观点，保持开放的头脑，将各种理论作为基础，建立一个指导自己工作的整合理论。

（三）运用新媒体技术，教育方式多元化

传统心理健康教育主要是通过面对面咨询、讲授课程、开展心理讲座或者阅读书籍等方式，更多的是满足群体基本需求，在为个体提供精准、个性化服务方面探索得还不够。随着网络技术的普及，心理健康教育模式也面临着创新和多元。互联网具有容量大、虚拟性、新奇性、便捷性等特点。通过网络可以将动画、影像、图片和文字相结合，使理论知识的教学变得更加生动且易于接受。心理健康教育者可以通过微课、视频课程、线上教学向学生讲述心理健康理论知识，广泛拓展受众群体；还可以利用网络将不同的教育资源整理成庞大的信息库，极大丰富心理健康教育的内容，不论是教师还是学生都可以随时随地借助网络媒体学习大量的、最新的知识。而且线上教学模式方便教师和学生之间保持密切联系，教育不再是一言堂，师生之间更加平等，可以就某个心理理论深入探讨，真正实现教学相长。除了以上优势之外，学生也可以通过网络查找获取自身所需的心理健康知识和资料，体验心理测量，接受线上心理咨询，及时获得专业帮助，改善心理状态（赵竞，2018）。

除了网络教学方式的不断深化普及，朋辈间教育也成为心理健康教育的重要方式之一。心理健康教育本就离不开学生的积极参与，各高校依托专业师资，开展覆盖本、硕、博的学生心理健康自我服务体系，根据学生需求，组织学生开展一系列如心理情景剧、素质拓展、心理委员培训、心理主题班会、心理漫画征集等学生团

体活动，促进学生间的交流。当然，学生之间也能够通过网络平台就相关心理学理论、问题定期开展研讨会（陈丽，2011）。

丰富拓展传统的教育方式，利用不同方式，多角度、全方位地获取和掌握心理健康知识，让学生真正参与到心理健康教育学习、应用中来，搭建起学生之间、教师与学生之间平等交流与互助的平台，使学生真切体会到心理健康教育的魅力。

本章小结

本章梳理了我国高校心理健康教育在不同时期借鉴和运用西方不同流派心理学的情况，分别阐述了各个流派的理论渊源和在我国应用的现状。据此，可以清晰地了解国内心理健康教育的本土化特点，也能够完整地掌握心理健康教育的内容体系，并为我国高校心理健康教育的专业化发展奠定扎实的理论基石。

关键词

心理咨询　心理健康教育理论　本土化应用

拓展阅读

习得性无助实验

习得性无助（learned helplessness）的概念产生于美国心理学教授马丁·塞利格曼的一项经典动物实验。1967年，塞利格曼及其团队先将一组狗放进设有电击装置但又无法逃脱的笼子里，给狗施加电击，电击的强度足以引起狗的痛苦体验。狗最初被电击时拼命挣扎，想要逃脱笼子，但它们发现无论怎样努力都无法逃脱，随后它们逐渐放弃挣扎。然后，将这些狗放入设有隔板的笼子中，隔板一边设有电击装置，另一边没有，狗可以通过跳过隔板逃入没有电击的一边。在实验过程中，塞利格曼发现，经历过前次实验面对电击无法逃脱的狗再次进入设有隔板的笼子中，面对新的电击时，它们只是在前半分钟惊恐一阵，此后一直卧倒在地，任由电击带来痛苦也不去挣扎，即使跨过隔板就可以不被电击，它们也不去尝试一下。相比之下，实验者把另一组没有经历过电击的狗直接放入有隔板的笼子里，发现它们全都能轻而易举地从有电击的一边跳到安全的一边。塞利格曼将这种因以前的消极事件而体验到的失败经验泛化到任何其他情境，包括那些可控情境下都不做尝试和努力的现象称为"习得性无助"。

1975 年，塞利格曼用大学生作为被试，证明了习得性无助在人身上也可以发生。塞利格曼把学生分为三组：第一组学生听一种噪声，这组学生无论如何也不能使噪声停止；第二组学生也听这种噪声，但他们可以通过努力使噪声停止；第三组是对照组，他们不听任何噪声。当被试在各自的条件下进行一段实验之后，即令被试进行另外一种实验：实验装置是一只"手指穿梭箱"，当被试把手指放在穿梭箱的一侧时，就会听到一种强烈的噪声，放在另一侧时，就听不到这种噪声。实验结果表明，在先前实验过程中体验到强烈无助感的第一组被试不会将手指移到箱子另一边，其他两组学生则可以将手指移到箱子另一边。

习得性无助使个体在经历连续失败和挫折等消极事件后产生严重的绝望、无助感，对日后的学习产生消极影响。这种现象时常发生在教育实践中，对教育实践者有重要的启示：在实际教育过程中，要增加学生的成功经验，引导学生积极归因，建立自信心，增强自我效能感。

资料来源：王玉龙（2013）；塞利格曼（2011）。

第四章　高校心理健康教育的内容

如果说心理学理论是心理健康教育的基础，那么教育内容则是心理健康教育的本质。教育内容一定是针对需求与发展而进行的规划性设计，教育对象的需求不明确，教育培养的目标不清楚，教育内容就会混乱，教育目的就难以达到。经过 40 余年的发展，心理健康教育的内容不断更新、不断发展，本章侧重于分析高校心理健康教育内容的演变与发展。

第一节　心理健康的基本知识

掌握心理健康基本知识是心理健康教育的首要内容。如何界定健康？如何界定心理健康？心理健康的标准是什么？这些基本知识是心理健康教育的基础和前提。本节重点阐述这些基本概念。

一　心理健康的概念与标准

（一）健康的概念

1948 年，世界卫生组织将"健康"定义为一种生理、心理和社会适应都完满的状态，而不仅仅是没有疾病的状态。1978 年，世界卫生组织在国际初级卫生保健大会上进一步对健康进行明确定义：健康不仅是没有疾病，而且是身体的、精神的健康和社会适应良好的总称。1989 年，世界卫生组织再次深化了健康的概念，认为健康包括躯体健康、心理健康、社会适应良好和道德健康。由此可见，健康的定义从最初单一的生物医学模式演变成生物-心理-社会医学模式，既考虑了人的自然属性，又考虑了人的社会属性，因此也被称为二维健康观。

21世纪后，"身-心-灵"三位一体的健康观（三维健康观）逐渐居于主导地位。三维健康观认为，身体健康是物质基础，心理健康是精神表现，心灵健康是根本保障。一个健康的人应该是：身体健康——生理机能处于常态标准；心理健康——自我概念明晰，心智健全，情绪表达流畅，行为活动自控；心灵健康——信仰纯美稳健，操守内方外圆，人与自然一体，从容淡定处世。

（二）心理健康的概念

心理健康的定义最初与心理卫生相联系。心理卫生运动发生在1792年，法国精神科医生菲利普·皮内尔率先提出废除对精神病人的约束。1908年，美国的比尔斯在其出版的《一颗找回自我的心》一书中首次提到心理卫生（mental health）。《心理百科全书》中对心理健康的解释为：心理健康也叫心理卫生，其含义包括两个方面，一是指心理健康的状态，即没有心理疾病，心理功能良好；二是指维护心理的健康状态，即有目的、有意识、积极自觉地按照个体不同年龄阶段身心发展的规律和特点调整自己。

1946年，第三届国际心理卫生大会将心理健康定义为：在身体、智能以及情感上与他人的心理健康不相矛盾的范围内，将个人心境发展成最佳的状态。国家心理咨询师职业资格培训将心理健康定义为：各类心理活动正常、关系协调、内容与现实一致和人格处在稳定的状态。

国内学者张小乔（1998）提出"灰色区"的概念，即人的精神正常与不正常无明显界限，它是一个连续变化的过程。具体来说，如果将心理健康比作白色，将心理不健康比作黑色，那么在白色和黑色之间存在一个巨大的缓冲区域——灰色区，大部分人处在这一区域内。灰色区又分为深灰色区和浅灰色区，浅灰色区的人只有心理冲突，比如失恋、学业压力等造成的心理紧张状态；深灰色区的人则患有某种心理障碍，如抑郁症、焦虑症等。

因此，心理健康可以从狭义和广义上来理解。从狭义的角度来看，心理健康是指人的基本心理活动的过程完整、协调一致；从广义上来看，心理健康指的是一种持续的心理状态，在这种状态下，个人具有生命的活力、积极的内心体验、良好的社会适应，能够有效地发挥个人的身心潜力与积极的社会功能。

（三）心理健康的标准

1946 年，第三届国际心理卫生大会提出的心理健康的标准为：①身体、智力以及情感十分调和；②适应环境；③有幸福感；④在工作和职业中能发挥自己的能力，过着有效率的生活。

20 世纪 50 年代，人本主义心理学家马斯洛提出了心理健康的 10 条标准：①有充分的自我安全感；②能适当地宣泄和控制情绪；③能做有限度的个性发挥；④能充分了解自己并对自己的能力做出适当的评价；⑤能保持人格的完整与和谐；⑥能保持良好的人际关系；⑦具有从经验中学习的能力；⑧生活的目标切合实际；⑨不脱离现实环境；⑩在不违背社会规范的情况下，对个人基本要求做适当的满足。

中国传统文化中关于心理健康的标准主要包括六个方面：①良好的人际关系；②适当约束自己的言行；③保持情绪的平衡与稳定；④正确认识周围环境；⑤抱有积极的生活态度；⑥完善的自我发展目标。

由此可见，关于心理健康的标准至今尚未统一。导致人们对心理健康产生不同认识的原因有三个：一是人们确立心理健康的依据不同，社会规范、统计常模、心理成熟状况、生活适应、主观感受都是经常采用的重要依据；二是人们对心理健康标准把握的尺度宽严不同；三是人们在描述心理健康的人的行为特征时，涉及的品质范围与关注的重点不同，有的重视积极自我概念，有的强调良好习惯，有的关注人的自我潜能实现的程度，有的在意生活适应状况。不管怎样，心理健康的标准可以概括为：智力发展正常、人格完善、人际关系良好、情绪稳定和社会适应良好。需要注意的是，对于心理健康的标准，我们只能把它当成个人努力追求的理想目标，不能将这些作为准则来苛责自己，它只起到辅助性工具的作用，目的是帮助我们更好地了解自己的心理健康状况。

二 大学生心理健康的状况与影响因素

（一）大学生心理健康状况

20 世纪 90 年代初，我国对大学生心理健康状况的研究相对较少，大学生表现出的心理问题类型也不多。李静生等（1993）通过 SCL-90 对 624 名大学生的调查发现，大学生心理问题发生的范围和严重程度都比正常成年人高，主要表现为强迫症、人际关系敏感、抑郁、焦虑等。解亚宁等（1993）对 902 名少数民族大学生的研究发现，约 10% 的少数民族大学生存在心理健康问题，主要体现为强迫症、人际关系敏感和抑郁等。

20 世纪 90 年代末至 21 世纪初，大学生群体中的自杀问题开始引起社会重视。戴梅竞等（1998）对 1993～1996 级新生进行心理测试并建档，追踪四年的研究发现，大学生的心理问题已经很常见，自杀成为大学生的"头号杀手"，有些严重的心理障碍（如精神异常）的发生率逐年递增。杨雪花和戴梅竞（2000）对大学生心理健康状况的研究综述发现，不论是国内还是国外，大学生心理障碍的发病率均在 10%～30%，在大学生因病退学的因素中，社会心理因素占比高达 74%。熊燕等（2006）的研究发现，2005 级本科新生的心理健康水平处在全国大学生的中等偏上，男女生的心理健康水平基本一致，但来自不同专业和不同地区的学生，其心理健康水平存在显著差异。

近些年，大学生心理问题明显增多，产生心理问题的来源也变

得更复杂。张晓璐 (2015) 对农村大学生的心理健康状况进行调查
发现，受到不同程度心理困扰的学生高达 60%，其中有 40% 的学生
主要受人际交往困扰，30% 的学生感受到学业压力和不适应大学生
活，20% 的学生为自己的未来感到迷茫和自卑，认为自己无法与社
会接轨、缺乏清晰的人生定位和规划。刘小玲 (2019) 采用大学生
人格问卷 (UPI) 对 2015～2018 级大学生进行调查发现，大学生的
整体心理健康状况是良好的，但心理健康水平在逐年下降，存在严
重心理问题的学生有增多的趋势；不同年级大学生的心理健康水平
有差异，女生心理问题比男生严重，且大学生的心理问题主要集中
在性格、强迫心理和人际关系等方面。张宇迪 (2019) 对跨性别和
顺性别大学生进行对比分析发现，跨性别大学生的抑郁和焦虑水平
比顺性别大学生更高，其存在自杀危机的风险更高，但两者在健全
人格取向方面并无差别。

（二）大学生心理健康影响因素

国内学者多用因素分析的方法研究大学生心理健康的影响因
素，研究结果显示，在生活中遇到重大挫折、对挫折耿耿于怀、人
际关系紧张、失恋、犯过重大错误、家庭和学习负担过重、就业困
扰等都是影响学生心理健康的重要因素。解亚宁 (1992) 等的研究
发现，人际关系和学习方面的因素是影响大学生心理健康的最主要
因素，家庭和环境等因素的影响相对较小。戴梅竞 (1998) 等通过
对大学生 20 年间的健康、疾病、死因及其影响因素分析发现，心
理社会因素特别是学生的生活方式与行为因素是影响其身心健康的
最主要因素。谢建 (2004) 也指出，社会因素是影响大学生心理发
展的重要因素，包括变革时期的矛盾、竞争的压力等。鲁娟等
(2008) 对军医大学生心理健康影响因素的研究发现，不同性别、
年龄、入学动机、专业愿望和家庭收入水平的学员心理健康水平不
同，影响因素是多方面的，总的来说包括个人因素和家庭因素。胡
悦 (2019) 的研究发现，公正世界信念影响大学生的心理健康，当

个体受到不公正待遇时会产生失望、被剥夺感等消极情绪，从而危害个体健康。由此可见，大学生心理健康的影响因素是多方面的。

可以看出，大学生产生心理问题的原因及其影响因素是多元的。认知行为理论认为，认知是个体情绪和行为的中介，个体产生的消极情绪和歪曲的认知有关。个体在生活经验中形成的"功能失调性认知假设"影响了其对事物的评价，成为其支配行为的准则，且不易被人察觉，即存在于个体的潜意识中。当个体遭遇某一严峻的生活事件时，那些大量的"负性自动想法"就会被激活，从而上升到意识层面，导致抑郁、焦虑等情绪反应和行为障碍，反过来这些情绪和行为又加强了负性自动想法。而精神分析学派认为，大学阶段最重要的发展任务是摆脱负面的控制，建立自己的生活秩序，发展异性恋。但是独立不是轻而易举的事情，大学生在这个阶段与父母分离，在感情上是痛苦的，这个时期或以前各时期的发展如果遭受到挫折，个体就会产生各种心理问题，甚至患上精神疾病等。不同心理学派有不同的分析思路，也有各自的辅导技术，心理健康教育的内容要围绕大学生的种种问题和需求展开。

第二节 大学生心理健康教育的内容及其变化

从 20 世纪 90 年代开始，国家就高度重视大学生的心理健康教育工作，相继颁布了一系列文件，强调高校和社会应重视大学生的心理健康教育，选择适合当代大学生身心发展特点的心理健康教育内容和方法，以培养大学生克服困难、承受挫折、应对危机等心理品质。那么，高校心理健康教育主要包括哪些内容？其在这 40 余年又是如何变化的？

一 大学生心理健康教育的内容

综观当前大学生心理健康教育教材，我们可以归纳出大学生心理健康教育的主要内容。

（1）心理健康教育基本知识，包括心理、健康、心理健康的含义和标准；心理健康与心理障碍的区别与联系；大学生常见心理问题及特点。这些知识点，在前面章节中都有详细描述。

（2）学习心理，包括学习心理的含义、特点、影响因素以及学习问题与调适。学习心理主要是指学生在学习过程中产生的心理现象及其规律等，主要包括学生在学习过程中表现出的学习动机、心理适应能力、情绪情感和意志品质等个性心理特征。大学生学习心理的特点主要包括：学习的自主性，学习的专业性和职业定向性，学习方式多样化，学习的研究性，知识掌握与能力、素质的培养并重。影响大学生学习心理的因素很多，包括智力因素和非智力因素。一个学生学习成绩的好坏首先和他的智力品质有关系，但关于智力在学习中起到多大作用的问题，理论上一直争论不休。非智力因素包括动机水平、兴趣、意志水平、注意水平、抱负水平、焦虑水平、性格等。学习问题主要体现在学习的影响因素上，比如意志薄弱、学习焦虑、学习疲劳、注意力涣散、学习拖延等。针对这些学习问题，学生要掌握调适学习问题的方法，比如科学用脑、调整学习方式、培养良好的学习习惯、提升学习动机、调节学习压力、合理设置成就目标等。

（3）人际交往，包括大学生人际交往的含义、特点、影响因素、技巧以及人际关系障碍与调适。人际交往是指人们运用语言或非语言符号交换意见、传达思想、表达感情和需要的过程，包括物质和精神两个层面的交往。大学生人际交往的特点主要表现在高期望值和高挫折感、平等意识强烈、与异性之间的交往愿望强烈、人际交往的内容比较丰富等方面。影响大学生人际交往的因素主要包括两个方面：一方面是自身方面，比如气质、性格和外貌等；另一方面是环境因素，包括家庭环境、学校环境和社会环境等。大学生的人际交往需要技巧，比如掌握说话技巧、保持谦虚礼貌、学会处理人际冲突、培养团队精神等。大学生人际关系障碍主要包括认知方面的障碍，比如刻板印象、首因效应、晕轮效应等；不良情绪障碍，比如愤怒、自卑、嫉妒、自负、恐惧、冷漠等；人格差异障碍，比如有些学生自命清高，有些则爱斤斤计较等。对于人际关系的调适，首先应该端正认知，先学会了解自我，再学会客观认识他人；其次需要调适不良情绪，控制人际交往的不良情绪是大学生心理成熟和健康的重要标志；最后应培养良好的人格，良好的人格包括温和亲切、谦虚热情、真诚坦荡、宽以待人。

（4）恋爱心理，包括恋爱的含义、特点、恋爱心理的发展阶段、恋爱问题与调适。恋爱是指男女双方培育爱情的过程，而关于爱情的定义一直没有明确的界定。爱情的特点主要包括平等互爱性、专一排他性、强烈的持久性、纯洁严肃性和正常生理性。大学生恋爱阶段一般包括好感期、爱慕期、相爱阶段、热恋阶段和家庭角色扮演阶段。大学生恋爱问题包括异性交往障碍、单相思、失恋以及恋爱中的不良心理，比如嫉妒、虚荣、寂寞等。健康的恋爱观需要有表达爱的能力，鉴别爱的能力，接受爱的能力，拒绝爱的能力，解决爱的冲突的能力，保持爱情长久的能力。这些能力是大学生恋爱过程中应学习和提升的主要能力。

（5）压力应对，包括压力的定义、压力源、压力的影响因素、压力的表现形式和压力应对策略。压力是指个体面对具有威胁刺激的情境时，伴有躯体机能以及心理活动改变的一种身心紧张状态，也被称为应激反应。一般个体的压力源主要包括躯体性压力源，如过高或过低的温度；心理性压力源，如不切实际的期望；社会性压力源，如生活重大事件。压力的影响既包括消极影响，也包括积极影响。大学生的压力表现在各个方面，比如学习压力、专业兴趣压力、经济压力、人际交往压力和情感压力等。学会面对压力，掌握一些放松技巧，学会寻求帮助以及培养良好的个性品质是大学生在日常生活中应对压力的前提。

（6）职业生涯规划，包括职业生涯规划的含义、意义、主要原则、要素、步骤与技术。职业生涯的含义简而言之就是一个人的终生职业经历。大学生进行职业生涯规划的意义主要在于引导大学生走向成功、指导大学生人生发展、培养大学生人生资源驾驭能力和促进大学生实现人生价值。大学生进行职业生涯规划时，应遵循可行性原则、适时性原则、清晰性原则、连续性原则、长远性原则、适应性原则和挑战性原则等。进行职业生涯规划时应正确处理"五个关系"，即规划的稳定性与实施的灵活性、规划的模糊性与生涯发展的可准备性、个人的期望值与实现的可行性、共性与个性、业务知识与人际技能。大学生职业生涯规划的步骤包括认识自己、认识企业和职业、确立目标、职业定位、实施策略和评估反馈。在进行职业生涯规划时，"5W"技术和SWOT分析法是大学生进行职业规划的具体技术。

（7）自杀与危机干预，包括心理危机的概念、表现、分类，产生心理危机的原因以及干预策略。心理危机是指个体面对突然或重大生活事件时所出现的心理失衡状态。其表现形式体现在生理方面，如失眠多梦等；情绪方面，如焦虑、恐惧等；认知方面，如注意力不集中、健忘等；行为方面，如社交退缩、不信任他人等。大学生心理危机的分类形式多样，根据危机爆发的时间和事件性质划分，可分为发展性危机、境遇性危机和存在性危机；根据危机影响的各方面划分，可分为自我意识危机、社会适应危机、情绪危机和个性危机。大学生心理危机产生的原因有多个方面，包括个体的人格特点、对事件的认知和解释、社会支持状况、个人适应能力、干预危机的信息获得渠道等。大学生心理危机的预防和干预策略如下：首先，应重点关注高危个体；其次，需要建立大学生心理危机干预体系；最后，应加强大学生心理健康教育，提高大学生心理素质与应对技能。

二　大学生心理健康教育内容的变化

（一）大学生学习心理

1. 大学生学习心理的研究状况

从学习心理研究总体情况来看，1987~2020年，我国大学生学习心理领域的研究呈逐年增长的趋势。1987~1995年，中国知网上期刊的论文数量还是个位数，1996~2005年期刊论文数量达到两位数，从2006年开始增长到百位数，到2020年，期刊论文数量有300多篇。而学位论文从1999年开始实现零的突破，到2020年也没有突破两位数。这表明在社会转型期，大学生学习心理受到越来越广泛的关注，也做了很多有价值的研究，并取得了一定的成果。

从学习心理研究内容和领域来看，关于大学生学习心理研究最多的内容是学习动机，约占总数的25%，其次是学习策略，约占总数的18%。从研究内容的年份分布来看，学习策略、学习动机和学习兴趣等的研究数量一直稳步增长，而元认知策略、学习风格、学业自我效能感、学习情绪在近十年来开始逐渐成为研究热点。这表明学习心理的研究在继承传统研究内容的同时，逐渐开始拓展对学习本身的认知和真正心理学意义上的关于学习"心理"的研究。

2. 大学生学习心理特点变化

（1）学习心理的年级变化。李春香（2001）的研究表明，大一学生的学习心理特点主要表现为学习方式的不适应、学习目的的多元性、学习动机的多层次性和学习态度的不稳定性等方面。赵毅等（2001）对不同年级的学生心理进行了研究，研究结果如下。一年级的学生虽然学习愿望强烈，但学习动机不足；学习的生理条件具备，但心理还不成熟；学习的自觉性较高，但情绪波动性较大。二年级的学生学习目标和学习态度出现了差异，即大部分学生有明确的学习目标和正确的学习态度，但仍有个别学生出现了偏差；学习兴趣和学习热情处于全盛时期；独立学习能力日益增强，学以致用的意识不断发展。三年级的学生学习目标、学习态度和学习兴趣都已定型；大部分学生普遍存在失落感、缺憾感和紧迫感；对所学专业是否符合自身个性特征的认识逐渐明朗化。

（2）学习动机的变化。大学生的学习动机受到社会环境的影响，呈现多元性和复杂性的特点，可以划分为兴趣型学习动机、报酬型学习动机、探索型学习动机、报效型学习动机和竞争型学习动机。黄希庭指出，大学生的直接性学习动机随着年级的升高而不断减弱，社会责任感的学习动机随着年级的升高而不断增强，职业化的学习动机随着年级的升高而巩固和发展（苏秋红，2012）。刘淳松等（2005）对 710 名大一至大四的学生进行调查，发现大学生学习动机的总体水平由高到低依次为物质追求、求知进取、小群体取向、社会取向、害怕失败和个人成就；一年级相较于二、三年级，其求知进取动机、物质追求动机和个人成就动机都较低，而小群体动机较高；在社会取向和害怕失败动机上，一、二、三年级不存在显著差异。

（3）学习兴趣的变化。余国政、陈咏梅（2006）认为，大学生的学习兴趣受所学专业、个人理想等因素的影响，呈现新的特点，具体表现为：兴趣范围日趋广泛和丰富、兴趣目标更加明确而稳定、间接兴趣已占据主导地位。随着时代的发展和通信技术的日新月异，大学生对拓展知识面的需求越来越强烈，他们不再局限于书本和理论知识，开始对国际政治、社会经济、技能考试等方面的兴趣越来越强烈。此外，虽然大学生的兴趣越来越广泛，但也逐渐变得有选择性，能根据社会发展需要和自己的理想抱负有意识地控制和调节自己的兴趣爱好，从而形成中心兴趣。

（4）学习适应性的变化。国内学者的研究发现，大学生尤其是大一新生存在某种程度的学习适应性问题，这些适应性问题存在性别、年级和学校类型等方面的差异。

在性别方面，女生的学习动机和教育风格以及学业成就明显优于男生，男生的身心健康适应能力明显高于女生。在年级差异方面，大多数学生的学习适应性不错，不能适应的占比较少，但高年级的学习适应性优于低年级，大三学生的学习压力最大，大四学生的学习紧张和焦虑程度最低（徐小军，2004）。在学校类型方面，综合类院校学生的学习适应性显著高于理工类院校，其社交方面的适应状况也优于理工类院校（谢君婷，2016）。

（二）大学生人际交往

1. 大学生人际交往的研究状况

从大学生人际交往研究总体情况来看，1988～2020 年，大学生人际交往领域的研究增长速度非常快。1988～1994 年的期刊论文数量还是个位数，1995～2000 年的期刊论文数量达到两位数，从 2001 年开始增长到百位数，且增长速度非常快，到 2020 年，期刊论文数量已有 3000 多篇。而学位论文从 2000 年开始实现零的突破，到 2020 年论文数量接近 900 篇。由此可见，大学生人际交往这一领域虽然研究起步较晚，但研究数量增加很快，尤其是近几年来。

从大学生人际交往研究内容和领域来看，关于大学生人际交往研究最多的内容是人际关系、人际交往能力和人际交往困扰。从研究内容的年份分布来看，这三个领域的研究数量一直稳步增长，而人际信任、宿舍关系和网络交往在近十年来开始成为研究热点。这表明大学生人际交往的研究在继承传统研究内容的同时，开始深入细分领域，且研究内容受时代影响很大。

2. 大学生人际交往的发展

20 世纪 70 年代末以来，大学生的人际交往随着对外开放和体制转型发生了较大的改变：从 80 年代中期的启蒙阶段到 90 年代出现功利化交往，再演变到如今大学生追求平等、理智、多元的人际交往特点。改革开放 40 余年来，大学生在交往观念上的巨大变迁，凸显了由封闭走向开放、在开放中逐渐成熟的时代主题。

（1）封闭、依赖、渴望开放并存的启蒙阶段（改革伊始至 20 世纪 80 年代中期）。随着改革开放政策的实施尤其是经济领域的革新，中国社会逐渐加快了向现代社会转型的步伐，而人际交往作为现代生活的一个重要指标也开始受到重视。人们开始认识到拓宽人际交往的重要性，并尝试扩大人际交往的范围。这一时期，大学生有更多的机会接触外界，流动性交往增多，人际圈子不断拓展，交往兴趣增加，交往的对象和范围也由单纯的传统纵向和封闭式交往转向横向和开放式交往。这个时期的大学生一方面渴望突破旧的交际圈子的樊笼，另一方面羞于主动开拓新的人际圈子，期待别人来与自己建立关系而不愿主动交际。

（2）自我、理性、功利倾向明显（20世纪80年代中期至90年代后期）。这个阶段是进一步从封闭走向开放、凸显自我的时期。这个时期的大学生交往体现出了新的特点，具体表现为：情感型交往仍是人际交往的主要内容，但理智型和功利化的人际交往观念逐渐凸显，交往开始注重隐私，认为应保持必要的距离，交往的目的开始有意识地注重自我发展和自我完善。这与社会的飞速发展和竞争日益激烈有直接关系，在未来很长时间内，功利化仍是中国青年社交的出发点。

（3）平等、开放、多元的人际交往（20世纪90年代后期至今）。从20世纪90年代后期开始，随着经济迅猛发展、现代信息技术普及和全球化的影响，多元化的社交观念深入人心，大学生开始追求活泼、展现个性的自主社交，社交形式变得更加多样化，社交对象更复杂化，社交也变得更频繁，主要表现为以下三个特点。①社交手段多样化。以往社交更强调面对面接触，如今更多社交方式异军突起，比如网络社交、旅游社交、公益活动社交、学习社交、购物社交等。②社交对象陌生化。传统的社交模式是"熟人社会"，而如今大学生的工作、学习和生活环境基本处于陌生人环境之中，在社交方面，他们也更倾向于与陌生人交往，如虚拟世界的网聊、网游等。③社交高频率、高流动。与前两个阶段的交往特点相比，如今大学生的交往呈现高频率与高流动性的特点，短暂性成为大学生社交的常态。这一特点与现代城市社会生活的快节奏及城市人口的高流动性是分不开的。

（三）大学生恋爱心理

1. 大学生恋爱心理的研究状况

从恋爱心理研究总体情况来看，1986~2020年，大学生恋爱心理领域的研究呈逐年增长的趋势。1986~1995 年的期刊论文数量还是个位数，1996~2005 年的期刊论文数量达到两位数，从 2006 年开始增长到百位数，到 2020 年，期刊论文数量有 800 多篇。而学位论文从 2002 年才开始实现零的突破，到 2019 年已经有 200 多篇。因此，从期刊论文和学位论文的比较来看，学位论文虽然起步较晚，但发展较快。这表明，恋爱心理一直是大学生心理健康领域的研究热点。

从恋爱心理研究的内容和领域来看，关于大学生恋爱心理研究最多的内容是恋爱观，约占总数的 20%，其次是恋爱问题，约占总数的 9%。从研究内容的年份分布来看，恋爱观、恋爱问题和恋爱动机等的研究数量一直稳步增长，而恋爱行为、恋爱道德、婚前性行为等在近十年来逐渐成为研究热点。这表明关于大学生恋爱心理的研究，在研究恋爱观和恋爱问题的基础上，逐渐进行更深入和多样化的研究。

2. 大学生恋爱心理的发展

随着时代的发展，大学生恋爱心理也开始发生改变。改革开放以来，大学生的恋爱心理变迁可划分为三个时期，分别是 20 世纪 70 年代末到 80 年代末的保守期、90 年代的开放突破期和 2000 年至今的速成期。

（1）保守期（20 世纪 70 年代末至 80 年代末）。1977~1978 年，虽然参加高考者可以是已婚者，但是从 1977 年到 20 世纪 80 年代，高校对大学生在校期间的恋爱、结婚的管理可以说是"特别严格"。当时不少高校都把"在校学生严禁谈恋爱，违者退学"的校规写进了学生手册，结婚更是大学生不可逾越的"雷池"。80 年代中后期，随着改革开放的推进，中国大学生原有的爱情观被西方的爱情观所改变。之后，在以琼瑶为代表的港台地区文艺作品的影响下，高校学生中"为了爱情放弃一切""爱得轰轰烈烈、死去活来"的事例开始涌现。尽管如此，由于七八十年代各高校对大学生谈恋爱的明文禁止，学生谈恋爱大体上处于"地下"状态。

（2）开放突破期（20世纪90年代）。90年代，随着社会主义市场经济的发展，国家政治、经济、法律法规的不断变化，文化的交融引发了社会观念以及大学生自身观念的变化。社会民主意识和个人权利意识的增强催生了大学生个人权益意识的萌发。1990年，教育部颁布了《普通高等学校学生管理规定》，学生谈恋爱不再被明文限制，学校和社会对大学生在校期间的恋爱行为有了相对宽容的态度。观念的改变，环境的宽松，大学校园中和谐的氛围，使大学生的恋爱方式日渐开放，他们已完全抛弃了遮遮掩掩、羞羞答答的面纱，他们激情洋溢、热情奔放、大胆追求爱情，恋爱不再担心受到嘲讽和批评，甚至还会感到自豪。大学生的恋爱比例明显增加，有关资料显示，在性别比例相近的高校（如师范类、外语类），恋爱率高达70%~80%；在性别比例失衡的高校（如工科类、农科类），恋爱率也在40%~50%（夏天阳、叶天放，1992）。

（3）速成期（2000年至今）。20世纪90年代末，中国大学生的爱情观发生了一场颠覆性的变革，其中起到关键作用的无疑是网络。以网恋为主题的标志性网络小说《第一次亲密接触》开始在校园流传，后来它还被拍成了电影，以神奇的速度影响着大学生的恋爱方式。网络帮助大学生迅速地成就恋爱和享受恋爱。《2016中国大学生恋爱白皮书》显示，中国在校生人数3559万，有过恋爱经历的比例达80%，其中40%的大学生谈恋爱是因为"课业压力少，空闲时间多，无聊"，35%的大学生是因为"想要在校园体验一份纯粹的爱情"等。大学期间，男生平均谈恋爱次数2.3次，女生1.6次；53%的男生会选择表白，而只有17%的女生会在预测成功率较高时表白。抽样调查中，北京、南京、广州三地高校学生正在恋爱的比例居前三位。① 2005年3月，教育部出台的《普通高等学校学生管理规定》和《高等学校学生行为准则》取消了对在校生

---

① 《2016中国大学生恋爱白皮书》，https：//wenku. baidu. com/view/9af682c777eea eaad1f34693daef5ef7ba0d124e. html，最后访问日期：2020年3月1日。

结婚的限制，但大部分学生表示现在没有任何的物质条件和经济基础，毕业后还面临着找工作的事，存在很多不稳定的因素，暂时不会考虑在就读期间结婚。

（四）大学生压力应对

1. 大学生压力应对的研究状况

中国知网收录的关于大学生压力应对的文献资料共 685 篇，论文数量相对较少，而关于大学生压力应对最早的研究是在 2000 年，2000～2004 年的论文都是以个位数在增长。这说明我国关于大学生压力应对的研究相对较晚，且并未引起研究者的注意。2005～2012 年增长较快，这个阶段共发表论文 512 篇，占调查总数的 74.74%。这说明在这个阶段大学生压力应对的研究发展迅速，而 2012～2020 年增长速度相对平缓。

从研究内容和领域来看，应对方式是研究热点，相关文献共 216 篇，其次是压力源、应对策略、就业压力和压力事件的研究。这说明在关于大学生压力应对的研究领域中，其基础研究仍是热点，但一些新的领域逐渐显露出来。特别需要注意的是，2003 年，因为"非典"的影响，关于流行病对大学生造成的心理压力的研究也开始出现；2000 年，由于我国高等教育的扩招，2005 年关于就业压力的研究文献开始集中涌现。这说明国内对于大学生压力应对的研究，深受社会环境的影响。

2. 大学生压力应对方式的分析

（1）大学生的压力源分析。2000～2004 年，关于大学生压力源的研究主要是分析不同群体学生的压力特点，比如特困生、独生子女与非独生子女的压力源等；2005～2010 年，出现了就业压力、学业压力等相关研究；2010 年至今，关于大学生压力源的研究内容更加丰富，除了就业压力、学业压力外，还出现了恋爱压力、人际交往压力、核心事件压力等。此外，研究对象也更加丰富了，如细分为体育生、国防生、师范类学生等。

那么，关于大学生压力源的特点有哪些呢？杨冠军（2011）对大一至大三的学生采取分层抽样的方法进行调查，研究结果显示大学生的压力存在性别、年级、专业方面的差异，具体表现为：女生的学习压力和身心压力显著高于男生，男生的经济压力高于女生；大二相较于大一和大三，其身心压力和学业压力都较低；文科生的经济压力高于理科生。王成义（2005）关于大学生压力状况的调查结果表明，大学生在八种压力水平上存在显著差异，不同学校的学生除了在学习和就业压力上存在显著差异外，在其他水平上并不存在显著差异；恋爱压力存在显著的性别差异，人际交往、学习、就业、恋爱、身体和健康方面存在显著的年级差异。

（2）大学生压力应对方式的特点。彭萍等（2011）的研究发现，大多数大学生在处理困难情境时都能采用较为成熟的应对方式，但在性别、专业、是否为独生子女和生源地等方面，不同大学生之间存在显著差异。邵华等（2019）的研究表明，在面对日常压力时，积极情绪状态下的个体倾向于采取关系指向和任务指向的应对方式，消极情绪状态下的个体倾向于采取情绪指向的应对方式。

（五）大学生职业生涯规划

1. 职业生涯概述

职业生涯的英文为 career，最早来自罗马文 viacarraria 与拉丁文 carrus，意指古代的战车，隐含未知、冒险之意，后来被引申为道路，即人生发展的历程或走过的轨迹。

1952 年，沙特尔给出了职业生涯的明确定义：一个人在工作和生活中所经历的职业或职位的总称。1969 年，麦克弗兰德在此基础上进行了完善：生涯是指一个人依据心中的长期目标所形成的一系列工作选择，以及相关的教育或训练活动，是有计划的职业发展历程。1976 年，霍尔提出职业生涯是指人终其一生，伴随工作或职业的有关经验与活动。20 世纪 80 年代，韦伯斯特认为职业生涯是一个人一生职业、社会与人际关系的总称，即人终身发展的历程（韩瑞连、韩芳，2009）。如今，最广为接受的职业生涯定义是来自美国职业理论专家舒伯的观点：职业生涯是一个人生活里各种事件的演进方向与历程，包括一个人在一生中所扮演的角色及结果。它包含三个层面：时间（个人的年龄或生命的时间）、广度或范围（每个人一生中所扮演的各种不同的角色）、深度（个人对角色的投入程度）（屈文妍，2000）。

职业生涯规划理论起源于 20 世纪初期，美国波士顿大学的教授帕森斯在当时提出了职业-人匹配理论，对职业选择和职业指导的发展产生了很大影响。他阐述了影响职业选择的三大要素，即个人的主观条件、社会岗位需求和二者之间的平衡（宋斌、闵年，2009）。60 年代以后，美国职业管理学家施恩根据一个人不同的年龄阶段所遇到的职业问题和工作状况将职业生涯划分为不同的阶段，包括成长探索阶段、工作世界、基础培训、早期职业的正式成员资格、职业中期、中期危机阶段、职业后期、衰退和离职阶段、退休。萨帕也以年龄为划分依据，将职业生涯划分为五个阶段，分别是成长、探索、确立、维持和衰退。1971 年，霍兰德教授提出的职业性向理论影响最大，他分别对工作环境和劳动者的个性及择业倾向进行了划分，目的是将劳动者的个性倾向和职业类型进行匹配。这些理论的研究核心即职业指导的内涵在不断扩大，从最开始的帮助劳动者择业演变成了协助劳动者更清楚地认识自身能力，将职业类型和个人能力相匹配，达到职业成功（兰顺东，2008）。

2. 大学生职业生涯规划的研究状况

在对中国知网输入主题词"大学生职业生涯规划"进行查阅可知，国内对大学生职业生涯规划的研究是从 2002 年开始的，大致分为三个阶段。①萌芽期：2002~2004 年，共发表论文 30 篇，约占全部论文总数的 0.3%。这个阶段关于大学生职业生涯规划的研究论文数量不多，说明此时国内对大学生职业生涯规划的研究还很有限。②起步期：2005~2007 年，共发表论文 648 篇，占全部论文总数的 7.9%，说明大学生职业生涯规划问题开始引起人们的重视，相关研究人员增多，这与我国高校 2000 年开始扩招有密切关系，也与 2004 年以后毕业的学生存在就业难的现实相吻合。③探索期：2008~2020 年，共发表论文 7519 篇，占全部论文总数的 91.8%，说明对大学生职业生涯规划的研究已经引起人们的关注，研究人数和发表论文数量都大幅度上升。研究文献从 2002 年的 2 篇累计猛升至 2020 年的 8197 篇，说明我国大学生职业生涯规划的研究虽处于探索阶段，但发展相当迅速。

通过对大学生职业生涯规划研究领域的分析可知，目前关于大学生职业生涯规划的研究主要集中在现状调查、问题及其对策探析和经验总结等实践层面，关于大学生职业生涯规划的基本理论研究与课程建设相对较少。这说明当前大学生职业生涯规划研究主要集中在实用性和技术性问题研究方面，理论探索还有待加强。

3. 大学生职业生涯规划教育发展历程

我国大学生职业生涯规划教育发展历程可分为四个阶段，主要包括早期萌芽阶段、统一分配阶段、酝酿探索阶段和起步实施阶段。

（1）早期萌芽阶段。1916 年，清华大学首次将心理测试的手段应用于学生选择职业，并实施与生涯规划相关的课程辅导，这标志着我国高校开始开展大学生职业生涯规划的教育。1917 年，黄炎培联合蔡元培、梁启超等在上海创立了中华职业教育社，提出了"职业教育应贯彻全教育过程和全部职业生涯"，以期达到以"无业者有业，有业者乐业"为终极目标的职业教育思想体系。1927 年，中华职业教育社在上海创办了我国第一个职业指导所，此后各地又建立了一批职业指导所，为发展我国职业指导事业奠定了基础。1922~1926 年，邹韬奋编译了《职业教育研究》《职业智能测验法》《职业指导》《职业指导实验》《职业心理学》等著作，发表了《中国职业指导现况》等文章，提出职业指导绝对不只是引导人如何获得职业，而是涉及教育哲学、心理学、统计学、社会学等众多学科的工作，要以种种方法助人怎样选择职业，怎样预备职业，怎样加入职业，并能在职业上取得进步（田必琴，2010）。

（2）统一分配阶段。1949年新中国成立后，我国实行就业的"统包统配"政策，因此在很长一段时间里，高等教育中关于职业生涯规划教育的问题一直是空白的。工作基本上由国家统一分配，这个阶段的青年大学生绝大部分没有自己自由选择职业的概念，也没有对职业发展的设想，他们认为自己不需要思考自身的体质、能力、爱好、兴趣等，只需要接受国家计划的安排（吴秀霞，2008）。

（3）酝酿探索阶段。从恢复高考到1990年，我国大学毕业生实行的是"统招统分"的计划分配制度，主要是由政府解决大学生的就业问题，大学生的择业和创业问题尚未浮出水面。随着经济社会的发展和就业形势的变化，党和政府从国情出发，开始就业指导的酝酿工作。1986年，劳动人事部编写了就业训练教材《就业指导》，供各地对求职人员开展职业培训时使用，并通过职业介绍机构开展了初步的职业指导工作。1989年，国家教委印发了《高等学校毕业生分配制度改革方案》，高校毕业生由国家统包统配的就业制度终于被改革的利剑击破。1992年，党的十四大提出建立社会主义市场经济体制。1993年，中共中央、国务院颁布的《中国教育改革和发展纲要》明确提出了大学生"自主择业"要求，就业指导问题开始引起人们的注意。1994年，劳动部颁发的《职业指导办法》明确规定职业介绍机构应开展职业指导工作。国家教委文件指出学校职业生涯辅导的任务是：

> 帮助学生了解社会，了解职业和专业，了解自己的生理、心理、兴趣、才能和体质等特点，教育学生正确处理国家、社会需要与个人志愿的关系，增强职业意识和对未来职业适应能力，使学生能正确选择符合社会需要及其身心特点的职业或行业。这些探索为职业生涯规划教育确定了需求方向（柳君芳，2000）。

（4）起步实施阶段。1995 年，国家教委下发通知，要求各普通高校正式开设就业指导课，同时加强教材编写工作，由此以就业指导为重点的职业指导开始被提上重要日程。1997 年，国家教委正式颁发的《普通高等学校毕业生就业工作暂行规定》对高校就业指导工作做出明确规定，各高校纷纷建立相应的机构。1999 年，劳动和保障部制定颁布了《职业指导人员国家职业标准（试行）》，编辑出版了相应的培训教材。2000 年 6 月，职业指导人员职业资格鉴定工作在全国范围内展开，标志着我国职业指导和职业介绍队伍建设进一步走向规范化，是对职业指导工作的一次有力推进（谢长法，2002）。

现代意义上的大学生职业生涯规划教育的提出和受到关注应该是从 21 世纪开始的。2000 年 10 月，北京市学联等单位发起在北京大学、清华大学等 8 所首都高校组织开展"2000 年大学生生涯规划"活动。从 2001 年到现在，国内许多高校已普遍开始增设就业指导课程或讲座，就业指导教材也相继出版，就业指导服务水平有了不同程度的提高。

（六）大学生自杀与危机干预

1. 心理危机概述

心理危机的概念最早出现于 1953 年。美国心理学家卡普兰认为，每个人都在不断努力保持一种内心的稳定状态，保持自身与周围环境的平衡，当重大问题或变化发生时，个体感到难以解决，平衡就会被打破，内心的紧张不断积蓄，继而出现无所适从甚至思维和行为混乱，进入失衡状态，这就是危机状态。

我国学者从 20 世纪 90 年代也开始陆续对心理危机展开研究。蔡哲（2001）提出当个体运用平时的应对方式不能处理自己目前遇到的内外部应激事件时就会出现危机。樊富珉（2003）认为心理危机有两层含义：一是指突发事件，比如地震、空难等；二是指个体所处的紧张状态。目前，国内广泛接受的是邵昌玉（2009）的观点：大学生心理危机主要是指高校学生运用寻常应对方式不能处理，由于无法克服心理冲突或外部刺激而对所遇到的内外部应激事件所产生的一种反应。

2. 大学生自杀态度的相关研究

辛素飞等（2019）根据横断历史的元分析法，研究了 2002～2015 年中国大学生自杀态度的年代变化趋势，具体特点可总结为以下两点。①大学生自杀态度的整体变化。总体而言，我国大学生对自杀的反对态度逐年递增。具体原因可能和我国心理危机干预体系的日臻完善有关系，因为有效的自杀危机干预对降低大学生自杀率、预防自杀行为和改变大学生对自杀的态度有着重要的影响；也可能与我国大学生心理健康水平的提高有关系。高云鹏等（2007）的研究表明，大学生对自杀的反对态度与其心理健康水平存在显著正相关，且大学生的心理健康水平逐年提高。②大学生自杀态度的性别差异。大学生自杀态度表现出明显的性别差异，相比于女生，男生对自杀反对程度的上升趋势更明显，这可能和我国传统文化教育观念的影响有关。一般来说，社会要求男性承担更多的社会责任，这可能会促使男生更珍惜生命，从而影响其对自杀的态度。此外，还有研究发现，不同性别的大学生在自杀态度总分和各因子得分上的差异并不显著，这可能是因为男女生的社会地位日趋平等，其受到的各方面压力和困难情境基本相同，而且男女生的受教育水平也较为相似（田永果，2014）。

3. 大学生危机干预的研究

我国关于大学生心理危机干预的研究起源于 20 世纪 90 年代，到了 21 世纪后，该研究发展迅速。

从 20 世纪 90 年代起，关于大学生自杀事件的报道越来越多，引起了社会的广泛关注，因此大学生心理危机一词开始出现。苏霞灯等（1993）通过对学生自杀事件的调查分析，指出应健全高校心理卫生咨询与辅导机构。张莉（1998）通过对 15 例有自杀倾向的大学生的心理咨询资料进行总结和分析，指出心理咨询能帮助大学生度过心理危机，预防自杀是一种切实可行且有效的方法。

自 2000 年以后，党和政府高度重视大学生心理健康教育和心理危机预防干预工作。2001 年，教育部颁布的《关于加强普通高等学校大学生心理健康教育工作的意见》提出，高等学校大学生心理健康教育工作要解析学生的心理异常现象，使大学生以科学的态度对待各种心理问题，要重视开展大学生心理辅导或咨询工作。2003 年，《关于进一步加强高校学生管理工作和心理健康教育工作的通知》特别指出，个别高校接连发生学生因为心理异常等原因致伤或致死他人的严重事件，教训十分惨痛，为防止该类事件的发生，需要做多方面的工作。2004 年，中共中央、国务院颁布了《关于进一步加强和改进大学生思想政治教育的意见》，对深入细致开展心理健康教育工作提出了明确、具体的任务和要求。

随着教育部门和高校的重视，国内关于大学生心理危机的研究如雨后春笋般出现。在中国知网上以"大学生心理危机"为主题词搜索相关文献，发现 1988～2003 年论文数量还未突破个位数，2004～2006 年就已经以每年两位数的速度增长，2006 年之后，每年的论文都是 100～300 篇。由此可见，大学生心理危机的研究虽然起步较晚，但在近十年来逐渐变成热点。通过主题词搜索发现，大学生心理危机、危机干预、危机预警等都是研究热点。

本章小结

心理健康教育内容是依据学生心理需求和教育目标设计的，从最初的心理卫生理论的简单介绍和学生常见心理困扰的辅导，到多流派、多技术的渗透及复杂心理问题的案例研究。现在的心理健康教育书籍内容丰富、结构合理，理论与临床实践相结合，不仅学科体系愈加完善，受益人群更加广泛，而且专业化强、技术操作严谨，正在向更加成熟的学科方向发展。

关键词

心理健康 大学生心理健康教育 学习心理 职业规划 危机干预

拓展阅读

现代心理学的一些重要事件

1879 年，冯特在德国莱比锡创建了世界上第一个正式的心理学实验室，标志着独立的科学心理学的诞生。

1883 年，高尔顿（Francis Galton，1822~1911）发表《对人类官能及其发展的探讨》，开辟了研究个体心理和心理测验的途径。

1883 年，霍尔（Granville S. Hall，1844~1924）创办了美国第一个心理学实验室，并于 1887 年创办了美国第一种心理学杂志——《美国心理学杂志》。

1885 年，艾宾浩斯（Hermann Ebbinghaus，1850~1909）发表《论记忆》，开创了用实验方法研究记忆的先河。

1890 年，詹姆士（William James，1842~1910）出版了代表作《心理学原理》，提出了意识流理论，对美国机能心理学的产生和发展有重要影响。

1900 年，弗洛伊德（Sigmund Freud，1856~1939）发表了《梦的解释》，1916~1917 年发表了《精神分析引论》，创立了精神分析学派。

1905 年，比内（Alfred Binet，1857~1911）和西蒙共同编制了《比内西蒙智力量表》，并于 1908 年发表了这个量表的修订本。

1912 年，韦特海默（Max Wertheimer，1880~1943）、柯勒（Wolfgang Kohler，1887~1967）和考夫卡（Kurt Koffka，1886~1941）在法兰克福研究似动现象，在此基础上建立了格式塔心理学。

1913 年，美国心理学家华生（John Watson，1878~1958）发表了《行为主义者心目中的心理学》，宣告了行为主义的诞生。

1917 年，北京大学在中国首次建立了心理学实验室；1920 年，南京高师（东南大学）建立了中国第一个心理学系；1921 年，在南京成立了中华心理学会，张耀翔任会长；1922 年，张耀翔主编了中国第一个心理学杂志——《心理》。

1923 年，巴甫洛夫（Ivan Pavlov，1849~1936）发表了《动物高级神经活动（行为）客观研究 20 年经验：条件反射》，系统提出了高级神经活动学说。

1929 年，拉什里（Karl Lashley，1890~1958）发表了《大脑机制与智能》，提出了大脑功能的均势（equi-potentiality）原理和总体活动（mass action）原理，对推动大脑高级功能的研究和计算机学习的研究有重要意义。

1937 年，斯金纳（Burrhus Frederick Skinner，1904~1990）发表了"两种类型的条件作用"，首次提出了"操作性"（operant）的概念。第二年出版了《有机体的行为》，标志着新行为主义的诞生。

1943 年，马斯洛（Abraham H. Maslow，1908~1970）发表了《人类动机论》，之后出版《动机与人格》一书，创立了人本主义心理学。

1950 年，皮亚杰（Jean Paul Piaget，1896~1980）发表了《发生认识论导论》（3 卷集），标志着发生认识论体系的建立。

20 世纪 60 年代初，斯佩里（Roger N. Sperry，1913~1994）及其同事进行了著名的裂脑研究，发现了大脑两半球功能的差异，大大促进了对脑的高级认知功能的研究。

1967 年，奈塞尔（U. Neisser，1928~2012）发表了《认知心理学》，标志着现代认知心理学的诞生。

1973 年，鲁利亚（Alexander Romanovich Luria，1902~1977 年）出版了《神经心理学原理》，总结了从 40 年代以来的研究成果，创立了神经心理学。

1978 年，美国心理学家西蒙（Herbert Alexander Simon，1916~2001）因在决策领域进行的开创性研究而获得诺贝尔经济学奖。

1980 年，中国心理学会加入国际心理科学联合会。

1981 年，戴维·胡伯（David H. Hubel, 1926~2013）与威塞尔（Torsten N. Wiesel, 1924 年至今）因合作发现了视觉皮层的朝向选择性与柱状组织，和斯佩里分享了诺贝尔生理学奖。1991 年，欧洲科学技术发展预测与评估委员会（FAST）出版"认知科学系列丛书"，其中第四卷为《认知神经科学》，标志着认知神经科学作为一个科学分支得到认可。

1992 年，中国心理学家荆其诚首次当选国际心理科学联合会副主席。

2002 年，美国心理学家卡尼曼（Daniel Kahneman）因其将心理学的前沿研究成果引入经济学研究的贡献而获得诺贝尔经济学奖。

2004 年，美国科学家理查德·阿克塞尔（Richard Axel）和琳达·巴克（Linda Buck）因发现人类与嗅觉有关的基因，共享了该年度的诺贝尔生理学奖。

2004 年，在北京由中国心理学会承办了第 28 届国际心理学大会。

2012 年，中国第一本面向全球读者、国际发行的心理学专业英文期刊 *Psych Journal* 正式出版。

资料来源：彭聃龄，2012：131-137。

第五章　高校心理健康教育的课程及教学建设

　　我国高校心理健康教育课程发端于 20 世纪 80 年代初期，高校教育工作者认识到，学校开展心理健康教育不能只关注个别心理有问题的学生，更要面向全体学生，培养学生健康的心理品质。40余年来，大学生心理健康教育课程从无到有、从小到大、从选修课到必修课，走过一条自我探索和发展的道路。正是因为大学生心理健康教育课程对大学生健康成长所产生的积极影响，对推进高校心理健康教育工作所发挥的主渠道作用，对加强和改进高校思想政治教育所具有的重要意义，这门课才会得到教育部的重视，才会在开创 20 多年后被教育部列为大学生的必修课（马建青，2016）。教育部普通高等学校学生心理健康教育专家指导委员会主任林崇德认为，心理健康教育教学的目标是提高教育质量，而学生的发展是质量发展的首要任务，应该在学生发展核心素养的基础上，探索具有中国特色的心理健康教育教学体系（林崇德，2019）。

第一节　高校心理健康教育的课程

　　大学生心理健康教育课程从诞生至今已走过 40 余年。这 40 余年是我国社会政治、经济、文化深刻变化的 40 余年，是高等教育快速发展的时期，是高校思想政治教育深入改革的阶段，也是高校心理健康教育由弱到强的发展时期。

　　大学生心理健康教育课程由一门个别学校开设的选修课发展到

今天成为每个大学生的必修课，其背后折射的是社会的变革、教育对象的需求和教育理念的变化。目前，高校心理健康教育的问题主要体现在：高等学校对心理健康教育的重视程度较高，但制度保障不足；各高校普遍开设心理健康教育课程，但课程质量仍需提高；大学生对于心理健康教育内容需求多样，但满意度较低；专兼职教师的专业化水平较低等（董奇，2019）。

根据 2011 年《普通高等学校学生心理健康教育课程教学基本要求》精神，大学生心理健康教育课程的目标是：使学生明确心理健康的标准及意义，增强自我心理保健意识和心理危机预防意识，掌握并应用心理健康知识，培养自我认知能力、人际沟通能力、自我调节能力，切实提高心理素质，促进学生全面发展。

一　心理健康教育课程的演变

高校心理健康教育课程的发展经历了不同的阶段，通过文献梳理，我们认为大致可以分为以下三个阶段。

1. 大学生心理健康课选修课的初创阶段（1978~2000 年）

1978 年改革开放以后，心理学的学科地位重新得到认可，大学生心理健康教育也开始引起学者和教育家的关注，心理咨询等心理健康教育工作开始陆续恢复，这一时期的工作逐渐由无组织的散漫形式向有组织的统筹方向发展。一些高校引入心理咨询服务、开设心理卫生课程，心理健康教育开始复苏和发展。部分高校也开设了普通心理学、心理与健康等选修课程，如西南师范大学（现为西南大学）于 1985 年向全校学生开设心理学选修课（60 学时），苏州大学在 1986 年恢复设立健康教育选修课，全课程 40 学时，向大学生介绍生理和心理健康的科学知识。1994 年，《中共中央关于进一步加强和改进学校德育工作的若干意见》第一次正式提出"心理健康教育"；1995 年，《中国普通高等学校德育大纲》把"良好的个性心理素质"列入培养目标，把"心理健康教育"纳入德育内容。高校心理健康教育正式进入起步发展阶段，心理健康教育活动陆续展开，对学生心理素质提升起到了积极作用。这一时期，开设心理健康教育方面选修课的学校开始增加。例如，清华大学、中国人民大学、北京师范大学、北京大学等高校在学生思想政治教育中尝试运用心理咨询和心理素质教育的方法，帮助学生正确处理学习、生活和人际关系问题。这些全校性质的选修课在高校中激起大学生对探索自身心理发展和心理健康的兴趣和热情，为后期心理健康课程的必修奠定了基础。

2. 大学生心理健康课选修课的提出阶段（2001~2011 年）

2001 年 5 月，《教育部关于加强普通高等学校大学生心理健康教育工作的意见》指出："加强大学生心理健康教育工作是新形势下全面贯彻党的教育方针、实施素质教育的重要举措，是促进大学生全面发展的重要途径和手段，是高等学校德育工作的重要组成部分。各高等学校应创造条件，开设大学生心理健康教育的选修课程或专题讲座、报告等。"特别是 2005 年《教育部 卫生部 共青团中央关于进一步加强和改进大学生心理健康教育的意见》再次提出："加强和改进大学生心理健康教育是新形势下全面贯彻党的教育方针、推进素质教育的重要举措，是促进大学生健康成长、培养高素质合格人才的重要途径，是加强和改进大学生思想政治教育的重要任务。充分发挥课堂教学在大学生心理健康教育中的重要作用。高校要普及大学生心理健康教育……要结合实际，有针对性地开设相关选修课程。"

在这些专项文件精神的鼓舞下，各级教育行政部门落实党和政府关于心理健康教育课程建设的要求和意见，日益重视大学生心理健康教育课程教学。这一阶段，大学生心理健康教育课程开设选修课的学校越来越多，开课的班级数也不断增加。最初主要是本科院校开课，后来逐渐发展到高职院校，一部分学校在研究生中也开设了"研究生心理健康"选修课。

3. 大学生心理健康课必修课的确立阶段（2012 年至今）

这一阶段，心理健康教育课程的特点是：政府导向，采用必修课模式，大面积开课。2011 年，教育部出台的《普通高等学校学生心理健康教育课程教学基本要求》（以下简称《基本要求》）明确规定："高校大学生心理健康教育课程是集知识传授、心理体验与行为训练为一体的公共课程；课程旨在使学生增强自我心理保健意识和心理危机预防意识，掌握心理健康知识，培养自我认知能力、与人沟通能力、自我调节能力，以切实提高大学生心理素质，促进大学生全面发展。"《基本要求》还提出，各高校开设心理健康教育必修课，可采取两种开课方式："开设一门'大学生心理健康教育'公共必修课程，覆盖全体学生；在第一学期开设一门'大学生心理健康教育'公共必修课程，在其他学期开设相关的公共选修课程，形成系列课程体系……"于是，大学生心理健康教育课程实现了自下而上到自上而下的转变，标志着这门课程由民间诉求变成政府号召，由民间行为变成政府行为。大部分高校以广泛开设大学生心理健康教育课程回应党和政府的要求，同时，许多高校根据课程独有的性质和教学目标规范了教学内容，并探索创新性的教学模式和教学方法。多数高校（55.4%）每周开设一节心理健康教育课程，另一些高校没有设置固定的课时，改为开设心理健康教育相关讲座。课程建设的大力发展让更为广大的学生受益，一来可以直接告知学生心理咨询中心的功能；二来对一般性心理问题的学生来说，他们不用费时专门咨询，在日常的学习中就能接受到心灵的滋养和成长。在落实各项政策和要求的过程中，高校心理健康教育的软硬件设施和教学质量得到了提升。

习近平总书记在党的十九大报告中明确提出，"加强社会心理服务体系建设，培育自尊自信、理性平和、积极向上的社会心态"。十九大以后，国家对高等学校学生心理健康教育提出了更高的要求，更加重视课堂教学在大学生心理健康教育中的主渠道作用。大学生心理健康教育课程对促进大学生健康成长发挥了重要作用，也极大地促进了心理健康教育学科体系的完善。

2018 年 7 月，教育部党组印发的《高等学校学生心理健康教育指导纲要》（以下简称《纲要》）指出，加强高校心理健康教育服务体系建设是学习贯彻落实习近平新时代中国特色社会主义思想的重要举措。《纲要》要求，要健全心理健康教育课程体系，把心理健康教育课程纳入学校整体教学计划，对新生开设心理健康教育公共必修课，实现大学生心理健康教育全覆盖。2019 年 4 月，首届全国高等学校"大学生心理健康教育教学研讨会"在北师大召开。这次会议是改革开放 40 年来第一次对大学生心理健康教育教学工作进行研讨交流，出席的专家都是当代大学生心理健康教育的领军人物，来自全国 160 所高等院校的 300 多位教师参加了本次研讨会，对促进大学生心理健康教育教学工作具有重要的意义。会上，北京师范大学校长董奇教授强调关注大学生心理健康教育应该重视使用教材的教师，为教师提供课程设计、经验交流、教学互动等体验式研讨的机会。北京师范大学资深教授林崇德对《纲要》进行了解读。教育部高等学校心理学类专业教学指导委员会秘书长、北京大学教授苏彦捷表示将心理教学与心理咨询两条线拧成一股绳，就可以更好地促进大学生心理健康教育工作的开展。《纲要》编制负责人、中国人民大学教授俞国良从《纲要》编制研究的过程、背景、目标与任务、主要内容、启示五个方面进行了详细的阐述。①

二 高校心理健康课程教学内容及其演变

40 多年来，高校大学生心理健康课程从没有完整的教学体系到逐步形成完善的教学体系，教学内容逐渐走向标准化和专业化，教学理念从强调以预防和矫正心理障碍为主转向以促进学生心理健

---

① https：//mp. weixin. qq. com/s/5hWXvTW6BRmnR1Xv jZXR_ w，最后访问日期：2020 年 5 月 15 日。

康发展为主，更关注学生心理的积极健康发展。

（一）心理健康课程教学内容的探索阶段（20 世纪 80 年代中期至 2000 年）

20 世纪 80 年代中期，中国心理卫生协会成立，它所开展的工作对促进大学生心理健康教育发展发挥了重要作用。当时我国各高校的心理健康教育工作刚刚起步，这方面的资源十分有限，缺少可供借鉴的体系，因此探索心理健康课程教学内容、建立教学体系便成了首要任务。考虑到心理健康课程的受众是身心正处于发展过程中、正面临一系列人生发展问题且主要是以校园生活为主的大学生，再结合改革开放后各种心理紧张性因素迅速增加的时代背景，这一时期高校心理健康教育的内容主要集中在以下三个方面：一是探讨大学生心理健康问题面临的严峻现实状况，号召全社会重视大学生心理问题的严重性和开展心理健康教育的必要性；二是探讨大学生心理健康教育的内容，提出包括青年性心理教育在内的涉及学习、爱情、社交、就业、人格、道德养成、情绪控制、挫折面对、意志训练等心理健康教育内容；三是探讨关于大学生心理健康教育发展方式的问题，提出联合多学科发展，联合社会机构和各方资源发展的道路（薛春艳，2015）。

（二）心理健康课程教学内容的发展阶段（2001～2011 年）

经过前期的探索，我国高校心理健康教育工作呈现蒸蒸日上的繁荣景象。心理健康教育课程在这一时期成为普及心理卫生知识、营造关心心理健康氛围的有效途径。

许多高校定期开设某一特定主题的心理健康讲座，或者设置心理健康教育公共选修课，以专题的形式向大学生传授心理健康知识和解决心理问题的方法。这些课程主要涉及三个方面：一是大学生的学习和个性发展，以展示学习和性格发展过程的心理变化，激发大学生的学习动机和塑造健全人格的发展热情，比如中国科技大学开设的"大学生心理学""大学生心理发展指导"等课程。二是大学生生活、恋爱和社交发展，以引导大学生真心对待爱情、真诚对待朋友、健康适应大学生活、掌握社会交往的准则和方法，比如华东师范大学面向大一新生的"跨入大学城"系列讲座、中国科技大学开设的"大学生人际交往训练"课程等。三是大学生工作和职业发展的引导，以科学的人生规划和人生目标为引向，以贴合学生个性和人格发展为桥梁，向学生展示如何进行职业规划，如何实现职业目标，引导学生以充分的思想和心理准备过渡到人生的职业和就业阶段，比如中国人民大学、南京大学、华东师范大学等高校开设"大学生职业心理辅导"公共选修课，引导大学生有目标、有规划、有准备地走向就业道路。专题式的讲座和课程融入演示、讨论、游戏等教学方式，既包含心理健康的理论，又集心理调节和情绪控制的实践及心理现象的趣味性于一体，对提高学生的心理素质和抗挫折能力达到了很好的效果。

（三）心理健康课程教学内容的完善阶段（2012 年至今）

随着社会变革的持续深入，以及科技和时代变化的日新月异，大学生心理健康问题也发生了变化，心理健康课程的主要内容发生了变化。第一，市场经济下的大学生必须面对就业和经济的压力，这样的形势可能导致一部分大学生功利化地学习和生活，容易产生消极情绪，甚至迷失自我。第二，网络的飞速发展也深刻影响着大学生的学习和生活。网络信息在给我们带来便利的同时，不良的网络游戏、虚假信息、文化垃圾也不可避免。大学生身心发展尚未完全成熟，缺乏对有些信息有效判断的能力，容易上当受骗。近几年来，各高校"网贷""电信诈骗"等案例层出不穷。还有些大学生为了逃避学业压力或现实问题而沉溺于网络游戏，导致学业荒废，严重者甚至走上犯罪道路。第三，在前所未有的改革、发展和开放进程中，各种价值观念和社会思潮纷繁复杂，多元文化的交流碰撞也影响着大学生的价值观念。对于身心发展不平衡的大学生而言，价值观的冲突带来的冲击性会使其心理健康受到影响。第四，涉及违法和犯罪的极端性心理问题。一些大学生因心理问题而触犯法律底线，甚至危害他人生命，引发重大社会问题。

传统的心理健康教育关注于问题的研究与治疗，而积极心理学理念强调研究人性积极的一面，倡导以积极的价值取向、用积极的方式来注解心理现象，以培养优良品格为主要目的（苗元江、余嘉元，2003）。积极心理学视角下的大学生心理健康教育关注大学生的积极力量、美德和潜力，通过创造良好的外部环境，促进大学生形成积极体验，培养健全人格。这不仅可以有效预防心理问题，还可以从整体上提升大学生的心理健康水平。这一阶段，心理健康课程教学理念从强调以预防和矫正心理障碍为主转向以促进大学生心理健康发展为主，更关注大学生心理的积极健康发展。教学理念转变带来的直接变化是教学内容等方面的变化，即从偏重解决大学生的心理障碍性问题逐渐调整为关注大学生成长过程中的烦恼、困惑和不适应，更侧重于一般性心理问题的分析、成长性心理问题的解答和如何更好地促进学生的心理发展，从强调心理健康内容的系统性转向结合当代大学生心理行为的实际，凸显针对性，从关注理论性转变为强调应用性和方法的可操作性。

2018年7月，《纲要》第一次以国家纲要的形式明确了大学生心理健康教育的指导思想。俞国良教授认为大学生心理健康教育工作是一项系统工程，应从心理健康教育中心、院系、班级、社团等多个部门进行协作和支持，心理健康教育应该始终贯穿于教育教学全过程，心理健康教育应由问题导向向积极心理品质促进转轨。作为高校心理健康教育工作者，应该大胆探索心理健康教育的新方法和新视野，盘活校外教育资源，创新心理健康教育课程体系建设，而教材是心理健康教育工作重要的抓手。各高校使用的大学生心理健康教育教材应有一定的规定，要整合多方力量编写高质量的教材，为更好地服务于大学生心理健康教育固本强基。

三　心理健康精品课程、微课的发展

网络时代新媒体发展迅速，深刻影响了大学生的生活方式、学习方式和思维方式，移动学习、微学习日益成为大学生学习方式的新常态。尤其是以"微博""微信""微电影"以及"微课"为代表的新媒体应用技术使互联网进入"微时代"。

微课是由美国学者戴维·彭罗斯于 2008 年提出的，国内学者胡铁生将之引入中国。微课作为一种新型教育资源，是学习方式与教育教学模式的创新，是信息技术与教育教学结合的自然产物，符合当前学生网络化、碎片化、个性化学习需求，可以有效弥补当前心理健康教育的不足。微课以其"短、小、精、趣"的特点，顺应了知识经济时代人们碎片化、个性化的学习方式（王芳，2018）。心理健康教育微课程是学生通过网络平台来进行心理健康教育学习、获得相关知识的一种新型教育模式。作为传统课堂的拓展、丰富和强化，心理健康教育微课程的特点与优势在于创设有意义的自主性学习情境，使教育模式从关注"教"转变为关注"学"，使学习更加开放和高效，更加弹性和灵活，更加自主、自由和个性化。

（一）微课、精品课的初创阶段（2008~2011 年）

心理健康精品课程是具有"一流教师队伍、一流教学内容、一流教学方法、一流教材内容、一流教学管理"等特点的示范课程。2003 年，教育部决定实施"高等学校教学质量与教学改革工程"，启动了我国精品课程建设项目。2011 年，《教育部关于国家精品开放课程建设的实施意见》推出了以普及共享优质课程资源为目的、体现现代教育思想和教育教学规律、展示教师先进教学理念和方法、服务学习者自主学习、通过网络传播的精品视频公开课与精品资源共享课等开放课程。近些年，经过国家和省级教育行政部门及高校等多方面的大力推动，各个层次的精品课程百花齐放，呈现繁荣发展趋势。

（二）微课、精品课的发展阶段（2012~2017年）

2012年，教育部在《教育信息化十年发展规范（2011-2020年)》中提出："心理健康教育课程教学要以优质教育资源和信息化学习环境建设为基础，创新教育理念、教育教学模式和学习方式，推动心理健康教育的信息化。"同年，教育部办公厅印发《精品资源共享课建设工作实施办法》，提出了具体精品资源共享课建设的组织与实施意见。2012年，教育部在全国范围内组织了两届高校微课教学比赛，其中心理健康教育课程微课也在参赛作品中。2013年以后，无论是教学机构还是普通民众，都开始意识到以微课程为主体的在线视频课程的发展前景很好，越来越多的人选择在移动端来进行网络学习。国家陆续推出的精品课程、精品资源共享课程、视频公开课和中国大学MOOC等国家级课程资源建设项目，都是随着时代的发展做出的有效努力，如表5-1所示。微课程、精品课程建设，既推动了高校心理健康课程改革，也促进了高校心理健康教育工作的开展，同时提高了心理健康教育工作的实效。

表5-1 国家精品课一览①

时间	课程名称	学校	负责人	课程特点
2011年前——精品课初创阶段	心理健康教育系列课程	华中师范大学	刘华山	课程包括与心理健康教育有关的教育心理学、心理咨询与治疗、学校心理辅导和大学生心理健康教育的课程组合；依托教学团队强大的学术实力、丰富的课程资源，旨在从理论与实践的结合上，为本科生提供从事心理健康教育工作所需的完整知识结构及必备的方法技术，并为其自身人格完善和健康成长提供助力。

---

① http：//www.moe.gov.cn/jyb_ xxgk/zdgk_ sxml/sxml_ gdjy/gdjy_ jpgkk/jpspgkk_ kcmd/，最后访问日期：2020年5月30日。

续表

时间	课程名称	学校	负责人	课程特点
2011年前——精品课初创阶段	大学生心理健康教育	中南大学	胡凯	以"普及心理知识、加强心理调节、优化心理品质"为主旨，充分整合和发挥校内优势，坚持"上医治未病"思想，为大学生普及心理健康知识；通过学习可以了解：心理疾患不可怕，可防可治；心理保健助健康，守望幸福。
	大学生心理学	中国科学技术大学	孔燕	在"改革、开放、精讲、互动，重视能力培养，提倡快乐学习"的教学理念指导下，积极推行"启发式、互动式、开放性、自主性"的教学模式，使以教师为中心、以学生为知识灌输的被动受体这一模式转变为以学生为主体、以教师为主导的学习模式。
	大学生心理健康教育	首都师范大学	蔺桂瑞	在课程中采用互动式教学，强调师生双方主动参与、加强师生之间的"沟通"和"对话"，使学生能够在实践活动中体悟和理解，更好地内化知识。该校的心理健康教育课程创建了一套科学规范的课程体系，促进了专业的发展；提高了教学质量，促进了大学生心理素质的提高；发挥了示范和辐射作用，促进了心理健康教学的发展。
2012~2017年——精品课资源共享阶段	大学生心理健康	清华大学	樊富珉	教学采用"大课讲授、小课导修"的教学模式，32学时的理论大课运用心理测验、手语操、视频演示、案例分析、理论讲授等多种教学方法，深入浅出，理论丰富、结合前沿研究、贴近学生实际，让全体学生和教师获得了丰富、实用、有效的心理健康知识，转变了心理健康教育理念。

续表

时间	课程名称	学校	负责人	课程特点
2012~2017年——精品课资源共享阶段	心身疾病预防与心理调节	陕西师范大学	奚耕思	课程结合神经、内分泌和免疫系统的特点，介绍了人类行为的发生与发展、心理应激的调节、心理防御机制、心身疾病的预防与调节，还有艾滋病与人类免疫、吸毒对人体和社会的危害等内容，目的是引导大学生认识到人的心理变化引起生理变化的原因，在提高自我心理调节能力的同时对艾滋病病因、吸毒损害身体健康的生物学机理有所了解；懂得如何通过个体自身对主观意识的自我调节来改善精神状态、情绪状态和心理状态，最终改善生理状态和行为，从而积极做好自我心身健康维护和疾病预防。
	心理健康与现代生活	电子科技大学	李媛	以积极心理学为理论基础，分析现代人面对飞速发展的现代社会所产生的适应与发展困惑，从心理健康的标准、自我意识、情绪管理、人际关系以及积极生涯发展五个方面，与大学生一起分析现代人所需要的心理素质，探索心理素质自我培养的可能途径，分享成为健康、幸福现代人的生活理念。
	心理健康管理	哈尔滨医科大学	杨艳杰	课程的架构以心理健康管理为主线，对影响健康的主要心理要素如应激、情绪、人格、应对等相关概念、特征及其与健康的关系进行阐述；课程的设置与内容旨在让大学生和公众了解心理学、心理卫生的基本知识，心理学与健康的关系，以及心理健康管理的应对策略。

续表

时间	课程名称	学校	负责人	课程特点
2012～2017年——精品课资源共享阶段	大学生心理健康漫谈	东北大学	张平	课程内容包括认识心理健康、学会疏导宣泄、学会认知领悟与理性思维、学会矫正不良行为、学会和谐人际关系三原理、顺其自然为所当为、学会处理自杀心理危机七个方面；从心理健康的基本概念入手，分析心理健康的标准和不健康心理的表现，使大学生能够清晰把握心理健康基本理论知识，在此基础上提出减轻心理压力、维护心理健康的办法。
2017年至今——精品在线开放课程（MOOC）	大学生心理健康	吉林大学	杨振斌	集理论知识教学、心理体验与训练于一体的大学公共必修通识教育课程，课程设计为32学时、2学分；旨在使大学生明确心理健康的标准及现实意义，掌握并应用心理健康知识，培养良好的心理素质、自信精神、合作意识和开放的视野，培养大学生的自我认知能力、人际沟通能力、自我调节能力，全面提高大学生心理整体素养，为大学生全面发展奠定良好的心理素质基础。
	当代青年心理学（一）（二）（三）	西南交通大学	宁维卫	课程明确青年的发展需要科学的指引，只要有青年，就一定有青年心理学；青年期是身心发生急剧变化的时期，若能得到及时的心理指导与帮助，则能为其今后的成长打下坚实的基础。通过对"当代青年心理学"课程的学习，可以有效地预防和减少心理问题，充分挖掘心智潜能，提高社会适应能力，更有效地实现人生价值。

时间	课程名称	学校	负责人	课程特点
2017 年至今——精品在线开放课程（MOOC）	大学生心理健康	宁波城市职业技术学院	康海燕	采用积极心理学的成长模式，更多地关注正向、积极的力量，强调发展。首先，激发学习者积极的情绪体验，促进积极认知的形成；其次，让学习者从积极的角度平和接纳自我、发展自我；最后，引导学习者培养积极的行为习惯，积极面对生活、融入生活、热爱生活，为学习者终身发展奠定健康的心理素质基础。
	大学生心理健康教育	河南经贸职业学院	成光琳	旨在使大学生明确心理健康的标准和意义，增强自我心理保健意识和心理危机预防意识，掌握并应用心理健康知识，培养自我认知能力、人际沟通能力、自我调节能力，充分挖掘心理潜能，促进大学生身心和谐可持续发展，切实提高大学生心理素质，促进大学生全面发展。
	大学生心理健康	清华大学	李焰	课程的目的是使大学生悦纳自己，适应社会，活出人生。具体内容包括：自我意识与认识自我；焦虑应对与防御机制；树立自信，发现伟大的自己；调控情绪，塑造阳光心态；人际影响与合作；学习压力的应对；恋爱与成长；爱的多样性与性；珍爱生命等。
	心理健康与创新能力	电子科技大学	李媛	结合理工科大学生的培养目标，将心理健康作为手段，促进学生创新能力的提升；课程从生命的意义、人格、情绪、人际、学习心理等方面讨论了心理健康与创新能力的关系，协助大学生认识创新的动力源于个体对生命的热爱这个主题。

（三）微课、精品课的成熟阶段（2018 年至今）

大学生心理健康教育课程从主要靠教师讲授的时代发展到多媒体时代，再到如今的网络时代，教学过程中师生互动越来越多。从没有国家精品课程到有精品课程，再获得国家级精品资源共享课，标志着课程建设已达到较高的水平。2017 年以来，心理健康教育微课不断发展成熟，建成了一批国家精品在线开放课程（MOOC）（见表 5-2）。这一阶段心理健康教育微课程和精品课逐步成熟，主要以专家引领、教师自主开发为主，根植于现实性活动场域中，这对教师教育和专业发展研究都有促进作用，是精品课程的高级产品。从发展历程来看，心理健康教育微课程在形式上实现了从线上课程到 MOOC 的升华。面对不断变化的社会环境，心理健康教育要跟随时代的脚步加强微课程的创新构建，充分整合各种优质资源，打破传统教育模式下空间和时间上的局限性，迎接大数据时代的新挑战。

表 5-2　国家精品在线开放课程（MOOC）

平台	课程	学校	负责人	建设时间/年	是否国家级精品课
中国大学慕课	当代青年心理学	西南交通大学	宁维卫	2019	是
	心理健康与创新能力	电子科技大学	李媛	2020	是
	大学生心理健康	宁波城市职业技术学院	康海燕	2020	是
	大学生心理健康	北京科技大学	盛伟伟	2019	否
	大学生心理健康教育	河南经贸职业学院	成光琳	2020	是
	大学生心理健康教育	中南大学	叶湘虹	2018	否
	大学生心理健康教育	福州大学	何少颖	2020	否

续表

平台	课程	学校	负责人	建设时间/年	是否国家级精品课
学堂在线	大学生心理健康	清华大学	李焰	2020	是
	大学生心理健康	贵州大学	赵小青	2019	否
	大学生心理健康教育	宁夏大学	王淑莲	2020	否
	大学生心理健康	清华大学	樊富珉	2019	否
	普通高校学生心理健康教育教程	合肥工业大学	陈发祥	2020	否
智慧树	大学生心理健康	吉林大学	杨振斌	2020	否
	大学生心理健康	江汉大学	孔晓东	2020	否
	大学生心理健康教育	海南经贸职业技术学院	陈秀珍	2020	否
超星学习通	大学生心理健康教育	北京大学	李子勋	2020	否

第二节　高校心理健康教育的教材

改革开放40余年来，高校心理健康教育教材建设实现了从无到有、从少到多的变化。教材从一部到上百部，从本专科合一的教材到出现面向高职学生、研究生、普通高校学生等不同类型的教材，特色更加明显，呈现专业化、系统化、多样化、完整化等特点。

一　早期的教材及内容（1990~2000年）

改革开放后的几年里，我国关于心理健康教育的教材十分稀少。1990年，浙江大学心理咨询中心主任马建青教授主编出版了我国第一部心理卫生著作《心理卫生学》，填补了我国心理卫生学领域的空白，真正实现了心理健康领域从无到有的变化，对推进我国心理卫生工作和学校心理卫生教学产生了很大的影响。1992 年，国内重点大学的部分心理健康教育专家共同撰写出版了我国第一本大学生心理健康教育教材《大学生心理卫生》（马建青，1997）。该教材反映了心理健康教育者对大学生心理卫生课程的深入思考和多年教学的实践经验，教材的出版进一步规范了课程的建设，促进了课程发展。该书被认为奠定了大学生心理健康教育课程内容的基本框架，产生了重要的影响，在很长一段时间里，成为国内许多高校的教材和教师参考用书。此后，一些优秀的心理健康教材陆续出版，如 1996 年莫雷、颜农秋主编的《大学生心理教育》，1997 年陈忠明主编的《大学生心理健康教育概论》等（刘春艳等，2011）。1997 年，樊富珉主编的《大学生心理健康与发展》紧扣健康、适应、发展的主题，围绕大学生身心发展特点与生活实际，因深入浅出的内容、通俗易懂的风格而成为大学生心理健康教育教材的优秀代表。这一时期，大学生心理健康教育教材建设得到心理学、教育学、思想政治教育等学科专家的大力支持，教材内容包括学习、爱情、社交、就业、人格、道德养成、情绪控制、挫折面对、意志训练、性心理教育等，这些学科专家出版了一系列有重要价值并得到心理健康教师和学生认可的优秀教材。1994～2000 年出版的有关大学生心理健康教育教材的数量是改革开放初期的 20 倍之多，这是大学生心理健康教育教材在数量上发展迅猛的阶段。

二 中期的教材及内容（2001～2011 年）

2000 年，教育部颁发《普通高等学校大学生心理健康教育工作实施纲要（试行）》（以下简称《实施纲要》）。《实施纲要》不仅提出了大学生心理健康教育工作的指导思想和主要任务，还明确了大学生心理健康教育工作的主要内容、途径和方法。同时，政策的出台为教材的出现提供了政策支持和理论指导。一些高校开始陆续编写校本教材或地区教材，出版的教材数量逐渐增加。2004年，中共中央、国务院颁布了《关于进一步加强和改进大学生思想政治教育的意见》，该文件再次强调对大学生心理健康教育的关注，激发了研究者对大学生心理健康教育课程研究的热情，加速了大学生心理健康教育课程教材编写的进程，教材的数量迅速增加。这一时期，心理健康教育教材的内容涉及自我意识、人际交往、学习、人格、情绪、挫折、性、恋爱、网络、择业与心理健康、心理咨询与心理治疗等。2002年，黄希庭和郑涌主编的《大学生心理健康与咨询》获"全国普通高等学校优秀教材一等奖"。该教材主要介绍了需要、动机、情绪、体魄与心理健康，自我观念、人际关系、人格与心理健康，角色改变、爱情、性与心理健康等内容，对大学生可能面临的各种心理冲突善加引导，并对大学生可能出现的各种心理障碍提供相关的心理咨询，以促进大学生的心理健康。

大学生心理健康教育教材在数量上的不断增多和在质量上的快速提升，为大学生心理健康教育教学提供了新的发展契机。一方面，为大学生心理健康教育的教学提供了教材保障，新问世的教材中不仅有全方位解答大学生学习和成长困惑的普通心理健康读本，也有适合不同性质高校、不同年级学生、不同专业背景的教材，解决了以往一本教材不分年级不分专业同时使用、缺乏针对性的困境；另一方面，为大学生心理健康教育教材注重教学内容的科学性、教学方式的灵活性、教学质量的实效性提供了保障。

三　新时期的教材及内容（2012年至今）

随着时代的发展，新时期大学生接触到的网络信息越来越多，也越来越多样化，伴随着互联网成长起来的新一代——"00后"，被专家称为"微一代""搜一代""秀一代"。他们总体上个性张扬、乐于表现，目标明确，意识客观，价值取向功利，认知方式感性化，对人对事缺乏耐心、依附性强，学习缺乏主动性等（余礼凤，2018）。其心理具有以下特点：一是自我意识强烈，抗挫折能力差，学习缺乏主动性；二是少陪伴，缺交流，内心孤独；三是独立性强，知识储备丰富，信息化学习能力强。基于"00后"的心理特点以及他们所生活的时代特点，这一时期的教材与时俱进，不断吸收和补充相关知识，针对大学生的心理变化及时做出相应的调整。在近几年的大学生心理健康教育教材类书籍中，广泛涉及的内容为"心理健康基本知识""自我意识""人际交往心理""学习""压力与情绪""恋爱与性""人格"等，大部分内容仍以心理健康或心理学的知识性教育为主。结合当代大学生的特点，当前的心理健康教育教材必须不断吸收现实生活中有趣的学习素材，以学生自身和周围生活中自然、社会的素材作为心理分析的基础，突出心理学与真实生活、现实社会的联系，使学生感受到心理健康教育的现实意义和应用价值。

四　高校心理健康教材的发展趋势

（一）核心内容不变

2000年颁布的《普通高等学校大学生心理健康教育工作实施纲要（试行）》中明确指出，普通高等学校大学生心理健康教育工作的主要任务是：根据大学生的心理特点，有针对性地讲授心理健康知识，开展辅导或咨询活动，帮助大学生树立心理健康意识，优化心理品质，增强心理调适能力和社会生活的适应能力，预防和缓解心理问题；帮助他们处理好环境适应、自我管理、学习成才、人际交往、交友恋爱、求职择业、人格发展和情绪调节等方面的困惑，提高健康水平，促进德智体美方面全面发展。因此，教材在编写时所包含的主要内容也是以此为依据，主要包括人际交往、学习、自我意识、恋爱、情绪等主题。根据出现频次，我们整理出22本教材的主要内容，如表5-3所示。

表 5-3　大学生心理健康教材（22本）主要内容及其出现频次

主要内容	出现频次/次
人际交往	22
学习心理	21
恋爱心理	21
自我意识	20
心理健康概述	19
就业规划	18
压力挫折	17
情绪（情感）	16
人格发展	16
心理咨询与治疗	13
性心理	12
心理疾病与障碍	11
适应心理	10
素质品德	6
生命教育	5
危机干预	3

（二）内容逐渐丰富

改革开放40年余年来，大学生心理健康教育的知识越来越丰富，知识的总量也不断得到扩充，这首先体现在教材的编写上，教材内容根据时代而被选择、删减、精简和补充。在时间的跨度上，有些内容如大学生人格发展、人际关系、学习、恋爱、职业等在最早的教材中已经出现，在新近的教材中仍然处于不断完善中；有些内容则是后来逐步纳入的，如大学生网恋心理第一次出现是在2000年潘玉腾编写的教材中，第二次出现是在2004年由华中科技大学出版社出版的谢炳清等编的教材中，在以后的教材中该内容又多次出现。近年出版的教材中还增加了珍爱生命、朋辈心理咨询、团体心理咨询、审美心理、积极心理、情商、幸福感、竞争、合作、成功、感恩等内容（薛春艳，2015）。可见，大学生心理健康教育的内容在不断地充实和完善。早期教材中没有涉及的内容在近期的教材中得到了补充，这既体现了时代性，又满足了当代大学生的心理需求，充分展现了时代变化对教育的影响，体现了心理健康教育要与时俱进、针对时代产生的问题及时给予理论点拨的策略。

（三）结构形式多样

在教材的结构形式上，早期的教材大多采用统一的章节式结构，从心理学和心理健康相关理论知识开始，到大学生面对的各种心理问题及解决策略、技能技巧等实际操作部分。后来的教材打破了以往的风格，有了明显的变化。例如，樊富珉（2002）以理论篇、实验篇、调查篇为结构划分标准编写教材；张大均、邓卓明（2004）将教材分为适应篇（生活、学习、交往、做人）和发展篇（智能、个性、社会性、创造性）两部分；王祖丽（2004）的教材分为完善篇（自我意识、情绪调节、挫折与意志力、塑造个性）、学习篇（观念、方法、能力）、和谐相处（人际、恋爱）、走向社会（正确认识社会、择业观）四个部分；张小远（2005）围绕理论篇、实证篇、个案篇三个相对独立的部分来编排；姜小燕（2006）则从案例分析、理论探索、团体训练的角度编写教材；江远（2009）以国内外心理健康研究的新成果、新信息为基础，在国内高校率先进行了大学生心理健康教育双语教学的尝试，使读者在学习心理健康知识的同时，循序渐进地掌握专业英语词汇和专业英语的表达方法，也为大批留学生的心理健康教育提供了基础教材。结构上的各种变化体现了教材本身以及它所承载的学科内容的丰富性和多样性，使心理健康教育的性质从重视理论逐步转向强调学生能力提高和素质培养的实践层面。

（四） 教材体例优化

教材的体例是指除教材主体以外的其他编辑格式，是教材形式中不可缺少的一部分。早期的教材体例较单一，只涉及章名称、节名称，随着教材内容的不断丰富，教材体例也逐渐完善。例如，赵国祥的教材（第二版）采用名人名言、正文、相关知识链接、思考与讨论、活动设计、趣味心理测验的体例，既可以开阔学生的知识视野，又可以让学生参与活动，使学习充满趣味。段鑫星和赵玲（2005）的教材体例逐渐丰富，包括名言警句、案例分析、学习与思考和问卷测试等，甚至有的教材直接在名称上就出现"案例教学"的字样。这些都反映了教材与时俱进的特点。

第三节　高校心理健康教学的方法

大学生心理健康课程从单一的课堂讲授逐渐发展为多种形式相结合的多元教学模式。随着教育信息技术的不断发展，高校心理健康课程教学将传统课堂与互联网结合，线上教学、混合式教学成为心理健康教育课程发展的新方向。

一　单一形式的教学方法阶段（1980~2000年）

20世纪80年代中期至2000年，大学生心理健康教育课程以传统的课堂讲授为主。这种教学方式在初期基本能满足学生对心理健康知识的渴求，但随着社会的发展和心理健康需求的多元化，单调的课堂氛围难以满足学生对知识的吸收和掌握。这一时期的高校心理健康教育偏重于工具性价值。因为教育相关部门强调：开设心理健康教育课程或者是为了预防学生自杀，或者是为了思想政治教育服务，以维护学校和社会的稳定，或者是为了专业教育服务等，忽视了心理健康教育的本体价值。这导致高校心理健康教育课程教学在2000年以前一直处于边缘地位，仅有少部分高校自发开设小范围内的选修课程。课堂讲授法以知识传播为主，缺乏对学生的直接帮助和心理教育。同时，由于心理健康教育师资队伍非常紧缺，课程教学的方式主要是大班授课。因此，此阶段的教学法主要是课堂讲授法和案例分析法。

二 多元形式的教学方法阶段（2000～2011 年）

2000～2011 年，随着高校心理健康教育的发展，师资队伍不断壮大，大学生心理健康教育课程由单一的课堂讲授发展为"课堂讲授、团体训练、情景表演、心理测试、角色扮演、沙盘游戏、拓展训练"等多种形式相结合的多元教学模式。这一阶段的教材强调时代性、科学性、知识性和准确性，重视体验性、探索性、实践性和趣味性的有机结合，强化知识、技能和态度、情感、价值观的统一。集知识传授、心理活动体验与行为训练于一体，把知识学习与心理保健方法的传授结合起来，把课堂指导与团体训练结合起来，更注重体验式教学、案例式教学和实践参与式教学。教学内容注重体验性、活动性和应用性，结构体例注重多样化、趣味化和操作化，更强调心理调适方法的训练与实践。

1. 体验式教学

体验式教学是指在教学中，教师合理创设特定的情境，通过各种有效的教学方法有目的地引导学生自我经历、亲自感知、体验所要学习的知识，使学生在亲身体验的过程中理解并建构知识、发展能力、运用知识的一种多向传递互动教学模式。诸多研究表明，体验式教学对上好大学生心理健康教育课程具有促进作用，教学效果明显比传统式的讲授法好。

2. 案例教学

案例教学是用案例的方法进行教学的过程，是对传统教学方法的重要补充。案例教学把课堂从传统的以教为主、以教师为中心变成以学员为中心，把教变成学，在行动中获取新的理论，获取新的能力。案例教学是一种共享式学习，大家在讨论过程中共同学习、共同提高。案例教学在侧重点上跟传统的培训方式也有不同。传统的培训比较重视对或错，教师把一些理论和一些正确的答案抛出来，而在案例教学的过程中，不重视对错，更看重的是分析的过程，更加重视的是教师和学员之间的互动。

案例教学并不只是通过案例教学的过程去解决具体的问题，更多在于塑造分析和解决问题的思维模式训练以及学习能力的提升，包括求同存异、建立寻求解决方案的能力。例如，在"压力管理"公开课上，首先，教师以案例进行导入，讲述了自己的一位学生在上学过程中压力给他带来的影响以及在压力解除后其在生活、学习上的变化，这个案例与在座的学生息息相关，很快引起了学生的共鸣、吸引了学生的注意力。其次，教师在认识压力环节，用心理测试法，通过压力测试让学生亲自感知自己的压力程度。最后，在压力管理环节，教师运用了电影《流浪地球》里的青年人以及本校独腿学生面对压力的案例，在教师展现这些图片并讲述这些事迹的时候，几乎所有的学生都是抬头且以严肃认真的表情看着屏幕或者老师。可见，这种教学方式确实触动了他们的内心，把他们吸引住了。

3. 分组教学

大学生心理健康教育作为必修课，面对的是全校学生，人数众多，受师资力量的影响，很多高校只能采用合班教学，大大增强了课堂管理的难度，很容易造成部分学生在课堂上有懈怠心理，而分组教学能够很好地弥补这个不足。教师可以在课堂上采用分组教学的方法，在第一次课上就将学生分成若干小组（如100人的班级可以分成10组，每组10人），每组同学集中坐在一起，位置固定。然后每组设一个组长，由组长负责给组员的平时表现打分，组员与组员之间也进行互评。例如，在讲授压力管理方法时，教师先安排每组学生在组内讨论对目前的压力采取的措施以及取得的效果，然后让每组学生派代表上台分享本组对抗压力的有效措施，所有组分享完以后，再进行互评。这种方法既加强了学生之间的互动，又最大限度地提高了学生的课堂参与率。

这一时期的心理健康教育课程建设主要通过两个渠道实现。一是落实教育部关于心理健康教育课程建设的要求和意见，广泛开设大学生心理健康教育课程。2011 年，教育部颁布了《普通高等学校学生心理健康教育工作基本建设标准（试行）》（以下简称《标准》），明确了课程的性质和教学目标等。大学生心理健康教育课程设置要求结合实际，有针对性地开设相关选修课程，要求不断丰富心理健康教学内容，改进教学方法，通过案例教学、体验活动、行为训练等形式提高课堂教学效果。大部分高校以广泛开设大学生心理健康教育课程回应教育部的要求。2013 年，上海市调查表明，约 94% 的高校开设了心理健康教育课程，本科类院校平均开设 4.3 门心理健康教育课程（刘海娟等，2013）。同时，许多高校根据课程独有的性质和教学目标规范了教学内容，并探索创新性的教学模式和教学方法，有的高校还实施了严格的教学管理和教学评估。在落实各项政策和要求中，高校心理健康教育的软硬件设施和教学质量得到提升。二是探索创新性的课程教学和评价方法，提高大学生心理健康教育课程的实效性。在课程教学方面，中国矿业大学探索实践了"1+5"心理健康教育课程教学法，提高了课程的实践运用环节，让大学生在做中学，运用所学去提升自身的心理素质。韩丹（2009）等则在教学中探索运用团体咨询、绘画自我分析法、角色扮演技术等，将心理咨询的技术运用在大学生心理健康教育课程中，增强教学效果的针对性，既打破了大学生对心理咨询的陌生感，也让大学生更加科学有效地了解自身的心理状态，并有针对性地进行改善。在课程评价方面，廖香蓉尝试以发展性标准取代预防性标准来评价课程教学目标的达成情况，充分发挥心理健康教育挖掘学生潜力的作用；杨民则尝试建立以"自我反思性评价"为核心的心理健康教育课程评价体系，以学生接受心理健康教育的效果和主体感受为评价标准，提高教学的实效性(吴霞，2015)。

创新性的课程教学和评价方法的探索丰富了大学生心理健康教育课程建设的内容，提高了教学质量和实效性，让大学生心理健康教育课程成为最受大学生欢迎的课程。

三　创新形式的教学方法阶段（2011年至今）

随着国际在线教育的推进，我国教育教学改革也在如火如荼地进行，高校借助在线教育这一信息技术手段来提高办学质量已成为不可逆转之势。高校心理健康教育作为适应未来职业发展的普及性教育，作为探索个体心理世界的专业性教育，作为促进个体人格发展的技术性教育，需要与时俱进，更好地满足大学生的心理需求。

（一）线上教学与混合式教学

教育信息技术的不断发展使得高校心理健康课程的呈现形式已经不再局限于面对面的教学。将传统课堂与互联网结合，产生了很多"线上"教学方式，如慕课、微课和云课堂等。这些新兴的教学技术具有覆盖面广、互动便捷、激发自主学习等特点。目前，高校心理异常群体呈现数量不断增加、"病情"程度更加复杂、专业求助愿望越来越高的特点。各高校心理中心门庭若市，尽管部分学校聘用兼职教师，但是仍难以满足学生咨询的需要。混合式教学将传统教学方式与现代在线学习有机融合，恰恰契合高校心理健康教育教学需求，信息化教育技术的普及为混合式教学模式提供了技术保障。高校的心理健康教育混合式教学成为心理健康教育课程改革的方向。

在线教育本身具有参与对象广泛、非面对面等特点。中国互联网络信息中心发布的《中国互联网络发展状况统计报告》指出，截至2020年12月，我国在线教育用户规模达3.42亿，较2020年3月减少8125万，占整体网民的34.6%；手机在线教育用户规模达3.41亿，较2020年3月减少7950万，占手机网民的34.6%。下半年，随着疫情防控取得积极进展，大中小学基本都恢复了正常教学秩序，在线教育用户规模进一步回落，但较疫情之前（2019 年 6 月）仍增长了 1.09 亿。[①] 大多数高校心理健康教育在线课程为 2 学分、36 学时，课程完成形式为视频观看、随堂测试等。学生通过在线课程的学习就能够满足学校对学生心理健康教育"必须完成 2 学分"的硬性要求。混合式教学强调的是学习时间的有效利用、学习方法的量体裁衣、学习内容的精准定位、学习目标的效果保证。混合式教学的运用能够解决学生自主能力不足的问题。教师随时可以与学生保持联系，督促学生按照要求完成网上学习，从而有望解决在线课程保持率低的问题。

（二）混合式教学实践

高校心理健康教育混合式教学可以分为两个部分，一是针对全体学生开设的"心理健康教育"混合式教学实践；二是针对朋辈心理辅导员等特殊群体开展的混合式教学实践。

1. 针对全体学生开设的"心理健康教育"混合式教学实践

依据《普通高等学校学生心理健康教育课程教学基本要求》，高校应开设一门"大学生心理健康教育"公共课程，覆盖全体学生，内容包括大学生心理健康的标准及意义、大学生心理困惑及异常心理处理、大学生人格的发展与完善、大学生职业生涯规划与能力发展等。该课程的线上课程可以选用已有的在线课程或者由本校教师团队开发的课程。由北京师范大学林崇德教授等国内顶尖的心理学者作为主讲团队联合呈现的在线课程"大学生心理健康"应用最为广泛，目前至少有 169 所高校选择该课程。在线课程选用或制作完成后，教师在第一次见面课时，应向学生讲明混合式教学的相关要求，尤其是涉及学习进度、学习方式、效果反馈等内容。当明确学习进度后，学生要有针对性地进行课前预习，并按照约定

---

① 《我国在线教育用户规模超 3.4 亿中小学联网率达 99.7%》，https：//baijiahao. baidu. com/s? id=1690684302450104159&wfr=spider&for=pc，最后访问日期：2020 年 10 月 31 日。

的时间节点、交流形式向任课教师表述学习过程中的不解与疑惑。教师要及时整理学生反馈的材料，从中选出代表性的问题作为课堂教学的重要内容。同时，教师也要将代表性问题反馈给学生，使学生能够依据自身需要选择"同质问题小组"，从而使学生在课堂上迅速找到小组，直接讨论最感兴趣的话题。讨论结束后，教师一定要进行点评，并就讨论不到位的问题进行详细讲解，从而进一步解决学生的内在困惑。下课之前，教师在总结教学内容后，精心布置下一步的在线学习任务，并为第二次面授课做准备。

2. 针对朋辈心理辅导员等群体开设的混合式教学实践

"心理健康教育"作为通识性课程，解决的是学生普遍存在的问题，而有针对性地设置"心理咨询与朋辈辅导"等课程则是为了解决学生的特殊性问题。高校分层分类开展心理健康教育，不仅能够实现心理教师精细化、专业化发展，而且能够满足不同学生群体心理健康服务的需要。在这些特殊群体中，朋辈辅导员队伍更具代表性。朋辈辅导员由大学生心理社团与班级心理委员组成，它是高校心理健康教育网络体系的第三级心理保健网络。针对这一群体，各高校相继开设了具体的培训课程。课程内容基本包括心理问题或心理障碍的形成、发展的心理机制，以及技术干预的原理及操作程序等。天津大学詹启生教授 2017 年组织全国高校心理健康教育专家联合推出了心理委员 MOOC，通过标准化的心理委员慕课，提升朋辈辅导员心理问题的鉴别能力。目前，全国有上百所高校采用混合式教学进行心理委员培训。

本章小结

课程体系建设是心理健康教育的重头戏。本章以 40 余年发展为脉络，梳理了高校心理健康教育从无到有、从薄弱到强大的发展历程；从教育内容到教材建设，从教学方法到师资队伍的建设……阐释了当今大学生心理健康教育体系逐步完善的缘由，展示了前人的贡献，也规划了未来的发展趋势。

关键词

　　课程建设　　教材内容　　教学方法

拓展阅读

建构主义教学观

　　建构主义者强调学习的主动性、社会性和情境性，对学习和教学提出了许多新的见解，其观点如下。

　　由于事物的意义并非完全独立于我们而存在，而是源于我们的建构，每个人都以自己的方式理解事物的某些方面。教学要增进学生之间的合作，使学生看到那些与他不同的观点。因此，合作学习（cooperative learning）受到建构主义者的广泛重视。这些思想是与维果斯基对社会交往在儿童心理发展中的作用的重视的思想相一致的。学习者以自己的方式建构对于事物的理解，因此不同的人看到的是事物的不同方面，不存在唯一的标准的理解，通过学习者的合作，使理解更加丰富和全面。

　　教学不能无视学习者已有的知识经验，简单强硬地从外部对学习者实施知识的"填灌"，而是应当把学习者原有的知识经验作为新知识的生长点，引导学习者从原有的知识经验中生长新的知识经验。这一思想与维果斯基的"最近发展区"的思想相一致。教学不是知识的传递，而是知识的处理和转换。

　　教师不单是知识的呈现者，不是知识权威的象征，而应该重视学生自己对各种现象的理解，倾听他们时下的看法，思考他们这些想法的由来，并以此为据，引导学生丰富或调整自己的解释。教学应在教师指导下以学习者为中心，强调学习者的主体作用，也不能忽视教师的主导作用。教师的作用从传统的传递知识的权威转变为学生学习的辅导者，成为学生学习的高级伙伴或合作者。教师是意义建构的帮助者、促进者，而不是知识的提供者和灌输者。学生是学习信息加工的主体，是意义建构的主动者，而不是知识的被动接收者和被灌输的对象。简言之，教师是教学的引导者，监控学习和探索的责任也由以教师为主转向以学生为主，最终要使学生达到独立学习的程度。

提倡情境性教学。建构主义认为，学习者的知识是在一定的情境下，借助他人如人与人之间的协作、交流、利用必要的信息等等，通过意义的建构而获得的。理想的学习环境应当包括情境、协作、交流和意义建构四个部分。学习环境中的情境必须有利于学习者对所学内容的意义建构。在教学设计中，创设有利于学习者建构意义的情境是最重要的环节或方面。协作应该贯穿于整个学习活动过程中教师与学生之间、学生与学生之间的协作。交流是协作过程中最基本的方式或环节。其实，协作学习的过程就是交流的过程。在这个过程中，每个学习者的想法都被整个学习群体所共享。交流是推进每个学习者学习进程的至关重要的手段。意义的建构是教学活动的最终目标，一切都要围绕这种最终目标来进行。

同时，教学应使学习在与现实情境相类似的情境中发生，以解决学生在现实生活中遇到的问题为目标，为此学习内容要选择真实性任务（authentic task），不能对其做过于简单化的处理，使其远离现实的问题情境。由于具体问题往往同时与多个概念、理论相关，所以，它们主张弱化学科界限，强调学科间的交叉。这种教学过程与现实的问题解决过程相类似，所需要的工具往往隐含于情境当中，教师并不是将提前准备好的内容教给学生，而是在课堂上展示出与现实中专家解决问题相类似的探索过程（甚至有人主张教师不要备课），提供解决问题的原型，并指导学生的探索。该主张认为，一方面要提供建构理解所需的基础，另一方面要留给学生广阔的建构空间，让他们针对具体情境采用适当的策略。

在教学进程的设计上，建构主义者提出，如果教学简单地脱离情境，就不应从简单到复杂，而要呈现整体性的任务，让学生尝试进行问题的解决，在此过程中，学生要自己发现完成整体任务所需实现完成的子任务，以及完成各级任务所需的各级知识技能。教学活动中，不必非要组成严格的直线型层级，因为知识是由围绕着关键概念的网络结构组成的，它包括事实、概念、概括化以及有关的价值、意向、过程知识、条件知识等。学生可以从知识结构网络的任何部分进入或开始，即教师既可以从要求学生解决一个实际问题开始教学，也可以从给一个规则入手。在教学中，首先选择与儿童生活经验有关的问题，同时提供用于更好地理解和解决问题的工具。而后让学生单个地或在小组中进行探索，发现解决问题所需的基本知识技能，在掌握这些知识技能的基础上，最终使问题得以解决。

资料来源：朱文芳，《当代建构主义学习理论》，参见 https：//mp. weixin. qq. com/s/yfuToO2Gk2-k_ 4SQf TwZYg，最后访问日期：2020年7月8日。

第六章　高校心理健康教育中心的建设

和心理健康教育课程一样，高校心理健康教育中心也经历了从无到有、从虚到实、从弱到强的发展阶段，高校心理健康教育中心承担着学生的日常心理咨询、宣传、课程建设等工作，为我国大学生心理健康的发展做出了巨大贡献。本章将跟随时间的脉络，从高校心理健康教育中心的构建、高校心理健康教育中心的工作内容、高校心理健康教育中心专兼职师资队伍的建设以及高校心理危机干预体系建设四个方面予以介绍。

第一节　高校心理健康教育中心的构建

2011 年，《普通高等学校学生心理健康教育工作基本建设标准（试行）》（以下简称《标准》）的发布使大学生心理健康教育工作迈上了一个新的台阶。《标准》对心理健康教育的体制机制建设、师资队伍建设、活动体系建设、危机干预体系建设等方面做了详细且具体的要求。下面我们将分阶段介绍高校心理健康教育中心的构建过程。

一　从无到有——心理教育咨询活动萌芽（1990 年以前）

20 世纪 90 年代以前，由于各种因素的影响，心理学在国内刚刚恢复，开设心理学课程的高校很少，人们对心理健康教育的了解更少。高考恢复后的大学教育中，大学生因学业、情感、心理障碍等问题备受困扰，严重的甚至无法正常生活或学习，极端心理危机事件时有发生。如何帮助大学生摆脱心理困扰、减少其心理冲突、提升心理素质，是高校面对的一个新问题，于是一些高校开始向心理问题"主动出击"。

在高校出现了一批咨询服务志愿者队伍，为大学生提供心理咨询，并相继成立心理咨询部门。例如，厦门大学于 1986 年创设心理咨询室，为在校生提供心理咨询服务；1987 年，中国人民大学、西安电子科技大学、浙江大学创建心理健康教育中心；清华大学于 1987 年开始心理咨询活动，1988 年正式成立心理发展中心；1988 年，西安交通大学、武汉大学等也纷纷建立心理健康教育中心；北京师范大学于 1989 年成立了学生心理咨询与服务中心。这些高校率先发展、不断摸索，为日后我国心理健康教育事业的发展起到了示范作用。

虽然当时高校的师资队伍、咨询场地、经费等方面都没有统一的设置和明确的制度规定，甚至有些学校的心理健康教育中心是虚体机构，但咨询工作开展得风生水起，为规范的心理咨询中心的建立奠定了良好的基础。此时，各高校都存在专业人员配备不足、岗位划分不明确、缺乏系统式管理、缺乏硬件设备及必要的经费支持等问题。

二 起步规范——各地高校开始成立心理咨询机构（1990~2010 年）

如果说高校率先开展的心理健康教育事业是星星之火，那么国家的重视以及政策性文件的支持就是燎原之势产生的加油站。其间，教育部相继出台了《中共中央关于进一步加强和改进学校德育工作的若干意见》《中国普通高等学校德育大纲》《中共中央 国务院关于深化教育改革，全面推进素质教育的决定》等文件，正式提出心理健康概念，并将心理健康教育工作纳入德育工作中，强调加强学生的心理健康教育，培养学生坚忍不拔的意志、艰苦奋斗的精神，增强青少年适应社会生活的能力，使心理健康教育工作的开展变得更加有序。于是，大批高等院校陆续开设心理健康教育中心，如北京大学、天津师范大学、首都医科大学、北京科技大学、华东师范大学等。

心理健康教育中心的迅速建立和推广形成了良好的社会影响，学生的认可和学校心理健康氛围的起色得到了同行的普遍认同。但也遇到了困境，如心理健康教育中心应该归属什么部门、设立哪些岗位、人员编制数量如何确定、岗位类型如何制定、如何考核等，都是迫切需要解决的问题。带着这些问题，心理健康教育中心在为学生提供心理服务的道路上不断探索前行。

2000 年以后是大学生心理健康教育事业发展的高潮时期。这一时期，教育部连续发布《教育部关于加强普通高等学校大学生心理健康教育工作的意见》《普通高等学校大学生心理健康教育工作实施纲要（试行）》等文件，促使我国高校心理健康教育事业的发展开始逐渐走向规范化。文件强调了高校心理工作的主要任务及内容，明确了高等学校大学生心理健康教育工作队伍建设的要求，建议将心理工作队伍纳入学生思想政治工作队伍管理序列，承担心理课程的教学及科研工作，评聘相应的教师职务，并强调了专兼职队伍培训的重要性。另外，在经费方面也给予了政策性支持。

三　全面发展——高校心理健康教育工作日趋成熟（2011 年至今）

2010 年以来，全国各大高校踊跃开展心理健康教育工作，纷纷创建实体心理健康教育中心，大力宣传普及心理健康知识，完善各项制度，强化队伍建设。通过调研，我们发现这个时期是各大高校心理健康教育中心发展最快速的阶段，心理健康教育中心的建构、师资队伍和制度建设等都趋向成熟与完善，具体表现在以下几个方面。

（一）　体制机制建设趋于完善

高校心理健康教育中心承担着学校心理咨询与教育、心理危机干预、四级网络建设等工作职能，健全的机构、完备的制度是心理健康教育与咨询工作有效开展的基石。

1. 心理健康教育中心的建制基本完成，归口和级别基本确定

多数学校的心理健康教育中心分为处级单位、副处级单位、科级单位以及无行政级别单位。根据调查，上述单位按比例级别依次递减的为科级、其他（无级别）、副处级和正处级，其中超半数高校的心理健康教育中心属于科级；超八成的心理健康教育中心挂靠在学生工作部，属于学工部的一个职能部门；还有一些有心理学专业的高校，心理健康教育中心挂靠在院系下，便于开展科研工作。另外，有少数院校的心理健康教育中心隶属于思政部（系），或是独立的部门，不受其他职能部门管理。

2. 体制机制建设越来越成熟

首先，在体制方面，各大高校都成立了专门的学生心理健康教育工作领导小组，并指定校领导分管负责。这个小组还包括学生工作部负责人、心理健康和咨询机构、宣传部、教务部门、人事部门、保卫处、校医院、后勤保障部门、研究生院等，负责研究制定心理健康教育工作相关制度，解决心理健康教育工作存在的问题。除此之外，为了提升高校心理健康教育质量、完善心理危机事件应急机制，有的高校逐步提出心理健康教育工作"三级网络体系"和"四级网络体系"。

从 2000 年开始，在不断摸索中，心理健康教育工作者发现大学生的心理健康教育工作不是独立的自我服务体系，而是与学校其他部门有着千丝万缕的联系，因此逐渐探索出一个成体系的心理健康教育工作模式。教育部 2011 发布的《标准》又强化了这一工作机制，即强调"三级心理健康教育工作网络体系"这一概念。第一级是学校有专门的机构，负责大学生心理健康教育及咨询工作，并组织协调开展各种心理主题工作；第二级是院系二级辅导站，起着承上启下的作用，负责落实心理健康教育工作；第三级是组织班委、学生干部等，配合辅导员及教师开展心理健康教育工作。近年

来，随着我国高校大力推广心理委员培训，"三级网络"逐渐细化分为"四级网络"，新加入的一级为末端网络，即宿舍舍长。至此，形成了"学校-院系-班级-宿舍"四级网络工作体系。这也是我国高校心理健康教育工作的特色，凭借这支训练有素的心理工作队伍，我国高校心理健康教育事业正在有条不紊地向前推进。

（二）师资队伍建设已成规模

随着当代学生自我健康意识的提升，前来寻求咨询的学生也络绎不绝，许多高校的咨询实践显示，仅凭在编的现有专职咨询师队伍很难应对所有的咨询及心理危机个案的处理。因此，建立一支高素质、专业且相对稳定的专兼职咨询师队伍势在必行。目前，多数高校的专职及兼职咨询师选拔和岗位设置情况如下。

1. 专职心理教师"唱主角"

心理健康教育中心的专职教师一般也是全职人员，其工作职责主要为承担心理咨询、心理健康教育课程的授课、团体心理辅导、危机干预及学生管理的行政事务。对于心理健康教育教师及咨询师（多数学校的咨询师兼教师岗位）这一岗位，2011 年的《标准》要求每校配备专职教师的人数不得少于 2名。2013 年《陕西省普通高等学校心理健康教育工作基本建设标准》要求每校应按照师生比（包括研究生）1：3000 的比例配备专职从事大学生心理健康教育的教师，每校配备专职咨询教师的人数不应少于 2 名，同时应根据学校实际配备兼职咨询师。2016 年，22 部门联合发布的《关于加强心理健康服务的指导意见》（以下简称《意见》）提出：要建立健全心理健康服务体系，按照师生比不少于 1：4000 的比例配备从事心理辅导与咨询服务的专业教师。因此，2000 年以后，在制度的要求下，众多高校开始广纳贤才，完善心理健康队伍建设，尽管如此，当前仍有近半数高校仍无法满足 1：4000 这一师生比要求。

目前，许多高校要求心理健康教育中心的教师必须有以下资质：医学、心理学及相关专业受教育背景；硕士及以上学历；参与并完成心理咨询师系统化培训；接受过伦理培训等。否则，难以胜任该工作岗位。

心理健康教育中心的专职教师依照学校人事部门招聘标准，福利及薪酬制度参照教师待遇标准，职称评定依照各高校心理健康教育中心岗位类型，参照校内职称评定标准进行评定。根据国家及地方文件的要求，大部分高校专职教师岗位纳入思政教育队伍序列。在调查中，我们发现专职教师的岗位评定有以下类型：思政教师、行政人员、专业技术人员以及其他人员。

2. 兼职心理教师是不可或缺的资源

心理健康教育中心的兼职心理教师可为校内教职工或校外专业咨询师、教师。前两者均需满足相关资质要求才可加入兼职心理教师队伍，其主要工作内容为授课、咨询、团体辅导等。同样，兼职教师也需要是接受过心理学理论知识和系统培训并取得相关资质证明的人才，且需要定期参与督导，并具有应对突发性心理危机事件的能力。至于兼职教师的计算工作量和待遇，往往根据各高校情况提供合理报酬。

（三）经费逐步到位、场地建设基本完备

1. 经费及管理逐步到位

心理健康教育中心的经费（心理健康教育工作专项经费）主要包括办公室经费以及一些专项经费，兼职咨询师咨询费用，教师能力提升项目、心理骨干培训项目、心理健康教育活动项目、二级辅导站建设项目等经费。根据2020年初调查数据显示，不同高校心理中心年经费从5万~100万元不等，平均为43万元。其中，学生人均经费不足10元的占24%，10~20元的占60%，20~100元的占16%。具体来说，经费支出主要包括：办公室经费，如文具用品、固定资产（桌、椅、书柜、茶几、沙发等）及电子设备固定资产（电脑、相机、打印机、碎纸机等）；专项经费包含兼职咨询师咨询

费、教师能力提升项目（参加各类督导、培训、会议等，一般而言，专业教师每年应参与不少于 40 小时的专业学习）、心理骨干培训项目（用于心理委员培训、组织活动、颁发奖状证书等）、心理活动项目（手语操大赛、心理知识大赛、心理情景剧展演、心理漫画大赛等活动的组织、评比产生费用）、二级辅导站项目（用于建设院系二级心理辅导站，包括购置专业设备，如咨询室沙发、茶几、音乐放松椅、图书、视频音响设备等）、协助院系开展心理咨询、团体心理辅导、心理主题班会等活动费用。

在调研中，我们发现有相当一部分高校重视心理工作，在经费预算中增加"心理健康教育中心搬迁建设专项"，用于改造、翻新及心理健康教育中心的装修等事务。

经费充足是开展心理工作及活动的重要条件之一。但是高校情况有差异，在心理健康教育方面的开支也存在较大差别。2013 年，《陕西省普通高等学校心理健康教育工作基本建设标准》要求：高校应保障心理健康教育工作经费，按照学生（包括研究生）人均不低于 10 元的标准，划拨专项经费。在 2019 年的调研中，我们发现虽然各地区对当地高校心理健康经费方面有具体要求，但依然存在经费不足的问题。

2. 场地建设基本完备

教育部曾发文指出，各高校应落实心理健康教育专项工作经费，配备必要的办公场地和设备。有条件的高校，要建立相对独立的心理健康教育与咨询机构和院（系）二级心理辅导站。

为落实教育部及地方政府对心理健康工作场地的要求，各个学校积极建设心理健康教育中心，其中工作面积从 100 平方米的一间咨询室到 2000 平方米不等，在调研的 50 余所高校中，心理健康教育中心平均占地面积 460 平方米。2010 年以后，随着众多高校新校区的建立，在空间允许的情况下，心理健康教育中心的建设逐渐开始走向专业化。

2010 年以前尤其是 20 世纪末建立的心理健康教育中心，多以独立咨询室为主。近些年，随着从个体咨询到沙盘、音乐疗法再到团体辅导等活动的全面展开，心理健康教育场地的建设也不断发展完善。以下为心理健康教育场地的详细分类。

预约室：设置前台，工作人员负责面对面接受预约咨询、接听电话、回复网络预约、所有预约信息汇总等工作。

咨询等待室：场地充足的学校可设置预约等待室，来访学生若提前到来，可在等待室稍加休息，等待室沙发均为独立单人位（最大限度保护前来咨询学生的隐私）。

档案室：在咨询工作中，保密原则是工作的前提和基础，而大量约谈记录、危机干预文件、咨询记录等大多需保留纸质版。因此，档案室在众多功能室中占有相当重要的位置，所有文件材料应注意归纳整理、妥善保存。

办公室：教师及管理人员在咨询授课之余，需要处理行政、危机干预事务的专有场所，一般设有办公桌椅、书柜以及电脑、打印机、碎纸机等设备。

个体咨询室：通常为一对一咨询谈话专用，面积一般为 10～30 平方米，设有沙发、小茶几、植物等。

多功能室（沙盘室、音乐放松室、情绪宣泄室）：依照各高校场所大小以及学生咨询需求和咨询师流派而定。例如，沙盘室通常用来做个体及团体沙盘体验，一般放置沙架、沙具、沙盘、沙发座椅等；音乐放松室用来为有睡眠障碍的学生提供放松的环境，其中配备了专业音乐放松椅设备、多媒体设备等；情绪宣泄室内设有沙袋、拳击手套，个别院校还引进了体感交互仪和 VR 设备，让学生以运动的方式，有目标、有范围地释放内心压力及不满情绪。

团体辅导室：随着大学生朋辈教育、心理委员培训等活动的大力开展，团体活动的场所应相对固定。除院系二级辅导站以外，心理健康教育中心的团体辅导室可用作咨询师带领团体小组、组织团体活动以及进行案例督导。

家庭治疗室：用于进行危机个案的多方交流，包括个案当事人、心理健康教育中心咨询师、父母、校领导、院系负责人、辅导员等。房间配置全套沙发、茶几、植物，以及录音、录像设备等。

3. 办公设备配备到位

心理健康教育中心是高校的一个机关部门，是咨询师投入工作的场所，也是来访者温暖的港湾，区别于一般职能部门的办公室配置。心理健康教育中心的办公室通常需要以下设备：一是办公设备，主要是用于办公接待、处理日常事务的基本设备，包括办公桌椅、书柜、沙发、电子设备（电脑、打印机、扫描复印机、碎纸机、电话、录音笔、耳机）、植物等；二是常用心理测评工具、统计软件等，如 MMPI、SCL-90、16PF 等各种心理测量量表；三是专业书籍，为了教师专业能力提升及满足大学生对心理学的兴趣需求，心理健康教育中心一般都会定期购置心理学相关书籍，并以固定资产的形式保存。心理健康教育中心所有固定及非固定资产均需要有专人管理，定期清查，妥善保管。

总之，40 多年来，随着高校心理健康教育中心的不断发展，我国大学生心理健康教育工作环境日趋完善，大部分高校从一间咨询室发展到千余平方米规模、设备齐全的部门，为大学生心理服务质量的提升做出了巨大贡献。

需要关注的是，高校心理健康教育中心的建设过程中存在许多隐形的工作，比如档案管理、固定资产保管、维修、财务管理、实习生管理等。对于如何合理分配和有效处理这部分工作，也有高校开始尝试另外聘请行政工作人员来满足这部分工作需求。

第二节　高校心理健康教育中心的工作内容

高校心理健康教育中心的建设是心理健康教育与服务的硬件，心理工作的内容是心理健康教育与咨询的软实力。下面我们将对心理健康教育中心的工作内容加以介绍。

一　从无到有——心理教育咨询活动的萌芽期（1990年以前）

20世纪90年代，受改革开放和国际社会发展的影响，心理健康教育工作开始萌芽，涌现了一批心理健康教育类著作，一些高校率先开设了心理健康课程。也有高校开始了心理普查活动，个别高校开始心理咨询工作并建立了心理咨询机构（浙江湖州师范专科学校于1984年创立咨询机构）（崔景贵，2003）。这一时期的教育咨询理念是：心理健康教育与育人工作相结合，与思政工作相结合。

二　发展规范——各地大力推进心理健康教育活动（1990~2010年）

在这一阶段，心理学科的建立逐渐完善，大批高校开始加入心理健康教育事业建设的队伍中来，相继开设心理健康教育课程，出版相关教材。工作有条不紊地开展，且日益规范。随着心理测量学的发展，中国大学生心理健康测评系统开始创建，我国大学生心理普查工作步入新阶段。

在此阶段，心理健康相关活动日益丰富，心理健康教育课程、心理活动月、心理情景剧、知识竞赛等活动相继开展。

三　全面发展——高校心理健康教育工作日趋成熟（2011年至今）

2011年，教育部提出，高校应围绕心理健康教育和咨询机构的规范管理、心理危机预防与干预、心理咨询工作流程、心理健康教育课程教学、心理健康教育从业者职业道德规范等内容，对大学生心理健康教育教学体系、活动体系、咨询服务体系等的建设都提出了明确具体的要求。各高校的心理健康教育工作在体系建设方面逐渐完善，工作内容分工更加明确细致，并结合时代的进步不断创新。2018 年，中共教育部党组印发的《高等学校学生心理健康教育指导纲要》（以下简称《纲要》）指出，我国高校教育教学、实践活动、咨询服务、预防干预"四位一体"的心理健康教育工作格局基本形成。

下面将从"预防"和"干预"两个角度来介绍心理健康教育中心的工作内容。心理健康预防工作包括教育教学和实践活动两部分，可细化为心理健康教育讲座、心理健康教育课程、心理健康宣传教育活动等；心理健康干预工作包括咨询服务和预防干预两部分，可细化为大学生入学心理普查及约谈、心理咨询、心理危机排查、心理危机干预等。

（一）心理健康预防工作

1. 心理健康教育讲座

心理健康教育讲座作为心理健康教育工作的其中一环，起到了重要的宣传作用。近些年来，全国各大高校持续开展各类丰富多彩的讲座，为宣传心理健康内容的普及奠定了坚实的基础。总结下来，当前的心理健康教育讲座主要包含新生入学适应性讲座、心理主题讲座（心理健康基本知识讲座、人格心理学讲座、焦虑症与抑郁症专题讲座、恋爱心理讲座等）、心理委员培训讲座、压力管理讲座、毕业生就业心理指导讲座等类型。

2. 心理健康教育课程

2011 年，教育部发布的《普通高等学校学生心理健康教育课程教学基本要求》提出：加强和改进大学生心理健康教育是全面落实教育规划纲要、促进学生健康成长、培养造就高级专门人才的重要途径，是全面贯彻党的教育方针、建设人力资源强国的重要举措。自此，国家对大学生心理健康教育课程提出了更加规范严格的要求。

目前，高校基本都开设了心理健康必修课和选修课，且授课形式多种多样，如大小班课、绘画、沙盘团体辅导课、线上课程等。

必修课需要学校及院系教务部门合作安排，通常师资力量充足的高校以班级为单位进行授课，师资力量薄弱的可以选择以专业或年级为单位教授课程。笔者在调研过程中发现，目前以大班授课的高校居多，也反映出高校心理健康教育教师人员不足等特点。绘画和沙盘等课程通常都是通过团体课程等形式实现的。与以往课程不同的是，这些课程更加注重学生的体验感，注重引导学生在互动中感受并学习情绪表达、人际交往等技巧。以绘画团体课程为例，通过投射性方法了解参与者的潜意识，这对许多在人际社交方面有障碍的学生而言，是一种相对温和又有参与感的授课形式。

3. 心理健康宣传教育活动

心理健康宣传教育活动能够有效加强学生对心理健康知识的认识，促进大学生身心健康发展。目前，高校中较为普遍的心理健康宣传教育活动包括入学季新生适应性专题讲座、新生入学参观心理健康教育中心、"525"心理育人宣传月、心理健康素质拓展训练、主题活动（手语操大赛、心理知识竞赛、心理漫画大赛、心理情景剧、心理主题班会大赛、心理微电影比赛等）。

值得一提的是，这些宣传教育活动的主体是大学生。《纲要》也指出，要发挥学生主体性，尊重学生主体地位，充分调动学生主动性、积极性，培养自主自助维护心理健康的意识和能力。因此，在校园心理健康宣传教育活动中，要充分发挥大学生的积极性，让学生主动投身于各项宣传活动中去，体验快乐，收获成长，学生参与感越强，收获就越多，自主、自助能力就越强。秉持这一理念，心理主题活动应由心理健康教育中心牵头，负责活动的统筹、校内宣传、流程审核、组织院系实施、监督活动开展等事务。具体的活动组织及推进工作应充分发挥院系的力量，结合各院系学科特色开展。例如，漫画大赛可与美术专业及艺术学院共同开展，心理情景剧大赛可与戏剧专业或文学院合作开展等，心理健康教育中心应大力宣传并推动活动开展，监督活动流程，总结活动经验及不足。

学生心理社团在宣传教育活动中也起到了不可或缺的作用。无论何种大学生活动的开展，都离不开学生组织。高校心理社团发展至今，对大学生心理健康教育事业产生了积极的影响。心理社团在大部分高校被称为"心理协会"，或简称"心协"，是以"助人自助"为宗旨，以提高大学生心理健康水平为目标的（周婷，2016）。以大学生对心理知识的兴趣为起点，利用朋辈组织的形式，在专业教师的指导下，有组织地开展心理活动，普及心理知识，它是学校心理教育工作中重要的一环（丁玮，2019）。

（二）心理健康干预工作

1. 大学生入学心理普查及约谈

大学生入学心理普查是高校众多心理工作中一个重要的环节，也是大学生心理危机干预工作的重要组成部分。心理普查作为重要数据支持，为约谈工作提供了较为准确的对象（洪岩，2018）。通过心理普查约谈，高校能够更加全面地了解大学新生整体的心理状况，对于心理问题高发的部分、大学生普遍较为疑惑迷茫的部分，学校在讲座、课程及团体小组中给予新生们专业的支持和引导。而更重要的作用在于：通过新生心理普查，发现存在心理问题或障碍的学生，并给予及时准确的帮助。无论是家庭贫困导致的自卑感还是经历了环境改变而产生的不适应等，在对结果进行分析之后，通过一对一约谈环节，充分理解学生，帮助其尽快适应环境，引导其找到自己的力量，让其了解心理健康教育中心的存在和作用。这是我们在心理工作中建立起的与学生之间的第一道桥梁，也是在心理危机防范方面的第一道关口。

2. 心理咨询

心理咨询是各高校心理健康教育中心最核心的内容之一。20世纪末期以来，心理健康教育中心的咨询工作坚持为广大学子的心理健康保驾护航，到今天已经取得不错的成绩，受到了广大学子及社会各界的认可。但由于我国咨询行业起步较晚，制度方面还存在诸多不完善，心理健康教育中心在咨询工作的管理及制度方面还有以下事项需要注意。

（1）心理问题鉴别、转诊制度。当前，各大高校普遍会遇到咨询量暴增这一问题，除了增加人手以外，心理健康教育中心还应当考虑如何提高接待效率及服务质量等问题。其中，来访学生的问题鉴别与分诊就是十分重要的一环。心理健康教育中心制定了心理问题分类标准，即按照问题严重程度进行分类。例如，分诊制度可分为：一般心理问题，按照程序依次对应需要咨询、加入团体小组或是参加选修课程；严重心理问题，一般需要心理咨询、转介；心理危机，需要心理健康教育中心启动危机应急预案并协调各部门处理。

（2）咨询工作中的伦理要求。伦理能够保护咨访双方的权益，同时也能够保障咨询工作在一定原则基础上顺利进行。因此，在咨询工作中，心理健康教育中心应当重视咨询师队伍伦理知识的学习，强化对其伦理意识的培养，建立健全伦理监督制度，为学生提供有安全感的心理咨询服务（黄云清，2019）。

（3）多流派、多形式咨询。在咨询的过程中，我们面对的来访者问题不同、性格各异，咨询的效果往往会受到咨询方式和风格的影响。因此，心理健康教育中心要注意丰富多元化流派的咨询师队伍，为大学生提供更好的咨询服务。

3. 心理危机排查

每当季节交替的时候，各种心理状况频发，为做到大学生心理问题能被尽早发现、及时防范、有效干预，促进大学生身心健康，防止恶性事件的发生，营造和谐平安的校园氛围和稳定的社会环境，心理排查工作不可小觑。近些年，心理排查工作逐渐被各大高校列为心理健康教育工作的重点内容，排查频率高的一月一次，有的一学期一次，一般安排在季节变换时节，如每年11月至次年1月、4月至6月等。

结合当前高校的"四级工作网络体系"，排查工作由心理健康教育中心统一组织领导，以各院系为主体、全面覆盖各个专业及年级的学生。区别于新生心理筛查的一点是：多数学校心理筛查面对的重点人群是刚入学的新生，以及在读本科生。在传统认知中，高年级学生和研究生相对独立、成熟，有心理危机的可能性较小，因此，心理排查工作范围更大，效率更高。

在心理排查工作中，四级工作网络尤其是末端两级将发挥重要的作用。在四级工作网络中，第一级是心理健康教育中心，扮演着统领的角色：院系在排查过程中遇到突发状况无法解决时，心理健康教育中心的专业教师将出面协助危机干预工作；同时，需要将所有数据及个案汇总，分析问题形成的原因，想出解决办法。第二级是院系二级辅导站，其承担着承上启下的作用：接到心理健康教育中心排查通知后迅速响应，号召心理委员、班级骨干、宿舍舍长、教师、宿管人员等加入排查队伍中，积极反馈情况，最后负责将排查收到的所有反馈信息进行分类汇总。第三级心理委员和第四级宿舍舍长，在排查中起到了至关重要的执行作用：心理委员及宿舍舍长来自学生队伍，他们了解并熟悉身边同学的生活状态、情绪状况，同时大家接受过专业的培训，具备一般心理问题及心理危机的辨别能力。因此，在"心理排查"这张大网中，学生骨干发挥作用的程度将直接影响到排查的效率。

与其他工作不同的一点是，排查工作不仅要依托高校的"四级工作网络体系"，还需要校方不同职能部门的力量。例如，班主任和专业任课教师要排查在课堂或专业实验中有无行为古怪或异常的学生；宿管及安保人员要排查学生是否有时常与人冲突或半夜离开住所等行为。这些力量的加入都会提升我们排查的效果，真正做到"疏而不漏"。心理排查工作的顺利推进，得益于这些年心理委员培训和朋辈教育的大力开展，这使四级工作网络体系得以不断夯实。

4. 心理危机干预

心理危机干预工作在高校心理健康教育工作中占据重要位置，大部分高校的心理健康教育中心隶属于学生工作部门，无论是从人才培养质量、稳定安全工作还是人文关怀角度来看，大学生心理危机干预工作都是重中之重。目前，各高校已经形成越来越成熟、系统的大学生心理危机干预体系（笔者将在本章第四节详细讨论该部分内容）。

过去的几十年间，心理健康教育中心经历了从一开始几间小小的咨询室发展到现在成为学生安全的港湾的历程，这是几代心理工作者共同努力的结果。随着这项工作的不断发展进步，心理健康教育中心宣传工作、心理咨询、心理排查、危机干预等每一项工作都日渐完善、清晰。同时，在以下方面，仍然需要持续关注和研究：一是咨询量过于饱和。在这些年不断地努力宣传和扎实工作的影响下，各大高校开始出现咨询量剧增的情况，国家要求的咨询师配比（1：4000）已不能满足大学生对咨询服务的需求，咨询师的缺口日益增大，仅凭专职咨询师难以完成。学校应建设一支专业的兼职咨询师队伍来弥补专职咨询师队伍的不足，满足大学生的心理咨询需求。二是心理工作的保密问题。由于咨询工作的特殊性，伦理始终是心理健康教育中心工作的前提要求。因此，如何在进行常规咨询、心理排查、危机干预等工作的过程中保护好学生的权益，做好保密工作，心理健康教育中心应有严格的伦理要求准则，加强工作队伍的伦理观念。三是宣传工作有待加强。心理健康教育中心的工作事务繁多、工作量大，很容易被各单位部门忽视，在浏览各大高校门户网页时，可直接找到咨询服务资源的并不多。还应不断加强宣传建设工作，不但要被学生认可，还要被各部门工作人员、教师们认可。除了保障大学生心理健康外，也要守护全校教职工的心理健康，努力提高服务质量，树立心理健康理念，共同建设和谐、有温度的校园。

第三节　高校心理健康教育中心的师资队伍建设

自 20 世纪末以来，高校心理健康教育中心专职教师一直都是高校心理工作的先驱者，是心理咨询工作最重要的部分。专职教师的个人发展不但影响着咨询和教学效果，也影响着高校心理健康教育工作的顺利开展。心理健康教育师资队伍是保障大学生心理健康、维护校园稳定的中坚力量。因此，师资队伍的建设成为心理健康教育中心工作中一个重要的议题，如何建立、培养好这样一支队伍是心理健康教育中心也是所有高校师资培训的目标。

一　高校心理咨询工作伊始（1990 年以前）

20 世纪末，一些高校咨询工作的率先开展标志着大学生心理健康教育工作的萌芽。当时并没有心理健康教育中心这样完整的心理咨询机构存在，大多数以"心理咨询室"的方式开展工作，工作的内容也都围绕着心理咨询这个主题。由于专业人员缺乏，许多咨询师都由专职教师兼任，或本身就是兼职咨询师，多数学校的心理咨询室只有一两名专职咨询师，专职教师人数较少。另外，专职教师职业发展道路也不完善，如工作量如何认定、咨询教师的培训和自我提升体系如何建设、心理咨询的督导工作如何安排等问题都有待解答。

二　各地高校开始建立心理健康教育师资队伍（1990～2010 年）

这是我国大学生心理健康教育事业发展最为迅速的时期，高校心理健康教育工作的发展使得大学生心理健康教育工作者这支队伍快速扩张。这一时期，大量高校建立心理健康教育中心，广纳贤才，这支队伍逐渐壮大，国家教育部门也不断发布政策规范高校心理咨询教师的选聘、专业技术培训、能力提升等工作。

这一时期，随着经济的发展和高校在心理健康教育工作上的不断努力，教育部出台了相关政策。2005 年，《教育部 卫生部 共青团中央关于进一步加强和改进大学生心理健康教育的意见》中对咨询师队伍提出要求：建设一支以专职教师为骨干，专兼结合、专业互补、相对稳定、素质较高的大学生心理健康教育和心理咨询工作队伍；专职人员原则上要纳入大学生思想政治教育队伍序列，兼职教师开展心理辅导和咨询活动要计算工作量或给予合理报酬。文件的出台让咨询教师的队伍变得有秩序、有保障，专兼职分工合作显著提高了工作效率。同时，将心理专职教师纳入思政队伍序列也解决了专职教师的管理和职业发展问题。

此外，2005 年《教育部 卫生部 共青团中央关于进一步加强和改进大学生心理健康教育的意见》对心理专职教师在培训提升方面提出以下要求：加强大学生心理健康教育和咨询工作专兼职教师的培训；教育部要分批对大学生心理健康教育骨干教师开展重点培训；各省（自治区、直辖市）教育部门和高校要采取有效措施，对大学生心理健康教育师资队伍进行培训。该文件的出台促进了教师工作积极性、鼓励教师持续学习，显著提升了咨询与教学工作质量。由于政策的推进，一时间高校心理健康教育中心教师招聘成为热门话题，师资短缺成为迫切需要解决的问题。

三　心理健康教育师资队伍不断完善（2011 年至今）

2011 年，教育部发布的《标准》要求：高校应按学生数的一定比例配备专职从事大学生心理健康教育的教师，每校配备专职教师的人数不得少于 2 名；高校应将大学生心理健康教育师资队伍建设纳入学校整体教师队伍建设工作中，加强选拔、配备、培养和管理；培训方面，要求高校应重视大学生心理健康教育专兼职教师的专业培训工作，将师资培训工作纳入年度工作计划和年度经费预算等。由此，高校心理健康教育师资队伍的建设开始制度化、规范化，具体体现在以下方面。

（一）师资队伍建设

无论是教育部下发的文件还是各大高校心理健康教育中心的简介中，都称心理健康教育中心专职工作人员为"教师"，但与一般教师不同的是，在心理健康教育工作中，咨询是其中最重要的一部分。心理健康教育中心的专职教师的一大任务是心理咨询，因此心理咨询教师是结合"教师"与"咨询师"的存在，需要具备咨询相关资质。高校专职心理咨询教师的工作范畴除心理咨询这一内容之外，还包括心理健康教育宣传、教学、心理危机排查、危机干预等工作。

专兼职人员配备具有不同特点，具体如下。

（1）人员数量配备方面。2011年《标准》规定，高校应按学生数的一定比例配备专职从事大学生心理健康教育的教师，每校配备专职教师的人数不得少于2名；2018年《纲要》规定，心理健康教育专职教师要具有从事大学生心理健康教育的相关学历和专业资质，要按照师生比不低于1:4000配备，每校至少配备2名。在调研中，我们发现多数高校专职教师人数在3~12人，根据在校学生数，高校基本能够满足最低教师数量要求，但在1:4000师生配比方面仍有半数左右高校未满足该要求。

（2）专职教师人才选拔方面。教育部要求心理健康教育专职教师要具有从事大学生心理健康教育的相关学历和专业资质。具体来说，要拥有心理学及相关专业硕士或博士学位，同时拥有国家二级、三级心理咨询师资格证或注册系统心理师资格证等资质。岗位培训与高校新进教师一同参加。就性别和年龄来说，当前高校心理健康教育中心专职教师中，女性教师人数要高于男性教师人数，以中青年教师为主（潘柳燕，2019）。

兼职教师队伍情况各校不一。随着近些年大学生对心理健康的认知水平不断提高，多数高校现有的专职师资力量难以满足学生对心理教育资源日益增长的需求，兼职教师是为了弥补咨询师、教师人数的不足，提升高校心理咨询及教学服务质量。由于心理健康教育中心工作的特殊性，兼职教师需要满足一定的条件。

兼职咨询师需要拥有专业资质，如国家二级、三级心理咨询师资格证或注册系统心理师资格证等；需要有教师资格证、心理学及相关专业教育背景。除此之外，心理健康教育中心在聘用兼职教师方面往往有各自的标准，例如兼职咨询师除了拥有专业资质外，还要有各自擅长的咨询流派（精神分析、沙盘、认知疗法等）。另外，需要在上岗前接受系统培训，强化伦理知识，学习学校相关政策、危机干预流程等。兼职教师和咨询师往往拥有不同受训背景和咨询专长，他们为学校的师资队伍增添了多元化背景。

在兼职教师队伍的人数上，各高校情况不同，各有特点。在调研中，我们发现一些"985""211"高校的兼职教师队伍人数从10人到100人不等，大多数为心理咨询师，主要负责心理健康教育中心的心理咨询工作。也有一些学校因为专职人员少，要集中精力负责宣传教育和危机干预工作，而把课程教学和个体咨询这两部分工作交给兼职教师去做。

（二）心理健康教育中心专兼职队伍管理机制

1. 专职教师

专职教师的主要工作包括教学科研、授课、宣传讲座、心理咨询、团体心理辅导、危机干预、办公室行政等。

2016年，22部门联合发布的《意见》提出，要完善心理健康服务人才激励机制。各有关部门要积极设立心理健康服务岗位，完善人才激励机制，逐步将心理健康服务人才纳入专业技术岗位设置与管理体系，畅通职业发展渠道，根据行业特点分类制定人才激励和保障政策。2018年《纲要》提出：心理健康教育师资队伍原则上应纳入高校思想政治工作队伍管理，要落实好职务（职称）评聘工作；设有教育学、心理学教学机构的高校，可同时纳入相应专业队伍管理。目前，大部分高校专职教师岗位晋升系统根据文件精神已纳入思政教育队伍序列。除此之外，岗位类型包括职员系列、教育管理系列、辅导员系列以及其他独立系统。由于心理咨询教师的工作内容与大多岗位系列类型存在较大出入，因此在职称评定方面依然存在许多困难需要克服。

2. 兼职教师

与专职教师有所区别，兼职教师的主要工作为授课、咨询、团体辅导等。为使心理健康教育中心工作系统化、正规化，各高校相继出台了兼职咨询教师工作量认定办法等制度，兼职咨询师依照咨询次数合理获得报酬。兼职教师虽然不属于学校体系内职员，但在工作薪酬福利、劳动风险等方面应予以保障。

（三）心理健康教育中心专职教师的职业发展

1. 督导

督导是指拥有较高资历的从业者对同专业水平相对较低的人员提供的专业干预（宋志英，2018）。在高校心理咨询工作中，督导是指咨询师在督导师的专业监督与指导下，学习案例的咨询技巧、方法，发现自身工作的局限性，弥补不足，不断学习、自我提升的过程。督导的存在对于刚入门的新手咨询师、普通咨询师来说都有相当重要的作用。它不但能够规范咨询工作的流程，有效提升咨询质量，降低咨询师的焦虑耗竭感和职业倦怠程度，而且长程的督导对于心理健康教育中心咨询体系职业、规范化发展，以及咨询师队伍个人成长、自我提升都有巨大的影响。因此，心理健康教育中心应建立咨询督导制度，有规律、有组织地进行定期督导，从而不断提升大学生心理咨询服务质量。

2. 培训

2011年《标准》提出：高校应重视大学生心理健康教育专兼职教师的专业培训工作，将师资培训工作纳入年度工作计划和年度经费预算；应保证心理健康教育专职教师每年接受不低于40学时的专业培训，或参加至少2次省级以上主管部门及二级以上心理专业学术团体召开的学术会议；适时安排从事大学生心理咨询的教师接受专业督导；应支持大学生心理健康教育教师结合实际工作开展科学研究。

定期安排心理健康教育中心教师外出学习培训，扩展教师视野，引导教师学习新的工作理念，并在与同行的交流中看到自身的不足，不断进行自我提升。心理健康教育中心应当有组织、有规划地统筹安排，在保障工作的基础上，分时分批进行学习交流。培训学习与咨询督导等费用应由心理健康教育中心统一承担。

3. 个人职业发展规划

合理的激励机制有助于发挥教职人员的主动性和创造性，能有效提高工作效率。在高校中，激励机制包括绩效薪酬、职称评定、评优奖励等（屈路明，2019），大多数激励机制都与科研水平、职称相挂钩。调研结果显示，高校心理健康教育中心专职教师中，大多数教师最高学历为硕士研究生，在科研和高校的职称评定方面存在较大困难。因此，心理咨询教师在个人职业生涯规划方面应结合所在单位需求，不断提升自身专业水平，开发个人潜能，更好地为高校心理健康教育事业做贡献。

总之，许多高校的心理健康教育中心专兼职咨询教师队伍的建立多是从只有两三位咨询师开始，发展到今天拥有一支朝气蓬勃、甘于奉献的师资队伍。然而，当代心理咨询教师依然面临种种困境，如高校心理咨询教师职业的生涯规划是否清晰、是专业咨询师还是专业教师、是思政教师还是管理人员。心理咨询工作压力大，职业风险高，高校心理咨询教师要不断增强自我觉察，坚持督导，保持乐观积极的心态，如此才能更好地帮助来访的大学生。另外，由于人手缺乏，心理健康教育中心的专职教师往往要承担许多行政工作，这无形中加重了其工作和思想负担。

第四节　大学生心理危机干预体系的建设

长期以来，大学生心理危机干预工作都是高校心理健康教育中心工作的重要组成部分。随着时间的推移，我国大学生心理危机干预工作越来越本土化、高效率，从当代大学生心理现状出发，扎根高校思政教育，为提高大学生心理健康水平与营造和谐校园奠定了坚实的基础。下面从心理危机及危机干预相关理论、高校心理危机干预工作方法及开展模式、当前危机干预工作存在的问题及反思等方面进行介绍。

一 初期——心理危机干预工作萌芽（1990 年以前）

20 世纪初期，美国等西方国家率先提出心理危机干预理论（朱美燕，2011）。美国心理学家卡普兰将其定义为：当个体遇到困境时，过往的应对模式及所拥有的支持系统不足以帮助其渡过难关，个体就会产生心理困扰，这种暂时的心理失衡状态就是心理危机（刘桂芬等，2007）。自此，心理危机干预工作逐渐开展。我国心理危机干预工作起步较晚，大部分理论源自西方国家，到 20 世纪八九十年代开始逐渐发展（陈进，2015），当时高校的心理危机干预工作体系尚未建立。

二 发展——国家大力推进心理危机干预工作（1990～2010 年）

随着高校心理健康教育工作的大力开展，国内高校在大学生心理危机干预的理论与实践方面迅速发展。大学生心理危机被定义为：高校大学生利用其以往常用的应对方式及所有资源无力应对，因无法克服内心冲突以及外部环境所造成的刺激的一种内心反应。而大学生心理危机干预工作是指对那些面临心理危机的大学生进行简明迅速的支持，帮助其渡过难关，恢复心理平衡状态（王建国，2007）。

2005 年，教育部在《进一步加强和改进大学生心理健康教育的意见》中提出：要积极做好心理问题高危人群的预防和干预工作，建立危机干预通道。依靠国家教育部门的政策支持以及各地高校的努力探索，我国高校的心理危机干预事业开始进入迅速发展阶段。

三 成熟——高校心理危机干预工作日趋成熟（2011 年至今）

在这一阶段，国家发布大量有关心理工作的文件，其中多数提到对大学生心理危机干预的要求。例如，2016 年《意见》提出：高等院校要重视自杀预防，开展心理危机干预工作；2017 年《高校思想政治工作质量提升工程实施纲要》提出：建立"四级"预警防控体系，完善心理危机干预工作预案；2018 年《纲要》要求：健全心理危机预防和快速反应机制，建立"四级"预警防控体系，完善心理危机干预工作预案，不断提高心理危机预防干预专业水平。有了完善的制度，各大高校在心理危机干预工作方面不断发展，创新改革，逐渐形成了我国特色的高校心理危机干预体系。

（一）高校危机干预体系的队伍建设

1. 由各单位牵头的危机干预工作领导小组

心理危机干预工作不能单纯依靠一个部门或个人的力量来完成，除专业人员外，还要依靠各单位部门的力量。当校园发生危机事件时，学校应在第一时间迅速成立一支队伍，这支队伍由以下人员组成，其在重大危机事件发生时的职能如下。

分管校领导：分管学生管理事务的校领导，负责指挥协调有关人员进行救助工作。

学生工作部领导：领导院系、学生管理科及心理健康教育中心迅速启动危机干预工作，并负责跟踪危机个案愈后情况。

资助管理科：如遇到因经济贫困引发的心理危机事件，由资助管理科负责解决实际困难。

院系党政领导：领导院系工作人员跟踪危机个案，与家长进行及时沟通。

党校办宣传部门：负责新闻媒体接待，及时进行官方通报，防止不当流言传播，及时对接有关部门。

学校保卫处：迅速控制、保护现场，保障学生安全，向分管领导汇报现场情况。

心理健康教育中心：第一时间提供心理状态评估、紧急心理救助，以及后期的心理帮扶等工作。

校医院：提供紧急医疗救助，转介专业医院进一步救助治疗。

院系学生工作人员（辅导员）：密切监控学生心理状态，稳定学生情绪。

教务部门：负责学生在例如休学、缓考、留级等时与学业相关的事务。

2. 由专业人员带领的危机干预工作专业指导队伍

危机干预工作队伍应体现其多元性。首先，心理健康教育中心在危机干预队伍中起十分重要的作用。这支队伍一般经受过系统的危机干预训练，心理健康教育中心专职教师大多满足这一条件。其次，有专业背景的教师、管理人员、辅导员等也应加入其中。在危机干预工作中，不同的职务也能够带来多视角、全方位的积极影响。因此，为保障这支队伍的专业性与高效性，需要大家积极参加专业系统的培训，不断学习提升各自的能力。

3. 以学生力量为重心的心理危机干预四级网络体系

2011 年《标准》提到：高校应有健全的校、院系、学生班级三级心理健康教育工作网络。危机干预工作的开展，仅仅依靠个人或一个部门的力量是远远不够的，还需要发动"心理工作体系"的作用。在第一小节中，我们介绍过"三级网络工作体系"和"四级网络工作体系"，随着各地高校心理委员培训事业的大力发展，目前"四级网络工作体系"已较为普遍。

在"四级网络工作体系"中，各层级的工作内容如下。

心理健康教育中心：负责宣传心理危机知识，制定危机干预工作制度，明确干预流程，建设与协调危机干预工作小组，紧急心理干预疏导，跟踪回访经历过心理危机的学生，管理学生危机档案等。

院系二级辅导站：响应心理健康教育中心危机干预工作方案，及时收集、上报信息，并通知家长协调沟通相关事宜，密切监护危机学生动态，对学生进行心理疏导，稳定学生情绪。

班长心理委员：学习宣传心理健康知识，普及心理危机干预途径，收集班级或学院关于心理危机学生的信息，并及时汇报给院系负责人。

宿舍舍长：发现宿舍有同学存在异常行为及心理危机状态等情况时，及时向心理委员及辅导员上报。

（二）高校危机干预体系的工作机制

在高校危机干预体系中，危机干预工作并不止于"干预"这一环节。该体系构建的目标为：减少校园危机事件，提高大学生心理素质，推动和谐校园的建设。因此，应当坚持预警、干预与反馈机制三者相结合，不断提高危机干预工作质量。另外，危机干预工作也不止心理健康教育中心这一个主体，高校应充分发挥"团队"的重要性，由心理健康教育中心牵头，带好危机干预工作队伍。

1. 重视心理健康教育中心宣传工作，不断完善跟踪回访信息

高校应当重视预防宣传的重要性，同时对危机个案的跟踪回访也至关重要。在预防方面，高校应加强心理健康教育的普及工作，通过活动、比赛、心理季、讲座、课程等方式，大力宣传心理健康知识，了解心理问题的求助方式，促进大学生健康人格的发展，对校园心理危机事件尽力做到"早发现、早干预"。

除了宣传、指导危机干预工作外，心理健康教育中心还有一项重要职能——完善跟踪回访制度。那些经历过心理危机的学生，一时的干预并不能一劳永逸，因此，心理健康教育中心可以建立一个"危机学生档案库"，与各院系沟通合作，按时回访并评估学生当前的心理状态，更新完善档案库。

2. 强化院系主体责任制度，加强心理危机排查工作

在危机干预工作方面，心理健康教育中心负责各项干预制度和流程的制定，院系则是危机干预工作的主要操作者。因此，各院系应发挥各自学科特点及优势，强化危机预警机制，夯实四级网络的末端环节，在日常工作中重视心理危机排查工作，遇到学生有心理

问题及时评估分类，建立心理危机学生档案并妥善保管，定期向心理健康教育中心汇报学生状况，做到"心中有数、及时干预"。

3. 借助学生骨干、心理委员的力量，完善"四级网络工作体系"

学生队伍是心理危机干预工作的末梢，也是"四级网络工作体系"最有力的一环。近些年，随着心理危机事件数量的不断增加，在各高校成功干预过的学生中，不难发现由心理委员和宿舍舍长发现异常并第一时间联系院系负责人的大量案例，这些案例可信度较高，上报时间及时，往往为救援工作争取了宝贵的时间。因此，学校应当不断培养得力的心理骨干，加强心理委员培训，让这支学生队伍不断向专业看齐，从而提升学校危机预警系统的敏感度。

随着各大高校危机干预工作量的不断增加，心理健康教育中心的工作量与日俱增。为避免心理健康教育中心专职教师在工作中心理耗竭，提高危机干预工作效率，心理健康教育中心应当充分发挥组织带头作用，在干预工作中提供专业性指导，分工明确，力争培养一支专业的、训练有素的队伍，在工作中充分调动院系工作积极性，加强校内外联动机制建设，强化心理委员培训，夯实四级网络工作基础，积极培养大学生的责任感与同理心。

当前，危机干预预警机制还需加强宣传、不断完善，加强心理知识及心理危机内容的普及，强化与学校各个职能部门的充分合作，提高大家对心理健康教育工作的认识，减少危机事件的发生，共建和谐校园。

本章小结

高校心理健康教育中心是 20 世纪 80 年代产生的新生事物，从最初的虚体、弱小、不被重视发展到今天成为任何一个高校都不能忽视的部门。而且这个部门与学校的其他行政处室及各院系有着千丝万缕的联系。心理健康教育中心的建设标志着高校"以学生为本"教育理念的落实，体现着高校决策层的智慧和重视。心理健康教育中心承担着全校学生的心理普查、心理咨询、心理健康教育课程的建设、心理委员队伍的建设、心理宣传月的活动、危机干预等工作。为大学生心理健康的维护和心理素质的提升做出了巨大贡献。

关键词

高校心理健康教育中心　心理健康教育师资队伍　大学生心理危机干预

拓展阅读

教育部全国高校心理健康教育与咨询示范中心——北京大学学生心理健康教育与咨询中心

北京大学学生心理健康教育与咨询中心（以下简称心理中心）在开展学生心理健康教育工作过程中，始终坚持以积极心理学理论为指导，以对危机学生的发现和干预为底线，以促进全体学生心理品质完善为重点的工作理念，努力健全心理健康教育组织管理体系，促进学生健康成长成才。经过多年摸索和实践，已构建起以心理健康普及教育、心理咨询服务和危机排查与干预为支点的"三级工作体系"。心理中心的主要业务工作如下。

1. 心理健康教育与普及工作

（1）心理健康教育普及类课程建设。心理中心与心理学系和校医院合作，开设了心理健康教育普及类选修课程，目前每年面向全校学生开设的相关课程有大学生心理卫生与咨询、生活中的心理学、大学生健康教育、爱的心理学、心理压力应对、电影与心理、健康人格心理学、大学生心理素质拓展、朋辈心理辅导、自杀与危机干预等。

（2）开展学生群体心理状况的调研课题。心理中心通过心理健康普测和心理状况调查，了解学生整体心理健康状况，总结学生群体的共性问题，研究应对方式和策略，并将研究成果与心理健康教育工作策略相结合，为学校更有针对性地实施心理健康教育和危机干预提供科学依据。

（3）有针对性地实施心理健康"第二课堂"教育。在沿用传统教育模式的同时，以积极心理学的视角，针对不同专业学生的特点和他们所面临的生涯发展任务，采用专业性、互动性、贴近性更强的方式开展"第二课堂"教育工作。主要工作如下。

深入院系开展朋辈辅导工作坊，共同探讨心理成长话题，使他们获得在课堂上无法获得的成长体验。目前心理中心已培养了百余名朋辈团体辅导骨干，在全校所有院系举办过新生适应、大学生涯设计、学业管理、人际沟通、冲突管理、情绪管理、压力应对、考试焦虑应对、网络成瘾应对、恋爱指导、艺术治疗体验等十余个主题的工作坊。朋辈辅导工作坊项目正快速地向全校各院系及学生社团推广，每年的覆盖面可达 1800 余人次。

推出"心理健康精品讲座走进院系"项目，在不同的时期，根据不同的学生群体设计讲座内容，安排专业人员深入院系，为学生做主题讲座。目前覆盖了环境适应、自我探索、人际交往、恋爱指导、时间管理、情绪管理、冲突管理、压力应对、生涯规划以及生命教育等十余个主题。

从 2004 年起，每学期举办一届整体健康活动月。通过设计形式多样且参与性强的活动项目，在全校范围内全面推行心理健康教育、宣传与普及，目前已成功举办十四届。活动月期间举办讲座已累计 160 余场，受益学生近 4 万人次。

以心理协会为主要阵地，加强心理类学生社团的建设和指导，使其承担宣传、普及心理健康知识的群众性工作。

针对学生当中的共性问题，如新生适应问题、学业和考试焦虑问题、贫困生自我发展问题、宿舍人际关系问题、研究生情感恋爱问题等，通过校内新闻网、BBS 等各种媒体进行心理层面的指导。

建设心理健康教育网站，并使其逐渐成为一个集心理健康知识普及宣传、在线咨询、心理危机档案管理等多种功能于一体的平台，提高心理健康教育工作质量和效率。

编办心理健康教育报纸《燕园心声》，面向全校师生发行，每期 1 万份，目前已发行了 45 期，成为学生学习心理健康知识和交流思想的重要平台。

此外，不定期向学生发放心理健康知识宣传品，目前已发放手册十余种，共 8 万多册。

（4）建立全员培训机制。制作和发放各种心理健康培训手册和工作指导手册，健全全员培训机制。将心理专项助理、学生干部、学工系统教师、楼管员、教务员、保洁员、保安人员等纳入心理健康全员培训体系，开展有针对性的培训和督导，在帮助他们解决自身压力的同时，充分发挥他们在心理健康教育、危机排查和干预等方面的特有作用，完善心理问题排查、预防和干预网络的建设。

2. 国内外学术交流

邀请国外专家、加强国际交流，促进北京高校心理健康工作进一步发展。2009 年 10 月，心理中心邀请了耶鲁大学 Elise Snyder 教授、哥伦比亚大学 Cesar Alfonso 教授前来北京大学访学，并在北京大学为北京各高校心理咨询中心教师举办了以"精神分析与心理治疗的当代进展与案例督导"为主题的工作坊。2010 年 11 月，邀请了美国斯坦福大学心理咨询中心主任 Martinez 博士，为全校辅导员进行了为期 5 天的朋辈心理辅导培训。2011 年 10 月，再次邀请中美精神分析协会主席、耶鲁大学 Elise Snyder 教授，她携 15 位该协会资深心理分析师到我校进行深入的学术交流。除此之外，心理中心还邀请心理健康领域的国内著名专家来我校进行培训和督导。广泛深入的国内外学术交流使我校心理辅导教师了解到心理治疗的前沿资讯、拓展了工作思路，并进一步提升了我校心理辅导的专业水平。

3. 多种形式、多种主题的心理咨询服务

个体咨询中学业咨询、时间管理咨询、恋爱咨询、人际冲突咨询、自我发展咨询、情绪问题咨询等主题的咨询服务项目蓬勃开展。自 2004 年开展个体咨询以来，每年个体咨询量平均达到 1500

余人次。心理咨询师各有重点方向，是我校心理咨询服务工作方面的特色。这些主题设计增大了心理咨询服务与学生实际生活的契合面，提高了学生对心理咨询的接纳程度。

心理测评、团体咨询、网络在线咨询以及现场咨询等多种咨询服务形式齐头并进。以个体咨询与网络在线咨询为例，自2004年开设网络在线咨询以来，共组织在线咨询234次，问题案例已累计达3500多个，有效帖子数达12050余个。

4. 心理危机排查和干预工作

（1）通过心理健康普测发现和干预危机个体。在学生尤其是新生中开展心理普测，筛选出部分学生进行个别访谈，及时对有心理问题倾向的学生进行诊断，并提供进一步咨询或治疗的建议，对危机学生进行及时的干预和转介。

（2）通过日常定期危机排查发现和干预危机个体。北京大学在危机排查和干预工作方面有着自己的特色。学校组建了由340余名学生组成的心理专项助理队伍，分布于全校各院系，心理专项助理处于心理危机排查工作的最前线，学校每年拨出近70万元经费作为他们的岗位补助。

定期心理排查制度明确要求各院系学生工作办公室组织心理专项助理、班级学生骨干和寝室长每两周开展一次全面排查，并以书面形式向心理中心汇报。对发现的严重心理异常现象以及急性突发事件，院系做到了快速反应、及时上报。发现危机之后的干预工作按照制度中程序和策略的要求，有条不紊地展开。学校还制定了月报告制度，规定心理中心将每月汇总的危机情况和干预案例，报告给学校心理健康教育与危机干预工作领导小组；并将危机案例和应对策略编辑成案例汇编等内部资料，提供给相关人员学习。

（3）建立问题学生心理健康档案，及时追踪和监控危机个体。为了及时追踪问题学生的心理健康状况、重点监控危机个体，及时对这部分学生进行干预和处理，建立了问题学生心理健康档案。档案中的个案信息主要来自心理健康普测、危机排查、院系临时危机情况汇报以及心理咨询和治疗中发现的问题学生。心理中心定期追踪和监控有严重精神和心理问题的学生，一方面向学生所在院系提出监控和治疗上的建议，另一方面也向学生提供持续的咨询和治疗服务。

（4）与精神卫生专科医院建立联络渠道，及时转介危机个体。建立了危机个体及时会诊和转介制度，心理中心每天安排精神科医生值班，规范了有严重心理问题和人格障碍的学生在学校与精神卫生专科医院之间的转介程序，保证危机个体能够得到优先、有效的门诊服药或住院治疗。

（5）确保危机事件发生后善后工作的有效开展。一旦危机事件不幸发生，院系及相关行政部门立即成立危机干预小组，妥善安排善后工作，包括：联系和接待当事人家属；通告学校教职工和学生；排查最易受到影响的教职工和学生，为他们提供心理援助；进行相关人员的哀伤辅导；接待和答复媒体；总结事件处理的经验和教训等。经过几年的实践，北京大学已建立完备的危机善后处理预案。

资料来源：https：//counseling. pku. edu. cn/zxgk/zxxxjs/index. htm，最后访问日期：2020 年 4 月 25 日。

第七章 高校心理健康教育的评估与激励

经过几十年的摸索实践，我国的高校心理健康教育无论是在理论方面还是在实践方面都取得了显著的成绩，但也存在一些问题。比如，高校心理健康教育工作的发展水平不一，一些地方高校并未重视这项工作，导致工作开展的随意性很大（王秀希等，2012）；存在形式化倾向（刘婧，2012）；一些开展心理健康教育评估工作的学校由于评价角度不一，评价效果容易出现偏差（屈正良、夏金星，2008）；课程设置不合理、不完善（吴霞，2015）；等等。因此，结合我国高校心理健康教育工作开展的现状和高校师生心理的现况，对高校心理健康教育工作进行合理评估和有效激励尤为重要，能有效规范和促进高校心理健康教育的长远发展。本章将系统地回顾改革开放 40 余年来我国高校心理健康教育的评估和激励工作，并对其发展现状与问题进行总结和分析，以期对未来我国高校心理健康教育的评估与激励工作开展提供参考。

第一节 高校心理健康教育的评估

广义上来说，高校心理健康教育评估是指运用科学的方法收集有关学校开展心理健康教育工作的客观资料，了解其目标达成情况，并对其效果和存在的问题做出符合实际的、恰如其分的评价的工作（柴兴泉、周慧芬、王秀希，2011；傅文第，2001）。对高校心理健康教育工作进行评估可以帮助上级行政部门准确了解所辖学校心理健康教育工作开展的实际成效，以便确定下一步工作重点，为科学决策提供可靠依据；也有助于及时发现高校在心理健康教育方面存在的问题及不足。另外，客观评估成果可用来向相关部门、学生家长及社会宣传心理健康教育的意义和作用，有利于高校获得各方面的理解与支持，从而更好地开展工作（傅文第，2001）。

一 高校心理健康教育评估的理论基础

目前针对高校心理健康教育评估的理论研究较少，具有参考价值的资料并不多。但高校心理健康教育作为高等教育的一部分，教育评估的相关理论基础可以作为高校心理健康教育评估的参考。

（一）CIPP 评价模式

CIPP 评价模式是由美国著名教育评估专家斯塔弗尔比姆于 20 世纪六七十年代提出的，亦称决策导向或改良导向评估模式。它认为评估就是为管理者做决策提供信息服务的过程。背景评估（context evaluation）、输入评估（input evaluation）、过程评估（process evaluation）、结果评估（product evaluation）构成了 CIPP 评价模式（翟葆奎、陈玉琨、赵永年，1989）。背景评估就是在特定的环境下评定其需要、问题、资源和机会。输入评估是在背景评价的基础上，对达到目标所需的条件、资源以及各被选方案的相对优点所做的评价，其实质是对方案的可行性和效用性进行评估。过程评估是在方案实施过程中做连续不断的监督、检查和反馈。结果评估是对目标达到程度所做的评估，包括测量、判断、解释方案的成就，确证人们的需要满足的程度等。这四种类型的评估目的、方法与功效各不相同。在 CIPP 评价模式运用中，评价者可根据需要选择不同的评价策略，各种评估既可以在方案实施前使用，也可以在方案实施中使用；既可以实施一种评估，也可以实施几种评估。这完全取决于评价听取人的需要，它是一种十分灵活的模式。该模式的基本观点是：评估最重要的目的不在于证明，而在于改进。它主张评估是一项系统工具，为评估听取人提供有用信息，使得方案更具成效。在完善评估活动中，评估设计大纲和实施流程是必要的。

（二）目标游离评价模式

目标游离评价模式（goal-free evaluation model）是美国教育学家、心理学家斯克里文于 1967 年提出来的，即把评价的重点从"课程计划预期的结果"转向"课程计划实际的结果"。他在考察教育实践过程中发现，如果依照事先已经确定的教育目标对活动对象进行评估，往往会使评估的范围受到限制。根据预期目标所进行的评估往往只注意目标规定的预期结果，而教育活动的预期目标只反映方案、计划制定者的意图，忽视非预期的效应（或称之为"副效应""第二效应"）（胡森、张斌贤，2006）。这些非预期效应既有可能是积极的成果，也可能是消极的成果，但它们都会对教育活动产生这样或那样的影响。评估者的评估重点应该是教育方案实际干了什么，即观察教育的实际效果，并对它进行评估，使非预期效应在评估结果中得以反映；使教育目标与评估活动分离，在评估工作中，评估者在不知道决策者预定的教育目的和教育目标的情况下，能够收到更加全面的教育成果。

（三）Nevo 的评价观

学者内伏（Nevo）认为，不管是 CIPP 评价模式、差距评价模式、应答评价模式还是目标游离评价模式等，这些模式在他看来都是"主张"，即不同的人对教育评估的不同观点，而非"模式"。这些观点或模式都离不开主要的十大问题——教育评估的定义、对象、信息类型、指标、功能、委托人和听取人、过程、调查方法、类别及标准，这十大问题是运用评估模式进行教育评估的基础（内伏，2007）。

二 心理健康教育评估体系的构建

为了进一步推动我国大学生心理健康教育工作，2004 年 9 月

16 日，教育部副部长袁贵仁在《提高认识 狠抓落实 大力推进大学生心理健康教育工作》的报告中提出："教育部将组织研制大学生心理健康教育工作的评价与督导指标体系，组织或委托国内心理学方面的专家学者以及大学生心理健康教育实际工作者，从学校重视和支持程度，机构设置，队伍建设、教学、科研和开展辅导或咨询的情况以及工作的实效等方面，对各地、各高校开展大学生心理健康教育工作的情况进行督导检查、评估，扎扎实实把大学生心理健康教育工作的各项任务落到实处。"[①] 2005 年 9 月 28 日，全国普通高等学校学生心理健康教育专家指导委员会宣告成立，以便对高校学生心理健康教育工作进行研究、咨询、评价和指导。由此，各省（区、市）开始在所在高校开展心理健康教育绩效评估工作（傅早霞，2009）。但是到目前为止对高校心理健康教育评估指标体系的理论研究还比较少，也存在一些不完善之处，教育部也没有一套成型的指标体系出台（马艳秀、杨振斌、李焰，2013）。本小节聚焦于高校心理健康教育评估体系的构建，结合典型案例阐述改革开放40 余年来高校心理健康教育评估体系的演变。

（一）心理健康教育评估的目标

依据 2001 年教育部颁布的《关于加强普通高等学校大学生心理健康教育工作的意见》以及 2018 年中共教育部党组印发的《高等学校学生心理健康教育指导纲要》（以下简称《纲要》）等相关规定，高校心理健康教育评估的根本目标在于有效保障高校心理健康教育工作科学、健康、顺利发展，促进工作质量，推动心理健康教育工作改革，构建高校良好心理氛围，切实提高广大师生心理素质和心理健康水平（王秀希等，2012）。高校心理健康教育评估工作的直接目标在于用动态、全面、发展的眼光了解高校心理健康教育

[①] http://www.moe.gov.cn/jyb_ zzjg/moe_ 187/moe_ 410/moe_ 526/tnull_ 7375.html，最后访问日期：2020 年 3 月 20 日。

工作开展的现状、特点、存在的问题等基本情况，以评估学校心理健康教育工作的总体水平。此外，协助高校正确认识心理健康教育工作的得与失、困难与成功、机遇与挑战，推动心理健康教育工作者的专业发展和个人成长，也是评估工作的一大主要目标（石秀英、张大均、郭改英，2008；王秀希等，2012）。

（二）心理健康教育评估的指标

1. 心理健康教育评估指标的构成

依据 2011 年教育部办公厅印发的《普通高等学校学生心理健康教育工作基本建设标准》（以下简称《标准》），高校心理健康教育评估指标可分为以下几方面：组织管理工作评估指标、心理健康教育内容、心理健康教育平台、心理健康教育途径以及心理健康教育队伍。

组织管理工作评估指标主要指心理健康教育体制机制建设，可从以下方面进行考察。①高校心理健康教育工作的总体情况。主要包括：高校心理健康教育工作的总体规划；高校心理健康教育工作领导机构（成立由主管校领导负责的专门工作领导小组）；建立健全工作制度；经费投入和设备的配备情况。②高校心理健康教育队伍情况和网站建设情况。即是否建立一支强有力的网络心理健康教育队伍，队伍的业务建设和组织建设情况，其中包括对心理健康教育人员的培训、考核等；是否建立高水平的网站。③高校网络心理健康教育机制建立情况。高校应有健全的校、院（系）、学生班级三级心理健康教育工作机制，各级各部门应有明确的职责分工和协调机制。学校应有负责大学生心理健康教育和心理咨询的机构，并纳入学校思想政治教育工作体系，具体组织协调开展全校学生心理健康教育工作；院（系）应安排专兼职教师负责落实心理健康教育工作。

大学生对心理健康教育内容的需求是我们评估高校心理健康教育工作的重要指标，要对高校是否根据大学生对心理健康教育的需要建立或完善相应的课程体系和咨询体系的情况进行评价，包括心理健康的标准、心理咨询的功能与类型、正确的心理健康观念和自助求助的意识，以及心理健康教育的具体内容（自我教育与心理素质养成教育；常见心理困惑及异常心理；心理障碍和失范行为及其应对；心理危机的预防与干预；学习心理、情绪管理与挫折教育、人际交往心理、恋爱及性心理等）。教育者在整个心理健康教育过程中起着主导作用，对教育者的评估主要包括对教育者各种素质和教育效果的评估。评估结果可用来判断教育者在心理健康教育中发挥的作用。

开展大学生心理健康教育工作依托的阵地是心理健康教育中心及相关网站，提供的信息资源的丰富性和信息内容的完整性影响着大学生需要的满足程度。因此，心理健康教育平台的评估是网络心理健康教育评估的重要内容。评估指标主要涉及心理健康教育工作经费，心理健康教育和咨询场地建设，必要的办公设备，常用心理测量工具、统计分析软件和心理健康类书籍等心理健康教育产品。

心理健康教育途径评估要特别重视心理咨询效果评估。心理咨询评估一般分为两大类，即过程评估和结果评估。过程评估重在考察规划所涉及的服务和策略的执行情况，需要回答以下问题：服务受益群体的总人数有多少？提供服务要花费多少时间？服务的种类有多少？结果评估侧重于对学校心理咨询规划中咨询员所提供的服务的效果进行评估。

学校通过过程考核和政策保障，定期对心理健康师资队伍的各方面情况加以考核、督导与激励，从而进一步提高其工作积极性。对心理健康教育师资队伍的工作考核也可纳入学校教职员工的考核范畴，可参与学校先进工作者评选。其考核评估可以从几个方面综合考虑：教学和对各群体培训的工作量；接待来访学生咨询的人次及心理咨询效果；心理危机干预案例数及效果；组织开展心理文化活动情况；开展网络心理测试、心理普查和心理排查的工作量；发表论文篇数、主持或参与课题研究情况；参与其他日常行政事务的情况；等等。学校心理健康教育中心与院系可以从以下几个方面对朋辈心理互助员的工作进行考核，促进其工作更好地开展：参加学校心理健康教育中心和学院组织的会议及培训情况；在学校、院系或班级中开展心理健康知识的宣传与普及情况；协助学院心理辅导员教师做好学生心理健康状况的普查和排查工作的情况；探索提高学生心理素质、创新能力等的途径和方法的情况；其工作态度和职业道德遵守情况。

2. 国家级和省级心理健康教育示范基地的评估

2011 年，教育部办公厅颁布的《标准》对高校心理健康教育工作提出了明确的发展目标和建设路线，许多省（区、市）根据该标准分别制定了自己的建设标准，心理健康教育评估评价工作也从此走向了规范和有序（米银俊、黄艳苹，2014）。高校心理健康教育与咨询示范中心不仅是提供心理健康服务的专门机构，而且是发挥示范引领、辐射带动作用的重要样板，对推进示范中心建设与发展意义重大，影响深远（陈阳，2017）。

从 2014 年至今，教育部分三批共培育建设 27 所高校，打造成国家级心理健康教育与咨询示范中心，示范中心建设要满足标准性、创新性、特色性、带动性等要求（陈阳，2017）。首先，国家级心理健康教育与咨询示范中必须达到《标准》的相关规定，做到机构标准化和职能标准化。其次，示范中心需要从创新发展的角度不断完善中心的建设以形成代表性。此外，示范中心还要求在保证所属学校的特色的同时培育新的特点，以促进示范中心的长远发展。最后，示范中心要坚持带动性的核心原则，以点带面，推动地区乃至全国其他高校的共同发展。

心理健康教育与咨询示范中心的评定不仅在于国家层面，各省（区、市）教育厅也在相关文件的指导下积极推进省级示范中心的建设，实现以评促建。以上海市及陕西省高校心理健康教育与咨询示范中心申报条件为例进行分析，发现两地对于申报示范中心的单位在人员配备、硬件设施、课程设置、科研成果、经费投入、学校专长及特色等方面都有明确要求。此外，上海市在相关文件中还规定了示范中心的建设任务。

（三）心理健康教育评估案例分析

本小节选取了北京市和江西省的高校心理健康教育工作评估标准作为分析对象，原因在于北京是我国的首都，是我国的文化中心，同时也是最早一批开展高校心理健康教育评估工作的地区，它的评估工作的发展过程也是中国高校心理健康教育评估的典型缩影（刘婧，2012）。而处于中部地区的江西省，其高校心理健康教育评估工作则是近年来才开始发展的，代表着高校心理健康教育评估工作新的发展方向和全国高校心理健康教育的普遍水平。

1. 北京市

早在 2007 年，北京市教育厅就颁布了《北京高校学生心理素质教育工作建设与评估标准》，这是国内对高校心理健康教育工作进行评估的首个规范性文件。文件共有四项内容：一级指标、二级指标、评估分值和建设标准。其中，一级指标包括 7 项：①领导重视；②教育教学；③咨询服务；④危机预防与干预；⑤条件保障；⑥特色工作；⑦建设及工作成效。二级指标有 13 项，评估分值总计 100 分。评估结论分为 A 级（分值≥90 分），B 级（90 分>分值≥80 分），且要求所有学校都必须达到 B 级标准（见附录 1）。

从 2007 年起，北京市分批对本市的高校心理健康教育工作进行评估，并对被评估为示范单位的高校给予一定的奖励和支持。北京市高校心理健康教育评估工作主要采取"学校自查、主动申报、重点抽查和专家督导"的方式，各高校可根据本校心理素质教育工作进展的情况以学校名义将评估的申请报送到市委教育工委宣教处。对于其他未主动提交评估申请的北京高校，市委教育工作委员会将根据其近年工作情况予以抽查。

2. 江西省

根据教育部办公厅《标准》的要求，江西省于 2011 年 3 月拟定了《江西省高校心理健康教育与咨询工作检查评估标准（试行)》（以下简称《江标》)。《江标》有六项内容：一级指标、二级指标、主要评估点、分值、备注、自评得分。其中，一级指标包括七项：①心理健康教育体制机制建设；②心理健康教育师资队伍建设；③心理健康教育课程与科研；④心理健康教育活动；⑤心理咨询与危机干预工作；⑥保障条件及其运用；⑦特色项目。二级指标有35项。江西省于同年5月18日正式印发了《江标》。

江西省教育厅规定的实施办法，具体如下。①检查评估对象为全省各高校心理健康教育与咨询中心。②检查评估的时间为17个工作日。③检查评估工作由6个小组构成，分别对各类型高校进行检查评估。每个小组5名成员，由高校心理健康教育专家、教育厅相关处室负责人和学校领导为小组组长。④检查评估方式主要有两种：一种由学校提供自评报告，并报送江西省高校心理健康教育专业委员会；另一种由江西省教育厅组织相关专家进行实地检查与评估。其具体步骤如下：①听取高校心理健康教育与咨询中心自述的建设情况；②查看相关的文件和资料；③对被评估高校进行实地考察，检验日常工作情况；④对照《江标》进行打分。

3. 比较分析

根据两省市公布的心理健康教育评估标准内容可以发现，北京市与江西省都注重高校心理健康教育的组织管理建设与硬件设施建设，在江西省评估标准中，这两点的评分占比高达30%。在教育工作团队建设评估方面，两省市都提出了详细的量化要求，北京市的评估标准要求咨询师每年须达到不少于30学时的专业培训及督导，至少参加一次专业学术会议；江西省则要求40学时及以上的培训和2次以上的省级学术会议与会经历，每学期不低于3次案例讨论。与北京市的标准相比，江西省的标准还关注高校心理健康教育工作中心理咨询的服务质量与科研活动，对高校心理健康教育的网络平台建设、咨询记录均有所要求。由于两地的社会经济文化的发展差异、工作侧重点不同，北京市与江西省的评估指标与分数权重也有些区别（林立涛，2015）。

从评估类型来看，北京市的评估标准的目标在于规范北京市各高校心理健康教育的各项工作，因此该评估标准是形成性评价与定量评价相结合（刘婧，2012）。江西省的评估标准是为了对高校心理健康教育工作进行检查与促进，因此采用的是总结性评估与静态评估相结合的方式，并且在吸收其他省份经验的基础上形成了更加具体细化的评估指标。

三　我国心理健康教育评估的发展历程

新中国成立之初，政治因素的影响使得中国大陆地区的高校心理健康教育工作被迫停滞了将近 30 年。改革开放之后又逐渐得以恢复，也正是因为如此才让中国大陆以及中国台湾、香港和澳门等地区的学校心理健康教育呈现出不同的态势（王恩界、罗雪，2017）。本小节重点关注改革开放 40 余年来我国高校心理健康教育评估的发展历程、成就、存在问题与未来走向；适时梳理我国高校心理健康教育评估工作的发展轨迹，理性反思发展的基本经验，对于促进和完善我国高校心理健康教育工作的实践探索与理论提升，有着十分重要的现实意义（卢爱新，2013）。

目前，单就高校心理健康教育评估的研究较少，但心理健康教育的评估作为教育评估的一部分，我们可以从教育评估的发展历程中了解心理健康教育评估的发展。

我国的教育评估工作在改革开放 40 余年来经历了觉醒、活跃、规范与创新四个阶段的发展，主要在以下几方面取得了极大进展。①确立了教育评估在教育活动中不可或缺的地位和作用，对端正学校的办学思想、优化课堂的教学过程、检验教学的实际效果、提高教育管理水平都发挥了重要的作用。②引进国外教育评估方面的文献著作并进行翻译，实地考察教育评估实践活动，更加深入全面地汲取国外的有益成果。③形成了包含教育评估的概念、类型、功能、作用、标准、模式程序及原则的教育评估理论及方法体系。

④与中国特色社会主义实践相结合，形成了具有中国特色的教育评估模式，开展了各种类型的教育评估实践活动。⑤搭建了我国教育评估制度的基本框架，成为教育政策制定和学校管理不可或缺的有效手段。⑥成立了教育评估研究和实施的专门组织，出版了学术刊物，拥有了一批由专兼职人员组成的评估队伍（刘婧，2012；吴钢，2000）。

综上，当前高校心理健康教育评估存在的问题主要有四个方面：①存在评价主客体偏差，影响评估的效果；②评估的内容缺乏深度和广度；③评估的方法比较单一；④评估过程不够专业，缺乏信度和效度（柴兴泉等，2011；方鸿志、潘思雨，2019；柯佳敏，2003；刘婧，2012；米银俊、黄艳苹，2014；屈正良、夏金星，2008；伍宇翔，2013）。

经历40余年的发展，我国高校心理健康教育评估工作不断推动着高校心理健康教育的发展。目前，进一步完善和修订评估方式，制定更加智慧、更加行之有效的评估体系，是我国高校心理健康教育发展的新契机。根据本节的梳理，我们可以发现我国高校心理健康教育评估标准建设的几个新方向：①更加注重高校心理健康教育工作的专业化程度，确保各个高校专业人才的配备；②搭建校企合作平台，整合校内外资源，促进心理健康教育工作的建设；③接轨国际新标准，合理本土化；④对接社会公共危机事件，凸显高校责任；⑤利用"互联网+"技术，构建实时动态新标准。

第二节 高校心理健康教育的激励

我国高校心理健康教育工作体系经过多年的努力建设，已经较为规范与完善，心理健康教育也颇有成效。但随着时代和社会的变革发展，尤其是在校大学生的主体变成了"90"后和"00"后，现有的心理健康教育模式已不能完全适应和满足学生对心理健康教育服务的需求（陈浩彬，2007）。在高校中如何建立心理健康教育的长效机制，保证其可持续发展，只对高校心理健康教育工作进行动态性评估远远不够，根据评估进行反馈激励是高校心理健康教育工作发展的目的和动力。本节主要介绍高校心理健康教育激励工作的理论基础，改革开放 40 余年来我国高校心理健康教育激励工作的发展演变，以及对心理健康教育激励工作现状的反思与未来展望。

一 不同时期高校教师激励政策

在 2018 年全国教育大会上，习近平总书记做出了优先发展教育、加快教育现代化、建设教育强国的重大部署,[①] 这对我国高等教育的办学提出了更高的要求。而对于高校心理健康教育工作来说，心理教师是教学的主体，教师工作的积极性会直接影响到高校心理健康教育的教学质量和办学水平，但具体针对心理健康教育从业者的激励政策很少，因此本节梳理了改革开放 40 余年以来有关我国高校教师的激励政策与制度，主要包括高校教师职称制度和高校教师绩效薪酬制度（虞华君等，2019）。

（一）高校教师职称制度

高校教师职称制度的本质是政府或者政府授权高校通过分配有限的高校教师职称资源来评聘、激励或者约束教师，以提升高校的办学水平和办学效益，促进高等教育的发展（张笑予，2019）。学者赵庆典与叶芬梅分别在 2000 年与 2009 年对 1949 年以来我国高校教师职称制度进行了回顾与总结，提出了"五阶段论"与"四阶段论"。2019 年，张笑予借鉴已有研究成果，参照标志性政策文件，又将新中国成立 70 年来高校教师职称制度的发展演变划分为制度初建阶段、制度中断和恢复阶段、制度改革初探阶段、制度改

---

① 参见《习近平出席全国教育大会并发表重要讲话》，http：//www.gov.cn/xinwen/
2018-09/10/content_ 5320835. htm。

革深化阶段四阶段。

改革开放初期，我国高校教师职称制度呈现较强的政治导向，而激励作用微弱。1978 年，教育部向国务院提交了《关于高等学校恢复和提升教师职务问题的请示报告》，请求恢复和执行国务院1960 年颁发的《国务院关于高等学校教师职务名称及其确定与提升办法的暂行规定》。1982 年，教育部发布《关于当前执行〈国务院关于高等学校教师职务名称及其确定与提升办法的暂行规定〉的实施意见》和《关于试行高等学校教师工作量制度的通知》。这些文件一方面对各级教师的评审标准、评审程序、评审权限归属等做出了明确规定，另一方面也意在稳定专业技术人员，解决其社会政治地位。

1986 年，国务院颁布《高等学校教师职务试行条例》《高等学校教师职务评审组织章程》《关于实行专业技术职务聘任制度的规定》三份纲领性文件，高校教师职务聘任制度正式推行。1993 年，《中国教育改革和发展纲要》印发，此后《中华人民共和国教师法》《中华人民共和国教育法》《中华人民共和国高等教育法》等法规依次颁布，我国高校教师职称制度在 21 世纪前实现了法制化。

进入 21 世纪以后，我国高校教师职称制度改革更多地受到了国家宏观政策的指引。2000 年 7 月，中组部、人事部、教育部联合颁布了《关于加快推进事业单位人事制度改革的意见》和《关于深化高等学校人事制度改革的实施意见》等文件，其中提出高校教师职务聘任制度应由"身份管理"向"岗位管理"转变。2017 年，中共中央、国务院颁布了《关于深化职称制度改革的意见》，人社部、教育部联合发布《高校教师职称评审监管暂行办法》，其中提出将高校教师职称评审权直接下放至高校，高校教师职称评审工作由教育行政部门、人力资源社会保障部门实施监管。2018 年，中共中央、国务院印发《关于深化项目评审、人才评价、机构评估改革的意见》，其中指明科学设立人才评价指标，突出品德、能力、业绩导向；克服唯职称、唯学历、唯论文、唯奖项的不良倾向（张笑予，2019）。

（二）高校教师绩效薪酬制度

我国高校教师的薪酬制度发展情况是随着我国机关事业单位薪酬制度的改革而变革的，但我国高校教师绩效薪酬制度起步于 2006年。2006 年之前，我国高校教师的收入分配并未统一规范，各个高校之间并不平衡。人事部、财政部于 2006 年共同颁发《事业单位工作人员收入分配制度改革方案》，该方案包括高校绩效薪酬方面的许多内容，此次改革方案成为我国高校绩效工资设计实施的一个重要里程碑，进一步提升了高校的"办学活力"，通过自主设计绩效工资倒逼对教师进行岗位管理、绩效考核、目标管理，在一定程度上激发了教师的工作积极性和主动性。在不断的实践探索中，针对高校教师因薪酬待遇而频繁跳槽的问题，2017 年发布的《教育部等五部门关于深化高等教育领域简政放权放管结合优化服务改革的若干意见》指出允许高校采取灵活多样的薪酬分配制度，同时明确了核定绩效工资总量时向高层次人才单位集中倾斜等政策，给高层次人才高度集中的高校未来的薪酬增长留下了较大的空间。2018 年《中共中央 国务院关于全面深化新时代教师队伍建设改革的意见》提出推动事权、人权、财权相统一的教师管理体制普遍建立。在高校教师薪酬待遇中，绩效薪酬作为可变薪酬在激励、绩效、保留、促教等方面表现出更为积极的作用（胡晓东，2020）。

二　当前高校心理健康教育激励工作面临的问题

（一）心理教师职业倦怠时有发生

职业倦怠是 20 世纪 70 年代美国学者费登伯格研究职业压力时提出来的概念。后来众多研究者从不同的角度阐述了职业倦怠，其中最有影响力的是以马斯拉奇为代表的社会心理学观点，即职业倦怠是在以人为服务对象的行业中，个体处于长期的压力下出现的以情绪耗竭、去个性化和成就感降低为主的一系列综合征。根据马斯拉奇的观点，职业倦怠有三个主要特征：情绪耗竭，即感到热情被耗尽；去个性化，即冷酷、麻木、非人性化地对待来访对象；成就感降低，即长期处于倦怠状况下，个体的身心健康会受损。职业倦怠多发生在助人职业（如护士、教师、公务员等）中。因而，倦怠者不良的个人心理状态和工作态度势必会产生许多不利影响。教师是职业倦怠的高发人群，而教师中的心理咨询师由于更全面深入地应对学生工作，处理频发的校园心理危机事件，投入大量情感、进行复杂智力活动和承受巨大压力，承担反复与人接触、频繁的人际互动、长期的卷入和给予者的角色，这种不平衡的人际互动过程极易导致情感耗竭（周明娜，2016）。大量研究表明，心理咨询与治疗使职业人员陷入倦怠状态时，他们不但会出现焦虑、抑郁等负性情绪和慢性疲劳的躯体症状，还表现为工作热情减低和工作品质下降。而高校心理咨询师在承担专业技术身份的同时，还承担着高校教师、高校思想政治工作者的身份，需要接受学校各方面的管理（吴颖新，2017）。因此，如果管理模式过于刻板、没有尊重心理咨询职业特点，或者以行政手段干涉专业工作，那么来自专业工作和组织管理上的双重压力，更容易引发高校心理咨询师工作不被理解、没有自主性、没有价值感等负性认知和情绪，以至于影响工作品质；同时，还会降低工作满意度，造成咨询队伍的不稳定（戴吉、贺子菡，2019）。

（二）双重角色时有冲突

在我国，许多高校把心理健康教育当成思想政治教育的工具，但两者是有明显内在区别的。思想政治教育主要解决学生思想道德修养方面的问题，心理健康教育解决的是个体的心理卫生、心理调节等方面的问题；思想政治教育的理论来自马列主义，方法以教育、引导、改变为主，而心理健康教育的理论建立在心理学理论的基础上，严谨且科学，方法强调自主、自觉、尊重。在实际工作中为了保证学生的安全和校园的稳定，心理教师往往会角色意识模糊，难免会用德育的目标要求学生，对学生出现的心理问题从思想、品德的角度进行分析，忽视了心理健康教育的原则和方法，带着浓厚的思想政治教育色彩。此外，有的心理健康教师还身兼数职，包括升学就业指导、行政事务管理、班主任工作等，每天疲于工作但成果并不显著，严重缺乏职业安全感（周婷，2015）。

（三）职业伦理的困境

伦理规范是行业得以立足的保证，专业伦理的约束是做好心理咨询的基础和前提。西方国家在 20 世纪 50 年代就对伦理规范有了明确的规定。2007 年，中国心理学会编制了《中国心理学会临床与咨询心理学工作伦理守则》，后又进行了修订，为心理咨询师行业提供了伦理的标准。对于高校心理健康教师来说，在伦理方面会出现很多冲突。首先，心理咨询要遵循保密的原则，但是在很多情况下，咨询师很难做到完全保密。其次是多重关系问题。伦理规范规定咨询师和来访者不得产生和建立咨询以外的任何关系。而高校心理健康教师不仅是心理咨询师，也是教师（周婷，2015）。

三 心理健康教育激励机制的现状反思和未来展望

随着大学教育逐步由精英化转向大众化的发展，高校趋同发展的趋势与现实社会对职业、专业、能力多样化的需求严重不协调。高校的转型与发展成为高等教育改革的必由之路。目前，许多地方高校正处于转型升级时期，在这一过程中，学校势必对学生和教师提出新的要求，高校心理健康教育也面临新的挑战。为进一步发展大学生的综合素质，提升心理素质，培育出更多能适应经济社会发展需要的高水平人才，加强高校心理育人工作建设任重道远（吴颖新，2017）。

第一，高校必须逐步建立独立有效的心理健康教育部门。心理健康教育中心作为一个学科性很强的机构，目前已经有部分高校将其独立出来，但因受编制、建制等多种因素的影响，多数高校的心理健康教育机构还挂靠在学生工作部门下面。虽然这样有其优势，因为学生的心理教育工作需要启动与其他部门的联动机制，这种挂靠可以在最短的时间内达成管理的协同与配合。但这在一定程度上造成了心理健康教育工作的行政化，影响了高校心理健康教育工作开展。因此，地方高校要进一步明确心理健康教育机构的职责所在，使其成为集教学、科研和服务于一体的独立机构，同时形成与其他部门的有效联动。

第二，建立多角度、多层次的考核激励机制，这是促使心理健康教育工作者工作能力和工作素质提高的导向标（周婷，2015）。心理健康教育工作是一项很难进行定量定性考核的工作，目前几乎所有的高校都未对其教师设立专门的绩效考核评价体系，但常常因为学生心理健康问题引发一些突发事件，而使心理健康教育工作者的工作得不到大家的认可和肯定，在工作量的计算上也没有统一的标准。这就需要高校逐步改变心理健康教育工作重视结果的惯性思维模式，要建立以过程为主的考核评价体系。高校对心理健康教育工作者的考核既要贴近其实际能力，也要给予一定的挑战，使其不断提高和丰富自我。咨询和辅导对象的测评可以作为考核的重要依据之一。此外，可以通过自评、集体评价、问卷座谈等多种形式，科学有效地对心理健康教育教师进行综合评价和考量。学校也要在职称评定、工资待遇、精神激励等方面提供一定的政策保障，通过各种措施调动此类教师的工作积极性。

第三，加强个人业务知识的进修和实践技能的锻炼十分必要。心理健康教师一般都受过专门的心理专业训练，但是如何将知识更有效地运用到实际工作当中去，还需要进一步的领悟和摸索。因此，需要多参加一些高水平的培训和进修，及时更新知识和技能。

同时，高校心理健康教师往往集多种角色于一身，所以还需要掌握有关教学的原则和方法，把握学生的心理特点和思想状况；心理健康教师还要积极进行教学研究和科研活动，不断提高自己的科研能力和思维水平，加速自我的成长和发展。

第四，需要完善督导机制，增进同行之间的交流切磋。心理督导是心理健康服务从业者在有经验、有资质的督导师指导帮助下，实践咨询技巧，监控咨询服务质量，改进咨询工作，提高自身专业水平的过程。心理督导应该贯穿心理咨询师专业发展的全过程。针对目前我国督导制度还不完善、专业督导师严重缺乏的情况，咨询师督导可以适当采用朋辈督导的方式。朋辈督导可以让咨询师更好地审视自己的咨询方法和教育观念，吸纳别人的经验和成果，发现自己的不足，并能满足咨询师情感和归属的需求，提高咨询师的心理健康水平。另外，专家督导必不可少，学校可以聘请一些咨询水平较高的专家定期给咨询师做督导，也可以为咨询师多提供短期培训的机会，让咨询师多争取到被督导的机会，从而有效提高咨询水平并获得心理成长。

第五，发展心理教师职业目标，做好职业生涯规划。高校心理健康教师主要服务的是大学生群体，而大学生在校读书期间出现的有些心理问题，不是心理咨询就能直接处理和解决的，需要家庭、社会的协同，所以会出现解决问题的局限性。这一方面会让心理健康教师产生疲劳和懈怠，另一方面也不利于心理健康教师专业的全面发展，容易形成专业瓶颈。所以在工作中，心理教师要做好职业方面的规划，可以多利用社会资源、拓展交流平台，多参加一些公益社会活动，如为社区或灾区人民提供心理援助等，不仅可以用自己的专业知识为社会公益做贡献，还能不断提高自己的专业水平，丰富自己的实践经验，促进自我的不断成长，从而提高职业效能感。

本章小结

本章呈现了高校心理健康教育者的工作现状，彰显了他们的奉献精神和工作风采，也提出了他们面临的工作挑战和实际问题，以期为更好地激励心理健康教育工作者献计献策。

关键词

教育评估　教师激励　职业规划

拓展阅读

绩效主义背后的理解偏差

曾经有人做过这样的调查：按时计酬的职工每天一般只需发挥20%～30%的能力用于工作就足以保住饭碗。但是如果能充分调动其积极性，那么他们的潜力会发挥80%～90%，这之间的差额用于提高劳动生产率，其效果是可观的，这也说明了激励机制的重要作用。但是，若仅仅将高校教师工作理解为计件工，将大学理解为"养鸡场"的话，则是严重的理解偏差，因为从企业管理中借鉴过来的绩效主义评价制度很容易令高校教师陷于"激励陷阱"。

首先，科研并不是高校教师工作的全部。

对于高校教师而言，其工作职责并非只有科研。教学、科研、服务社会是现代大学的基本职能，而高校教师无疑是这三项职能的主要承担者。大学若仅仅专注于科研职能而放弃了对其他职能和责任的追求，便与其他科研院所毫无区别。事实上，大学不仅是人类社会的科学脊梁，还是人才培育的主要基地、人类社会的道德良心和推动人类社会文明进步的重要力量。但现在很多大学在这些方面的表现却并不尽如人意。尤其是普遍实行绩效主义评价制度后，高校教师们都把绝大部分的精力投入科研项目和各种科研奖励的争夺中，自然无暇顾及其他职能的责任。曾有论者将之归咎于时下高校教师职业道德的下滑，这不无道理，但以科研评价为主甚至是唯一的绩效主义评价制度显然要负更大的责任。因为每个人都更关心自己在这种游戏规则下的利益问题，而不是自己所应当承担的职责。

其次，高校教师的科研工作更重创造性。

即便仅就科研工作而言，高校教师的科研产出也不是计件产品。创造性才是世界科研评价公认的最高准则，而创造性恰恰是很难靠奖励和刺激所能达到的。从事科研的高校教师大致可以分为两类：一类人对科研工作的内在吸引力并不太"感冒"，但对这个工作的外在吸引力（比如专家的头衔和企业合作的利益）更感兴趣，这类人往往需要依靠外在的激励；另一类人则是马克斯·韦伯所说的将从事科研创造视为"天职"的人，他们有着浓厚的科研发现兴趣，会自己提出问题，并且会主动寻找答案，这类人无须额外的奖励刺激便会努力工作。因此，若使用同一套绩效主义激励机制来对待这两类人，就会出现问题：第一类人不会因为奖励而激发创造性，第二类人的创造性也不会因为奖励而增加；同时，第一类人会越来越多，第二类人会越来越少。而且，当更多的科研工作者习惯为金钱和奖励而工作，而不是遵循内心的兴趣和热爱时，科研创造就失去了其根基。最后，会出现如布迪厄所说的——科研界将会出现大量熟知如何与奖励系统打交道并且恰到好处地使用一切已有的特权或文化资本的人，真正的科研创造将越来越远。

法国社会学家埃尔菲·艾恩在《奖励的惩罚》一书中证明了奖励制度对人们创造力的扼杀：当人们受奖励的引导去做某件事并寻思做某件事能得到什么时，他们便不太想去冒险或探索各种可能性，因而创造力会下降。因此，绩效主义评价制度虽然在短期内能够刺激高校教师的科研产出数量，但也妨碍了真正的科研创新行动的产生，并不利于其长远发展，也无助于整个国家的创新。

资料来源：陈先哲（2015）。

附录 1

北京高校学生心理素质教育工作建设与评估标准

一级指标	二级指标	评估分值	建设标准
1. 领导重视	1.1 加强领导	5	学校对心理素质教育工作高度重视，纳入学校人才培养体系；由主管校领导负责，成立专门工作部门，工作机构健全；学校开会进行专题研究，工作有部署、有检查。
2. 教育教学	2.1 课程教学	10	列入学校整体教学计划，开设心理素质教育相关课程；选修课程的覆盖率逐年提高；课程和教材相对稳定。
	2.2 教育活动	10	根据学生需要举办丰富多彩的校园文化活动，营造开展心理素质教育的良好氛围，扩大教育的覆盖面。
3. 咨询服务	3.1 个别咨询	10	面向全校学生开展个别心理咨询服务，能够满足学生需求；心理咨询工作制度化、规范化、专业化。
	3.2 团体辅导	5	着眼不同学生群体的发展性需要，确定辅导主题，定期开展团体辅导活动，促进学生成长与发展。
4. 危机预防与干预	4.1 工作体系	10	建立健全学生心理危机预防与干预工作方案，定期演练，确保有效运行；建立健全班级、院系、学校三级预防体系和发现、监控、干预、转介、善后五大工作系统。
	4.2 普查排查	10	每年对入学新生进行心理普查；建立在校学生心理档案；每年对全体学生至少进行一次心理危机排查。
	4.3 全员培训	5	每年对全体相关人员至少开展一次应对学生心理危机的知识与技能培训。

续表

一级指标	二级指标	评估分值	建设标准
5. 条件保障	5.1 教师队伍资格与建设	10	按师生比 1:3000 配备专职人员,并配备一定数量的兼职人员;专职人员须具有心理学等相关专业学历。专职人员纳入相关专业或思想政治教育专业教师技术职务评聘序列,工作量参照专业教师的教学工作计算;咨询员每年接受不低于 30 学时的专业培训及督导;专职咨询员积极开展科学研究,每年至少参加 1 次专业学术会议。
	5.2 经费投入	5	按每年生均经费不少于 10 元的标准设立日常工作经费,并根据需要配置相应专项经费。
	5.3 场地设施	5	设立专门的工作场所;按专业要求进行建设,必要设备齐全。场所方便、安全,环境温馨,有利于学生寻求服务。
6. 特色工作	6.1 特色工作	5	根据本校学生需要开展有特色的工作,对学生心理发展起到积极促进作用。
7. 建设及工作成效	7.1 实际效果	10	心理素质教育教学及咨询活动能够正常开展,学生评价高;危机预防及干预机制运行畅通,危机时期能有效发挥作用;学校心理素质教育工作可持续开展,能够为大学生成长成才提供积极的帮助。

第八章　高校心理健康教育研究的发展趋势

第一节　高校心理健康教育研究概述

一　高校心理健康教育的学科特性

（一）心理健康教育的特殊性

根据中共教育部党组 2018 年出台的《高等学校学生心理健康教育指导纲要》（以下简称《纲要》），高校心理健康教育被定义为：提高大学生心理素质、促进其身心健康和谐发展的教育，是高校人才培养体系的重要组成部分，也是高校思想政治工作的重要内容。这意味着心理健康教育被纳入思想政治工作体系，是大学生素质教育的一部分。同时，《纲要》指出"教育教学、实践活动、咨询服务、预防干预"四项心理健康教育的基本工作，即高校心理健康教育应包括心理健康知识教育、宣传普及心理健康的各项文体娱乐活动、心理咨询服务、心理危机的预防与干预。因此，有别于一般意义上的临床心理工作或心理教育工作，高校心理健康教育既包含传统意义上的心理咨询与心理知识授课，又包含应急管理、舆论传媒、娱乐活动等方式的综合性工作。这既出于临床心理学或心理咨询学对学生心理问题解决的需要，也符合思想政治教育加强学生对心理健康认识、塑造正确心理健康观的要求。

因此，心理健康教育具备双重身份的特殊性。一方面，它是临床心理工作在高校环境下的特殊体现，另一方面又是思想政治教育在心理健康方面的应用。对待高校心理健康教育，既不能以纯粹的心理学家思维方式思考，也不能以传统的思政工作者的方式来看待。目前，我国高校普遍实行心理健康教育工作的双重人员制度，即学生工作系统下成立校级心理健康教育中心，聘请专业心理专职教师，总体管理全校心理健康工作并开展心理咨询服务；同时各学院（系）成立心理健康教育相关辅导站或办公室，将心理健康教育作为学院辅导员从事的若干学生专项工作之一。这使心理健康教育难以从学科上为其确立基本的定义与概念。总之，心理健康教育由于其双重特性，不能单纯被纳入心理学或思想政治教育任何一方的学科结构，而是应将其作为交叉学科看待。

（二）心理健康教育、心理咨询与心理治疗

要想明确描述心理咨询学与临床心理学、心理咨询与心理治疗之间的关系很难。在北美，临床心理学家与咨询心理学家之间的客观区别在于是否拥有博士学位以及受训时长（林登、休伊特，2013），但却不能对二者的行为进行实质性的判断。心理咨询和心理治疗的行为能否明确区分的观点饱受争议，尤其是精神疾病的治疗广受药物治疗影响的当代，"纯粹的"心理治疗适用范围似乎已经被无限制压缩，以至于心理咨询师与心理治疗师显著的区别可能会被视作仅在于工作场所的名称而已（麦克劳德，2015），即在医院的工作人员倾向于使用心理治疗的术语，而在教育机构或其他场所的工作人员倾向于使用心理咨询的术语。目前，我国对两者未能做出明确的区分，也未明确定义心理咨询师与心理治疗师的职业设置。因此，如果仅从工作场所的职能而言，心理治疗比心理咨询更有可能面临严重的精神疾病患者或频繁的症状诊断，这虽然并非试图证明心理治疗所需要的技术和理论基础应高于心理咨询，但却表

示医院的心理工作者面对的工作难度和压力要高于其他机构。

高校心理健康教育的四项工作中既包括心理咨询，也包括预防干预，即对学生潜在的精神疾病和心理问题的筛查、判断和防治。这意味着高校的心理健康工作也面临着"心理治疗"水平的诊断评估需求。实现每年数万名学生的心理健康水平的正确筛查，对心理健康教育教师的诊断评估能力有着较高的要求。因此，即使高校心理健康教师更倾向于使用"心理咨询"的术语，但开展的工作难度却不亚于"心理治疗"。

就心理咨询本身而言，即使基于高校心理健康教育工作的特殊性，对高校学生的心理咨询与一般意义上的心理咨询也有很大区别。心理健康教育属于思想政治工作的一环，因此具备一定程度的价值观导向和教育意义，这使高校心理咨询的目标不能完全适用于部分理论和流派。比如，在一般的心理咨询中，咨询目标通常被设定为帮助来访者自主做出行为选择并愿意为之负责，但对于部分选择（退学、脱离班集体独处、不上课等与校规校纪相冲突的选择），即使学生愿意为此承担责任，咨询师也不得抱有无条件支持的抱持态度。因此，高校心理咨询受工作目标的限制，具有行为导向性，从而行使一定程度的教育功能。

（三）高校心理健康教育设置的发展状况

潘曦和陈少平（2015）将我国高校心理健康教育系统化创立的过程分为四个阶段。

第一阶段是 20 世纪 80 年代初至 1984 年的萌芽阶段。随着高考恢复，高校教育工作重新走向正轨，此时高校学生精神层面的发展及健康问题已经引起多方关注，但是"心理健康"的定义和概念尚未明确。

第二阶段是 1984~1990 年的起步探索阶段。一些高校陆续建立专门机构开展心理健康教育，但从业人员大多为心理学教师或对心理学感兴趣的教师，且都是义务、兼职地进行，专业水平有限，普遍缺乏理论指导及政策支持。

第三阶段是 1990~1994 年的初步发展阶段。伴随着"高校心理咨询研究会"的成立，各种全国性专业组织和定期学术交流会议制度逐渐确立，同时心理健康教育工作也开始受到各级政府的认可和重视，首次在政策上明确了心理健康及心理教育在教育工作中的基本地位和重要作用。

第四阶段是 1994~2001 年的快速发展阶段。此时国家对心理健康教育大力扶持，大量国家相关政策、指导性纲领文件出台，教育界、学术界关于高校大学生心理健康教育的理论水平逐步提高，使高校大学生心理健康教育具体工作得到了落实，开始切实实施和开展。此时全国高校的心理健康教育设置才逐渐趋于完善，各高校的专业心理健康教育机构基本建立完成，大量专业人员进入此项领域，使得高校心理健康教育团队开始向专业化、职业化、规范化方面发展。

在 2001 年之后，由于得到了政策方面的支持，高校心理健康教育的发展逐渐自成体系，各指导性政策文件逐渐相互整合，促使心理辅导与教育工作整合为一个完整的工作系统。这又可以 2011 年为界限分为两个阶段（俞国良、琚运婷，2018）。随着《教育部关于加强普通高等学校大学生心理健康教育工作的意见》《普通高等学校大学生心理健康教育工作实施纲要（试行）》《教育部办公厅关于进一步加强高校学生管理工作和心理健康教育工作的通知》《教育部 卫生部 共青团中央关于进一步加强和改进大学生心理健康教育的意见》等一系列文件的出台，高校心理健康教育得到多方发力，逐步建立了政策指导体系。此时高校心理健康教育的工作机制正逐步完善，但仍缺乏相关的概念界定和理论支撑。在最近十年里，《中共中央关于深化文化体制改革、推动社会主义文化大发展大繁荣若干重大问题的决定》的出台，确定了心理健康教育与社会主义核心价值体系之间的关系，为心理健康教育在高校工作中确定了理论立足点。随后，高校心理健康教育不再仅限于政策文件的指导，逐步走向法制化的进程，在《中华人民共和国精神卫生法》出台后，高校心理健康教育得到了明确的法律规范确定，在制度上正式成为高校教育工作中必不可少的一环。2018年出台的《高等学校学生心理健康教育指导纲要》则彻底为高校心理健康教育从体制机制、队伍建设、条件保障等方面进行规划与指导，并为高校心理健康教育进行理论定义。

（四）学术研究在心理健康教育实践中的必要性

纵观我国高校心理健康教育的发展历程可以发现，心理健康教育最初由个别高校自行发起，经过国家重视后以政策指导为主要方式将其作为对各高校的硬性要求。因此，多数高校本身不具备心理学或心理健康教育的学科设置，更缺乏合格的心理健康教育教师，在开展心理健康教育工作时只能依托政策为导向出资建设心理咨询室，但无法开展正常的心理健康教育工作，出现"有设备，无咨询"的现象。原因是心理健康教育工作与高校的其他服务性工作不同，不仅对专职教师的心理学素养有较高要求，同时也需要专职教师拥有一定程度的科研能力。

首先，心理咨询是高校心理健康教育的主要工作之一，这要求心理健康教育教师有合格的个案研究能力。在心理咨询的工作中，个案研究能力是每个咨询师都必须具备的基本功。由于来访者心理问题之间差异巨大，通过个案研究的方式将案例概念化并使之拥有良好的结构效度，才能充分将心理学相关理论用于解释案例现象。

其次，心理健康知识的课堂授课也是心理健康教育重要的一环。目前，我国尚没有公认的、系统的心理健康教学大纲，再加上各高校学科分布和生源地分布有较大差别，使心理健康课堂教学的效果极为依赖教师的备课能力和授课水平。而其中最重要的一环就是针对学生的认知特点与心理发展水平制定合适的教学方案。而这对于学生知识结构水平、人格发展水平以及心理健康水平等因素的评估能力有较高的要求，教师只有充分发挥自身的调研与分析能力，才能胜任心理健康教育的课堂教学。

另外，由于心理健康教育缺乏系统的理论架构，又兼具思想政治教育的功能，实践活动与预防干预两项工作难以从心理学自身理论出发构建完全符合心理健康教育目标的工作方式或工作制度。大多数情况下，这要求专职教师就本校学生群体的特点设计既具备可行性又符合心理学原理的活动方案或测评制度，有时还需要就学生群体的特征编制合适的量表问卷。这也对专职教师的科研能力有一定的要求。

从当前我国高校心理健康教育的特点来看，学术研究对顺利开展心理健康教育工作十分必要。一方面，考虑到心理健康教育工作的复杂性和困难，只有具备较高科研能力的教师才能相对胜任工作岗位；另一方面，由于缺乏系统性的理论架构与充分的实践经验，可直接使用的相关理论和技术十分有限，因而需要从业者不断开发、探索、总结经验，以学术研究成果弥补基础理论缺失的不足，以学术研讨交流辅助有限的系统培训教学，从而提升从业者的工作能力，有效开展心理健康教育。

二　高校心理健康教育的学术研究特性

虽然学术研究对心理健康教育的工作实践有无可比拟的价值，但这并不意味着在该领域开展科研工作较为容易。从心理健康教育的特殊性中我们不难发现，心理健康教育不仅缺乏一个学科应有的体系，同时也很难直接纳入现有的其他学科当中。因此，在心理健康教育领域进行学术研究所需的概念、理论体系、研究方法、研究范式、研究对象、研究假设等无法直接使用某个学科的体系进行设置或评估。虽然心理健康教育无论从哪个角度出发都更贴近于心理学，在科研中需要心理学的研究方法与理论假设作为支撑，但以心理健康教育作为方向的学术研究仍存在一些其他领域所不具备却会对研究产生干扰的特性。

（一） 半结构性

《纲要》明确规定了心理健康教育的四项工作：教育教学、实践活动、咨询服务、预防干预。其中，咨询服务脱胎于心理咨询与心理治疗，有较好的心理学理论基础支撑；预防干预建立在心理测量学基础之上，也有充分的心理学研究文献作为支撑。但另外两项工作则很难直接有充分理论作为支撑。

由于心理健康教育所涉及的人际交往、个人成长、社会适应、家庭关系等属于结构不良的、相对抽象的知识，具备陈述性知识与程序性知识双方面的要素。而此类课程的教学目的不仅是学生对相关知识的掌握，更在于学生如何通过课堂学习懂得调节自身的行为模式，提升心理健康综合素质。这通常无法直接以讲授性的课堂教学完成。目前，我国高校心理健康教育的课堂教学仍在探索合适的模式，除了讲授性教学之外，也尝试加入众多课外实践、课堂演练、小组讨论、团体心理辅导等实践性活动，采取体验式、浸润式的方法使结构不良的知识被学生吸收和使用。但是，目前尚没有成熟的教学模式可以推广。因此，半结构化的知识体系使心理健康教育难以按照系统化、结构化的方式开展教学。

为了推广心理健康教育，普及心理知识宣传，各高校每年都会举办形形色色的校级或院级心理活动，形式包括且不限于知识竞赛、演讲、朗诵、绘画展、词曲创作、情景剧、微视频等常见类型的学生活动。在学生普遍不了解心理健康知识，或对心理问题不重视、有抵触的前提下，以学生能接受的活动加入学生不善接受的题材就成为开展心理活动的主要方式。因此，心理健康教育的实践活动往往因学校、学院、学科的不同而在实际操作中存在较大差异。半结构化的活动开展方式也会使心理健康教育实践活动方案的制定与效果评估难以被系统地描述与测评。

（二）交叉性

心理健康教育作为心理学与思想政治教育结合的产物，在实践特性上具备两种学科的综合特性，同时也意味着分别继承了两种学科的交集部分。心理咨询的目标要求在咨询工作中围绕提升个人适应力、发展健全人格展开，而思想政治工作则要求建立符合社会主义核心价值观的思想道德体系。虽然两者都围绕个人精神文明建设、塑造良好的人格，并且越来越多的高校开展思想政治工作也会依托心理咨询的理论与方法，但两者的实践目标却有着根本的差异。

第一，开展思想政治教育的要求更高。思想政治教育重在树立学生的人生观、世界观与价值观，这要求学生已具备相对完善的人格、不会因心理创伤引发过分的情绪冲突，能相对客观地自我检视与评价，且在行为判断上具有匹配实际年龄的认知能力。只有满足以上条件，学生才有可能接受思想政治教育，思考评判价值观的对错，并对照自己的行为批判性地评价，最终发现自己的不足并为之付出改正的意愿。而当学生心理健康水平不良，会因创伤性心理问题而产生认知偏向、情绪激动或无法客观地自我评价时，学生则无法理解思想政治教育的内容，不仅无法在思想政治教育中改克己身，反而有可能因批判式评价而激化心理问题。因此，在一些情况下心理咨询是思想政治教育的前置工作。在实践过程中，对部分有心理问题的学生只有先满足心理咨询的目标，才能开展学生能接受的思想政治教育。

第二，开展心理咨询的难度更高。思想政治教育重在对学生总体人生观、世界观与价值观的塑造，因此可以涉及从课堂到生活的各方面。依托于辅导员对学生事务的熟悉，实现"生活思政，课程思政"并非难事。而心理咨询对工作环境、工作技术与主观意愿有较高的要求，非常注重咨询室的装修条件、咨询师的资质以及理论知识水平等硬性条件。不合格的咨询技术与咨询环境，容易对心理咨询的进程造成破坏。因此，心理咨询的开展难度比思想政治教育要大。

受以上两方面因素的影响，心理健康教育作为具备两者交叉特点的特殊工作，既有高于一般思想政治教育的难度，又有低于一般心理咨询的要求，因此很难单纯用心理咨询或思想政治教育的特征衡量。在对心理健康教育进行学术研究时，必须考虑到这种交叉性的特点，才能为其匹配合适的理论支撑。

（三）复杂性

在心理健康教育的相关研究中，复杂性首先表现为变量控制较为困难。不同于认知心理学或认知神经科学，心理健康教育所涉及的内容充满了环境因素的不确定性。心理健康教育的目标不是微观的信息加工过程，而是宏观的心理模式、行为倾向、人格特质与"高等学校"这个特定环境的交互作用。在心理过程的维度上，对于相似事件的态度、应对方式、效果评价不仅会受无法由研究者控制的人格特质影响，也会受无法平衡的特定环境刺激影响，如学科背景、年级、宿舍组成、社团组织、校外活动、校园场地等。

困难的变量控制所导致的结果就是研究范式的选取范围受限。由于心理过程较为复杂，在心理学研究中须特别注意研究的外部效度。越是简单的、基础的认知过程，由于其受社会环境的影响因素较少，实验室研究结论通常外部效度就较高。但对于相对较复杂的心理过程，很难使实验室结论与实际生活中的观察现象保持一致。因此，对于研究对象为社会行为、人格特征或心理健康等复杂心理过程的研究领域，个案法或观察法等内部效度有限、外部效度较高的研究方法就非常合适。与应用性越相关的心理学研究，所涉及的心理机制就越复杂，就越难开展实验室研究。而心理健康教育作为具备思想政治教育特征的特殊心理健康工作，其复杂性远高于一般意义的健康心理学，具备更广泛的应用价值。因此，其学术研究的难度会相对较高，研究方法的严谨性、研究假设的理论性和研究结论的内部效度都会面临极大挑战。

（四） 被试特殊性

高校心理健康教育面临的对象为高校招生入学的全国各省（区、市）及留学的大学生群体。因此，开展心理健康教育必须考虑到此类人群的特殊性。与中小学心理健康教育的研究不同，高校心理健康教育的研究被试存在高度复杂的跨文化背景。

高级复杂的心理活动通常会受到文化因素的影响，跨文化心理学已经成为心理学研究领域中一项巨大的挑战。由于心理学通常的研究对象是人，在心理学研究中被试方面的控制变量往往决定研究的内部效度。在诸多与被试有关的控制变量中，年龄、学历、性别等因素相对较容易控制，而兴趣爱好、生活习惯、社交模式等因素往往较难控制。这不仅是由于因素本身缺乏客观评价标准，难以被概念化或被操作性定义，更是由于这些因素受不同环境的成长经历所导致，很难将其整合为若干类别的变量。

而在心理健康教育的实践工作中，学生群体的复杂文化背景往往成为研究内部效度的阻碍。高校心理健康教育的对象是全体学生，固定的受众人群决定了研究过程不可能通过调整被试结构的方式来提升研究内部效度。这就演变为一般的心理学研究可根据研究目的挑选被试，而高校心理健康教育研究面临必须根据固定的被试群体挑选研究方法的特殊情况。而我国的高校招生面向全国所有省（区、市），部分高校还包括留学生，这使被试群体跨文化程度较高，彼此因不同成长环境而导致的心理健康问题有很大差异，因此难以将其作为同质被试进行实验处理。学生群体的高跨文化性成为心理健康教育学术研究的挑战。

（五） 应用性

心理健康教育作为思想政治教育实践的一环，具有鲜明的应用心理学特点，一切工作都围绕大学生心理健康水平的提升这个目的而开展。区别于基础心理学或社会心理学所强调相对抽象的心理或行为现象的发展变化规律，心理健康教育更强调具体层面的特定心理或行为现象如何被解释或控制，如丧失学习动力、不正常人际交往、自伤或自杀行为、无法开展职业生涯规划、持续不良情绪发作等。这些现象不仅涉及一般心理规律的影响，也受高校独有的若干因素影响。心理健康教育的实践目的是解释这些现象产生的原因、寻找控制这些现象的方法、减缓这些现象对心理发展及正常学业带来的影响。因此，心理健康教育的研究不仅需要探索高校独有因素与上述现象之间的关系，更重要的是讨论如何操纵这些外部因素达到提升学生心理健康水平的目的，而并非单纯探索影响心理健康的若干因素。

综上所述，鉴于心理健康教育所具备的特性，在考察其学术研究发展趋势时需从三个方面考虑：学科设置的发展趋势、专项课题的发展趋势、科研成果的发展趋势。学科设置的发展趋势能体现高校心理健康教育这样的特殊学科科研基础条件的发展状况，专项课题的发展趋势能体现高校心理健康教育规模化研究的发展状况，科研成果的发展趋势能体现高校心理健康教育科研工作实际开展程度的发展状况。

第二节　高校心理健康教育学科设置的发展趋势

心理健康教育的研究离不开科研人员的培养。由于我国高校心理健康教育的起步较晚、发展缓慢，从我国设立高校心理健康中心开始至今，绝大多数高水平的高校心理健康教育科研工作由心理学专业的相关专业教师或研究人员承担，而不是由各高校心理健康教育中心的专职心理咨询师承担。因此，我国高校心理学专业的发展状况直接决定了从事高校心理健康教育研究人员的数量及普遍的能力水平。本节以下内容数据基于对学信网与研究生招生信息网的数据库进行分类统计。

一 我国高校心理学专业设立的总体状况

目前，我国高校心理学专业按照教育层次可分为专科、本科与研究生教育。专科教育包括心理咨询、心理健康教育与警官职业院校开设的罪犯心理测量与矫正技术。本科教育包括心理学与应用心理学。研究生专业则根据培养方案及层次有不同的划分，其中专业型硕士专业包括应用心理（应用心理硕士）与心理健康教育（教育硕士），学术型硕士专业与学术型博士专业都包括基础心理学、发展与教育心理学、应用心理学，不同层次各专业开设院校数量如表 8-1 所示。研究生授予资格与高校心理健康教育的研究开展有最为直接的关系。存在相关专业的院校更有可能承担能够应用于高校心理健康教育的课题、培养与高校心理健康教育有关的科研人员以及直接开展高校心理健康教育的相关研究。因此，研究生授权点的发展状况最能直接体现高校心理健康教育科研开展的硬件水平。

我国心理学学科的早期发展主要依托于师范类院校的教育心理学专业。以 29 所获批心理学一级学科博士学位授权点的高校为例，其中 19 所是师范类院校，且部分在"文革"前已设有心理学专业。"文革"结束后，各高校心理学研究和心理学专业建设恢复工作在 1980 年前后陆续开始。如今，各高校的心理学院系大多源自早期教育系下设的心理学教研室，随着学科的逐渐发展而由心理学教研室、研究室等扩大合并为心理学系、院、部。1978~1989 年获批设立的硕博士学位授权点皆为二级学科，包括教育心理学、发展心理学或基础心理学。1990 年以后，发展心理学、教育心理学合并为发展与教育心理学专业，同时增设了应用心理学专业。至此，心理学一级学科下的三个二级学科形成。从 2000 年开始，陆续有部分高校获批心理学一级学科博士学位授予权。2001 年，我国第一个心理学院——北京师范大学心理学院由心理学系、发展心理研究所和心理健康与教育研究所合并成立。2016 年 12 月，北京师范大学心理学院和脑与认知科学研究院合并，成立心理学部。至今，29 所心理学一级学科博士学位授予单位中，已有 3 个心理学部和 18 个心理学院。

通过对学信网及研究生招生信息中关于拥有研究生授权点院校的信息进行梳理，发现截止到 2019 年，我国一共有 125 所院校拥有心理学专业的硕士学位授予资格，55 所院校拥有心理学专业的博士学位授予资格。其中，专业方向包括与心理健康教育工作关系更为紧密的临床心理学或心理咨询学的院校共 73 所。而在剩余的 52 所院校中，有 23 所不区分研究方向，对于开展高校心理健康教育的研究存在较大的可能性；另外 29 所院校，除北京体育大学、上海体育学院和中国人民公安大学的研究方向明确与心理健康教育无关以外，其余院校的研究方向均与心理健康教育有关。因此，我国几乎所有心理学专业的研究生授权点均有开展高校心理健康教育方向科研的能力。

表 8-1　开设心理学专业的院校统计一览

专业	专科			本科		硕士				
						专业型硕士		学术型硕士		
	心理咨询	心理健康教育	罪犯心理测量与矫正技术	心理学	应用心理学	应用心理硕士	教育硕士（心理健康教育方向）	基础心理学	发展与教育心理学	应用心理学
开设院校数量/所	64	16	15	73	273	73	64（37）	66	64	83

资料来源：https：//gaokao.chsi.com.cn/zyk/zybk/；https：//yz.chsi.com.cn/zyk/，最后访问日期：2020 年 3 月 1 日。

二　我国高校心理学专业设立各阶段的发展特征

与心理健康教育工作岗位关系最为密切的是应用心理学本科专业与专业型硕士中的应用心理硕士。截至 2019 年底，全国共有 273 所高校开设了应用心理学本科专业，为心理学各层次专业分布中数量之最；有 73 所院校可授予应用心理硕士的专业型硕士学位。应用心理学专业偏向于实践中的应用过程，各高校根据其学校的性质与特色设有不同的培养目标与方向，如运动心理、人力资源管理、组织管理心理学、教师教育心理健康、人力资源与市场营销、心理健康咨询与教育等。而与其他专业类别相比，我国的心理学专业研究生授权点数量较少，发展速度相对较慢。因此，从时间特征上看，研究生点的发展趋势可以 2010 年作为分水岭。根据以上特征，我国心理学专业的设立可以按照其发展特征分为四个阶段，呈现低-高-低-高的趋势。

1. 初始阶段（2000 年之前）

此时应用心理学专业尚处于萌芽状态，既没有明确的学科分类设置标准，也没有国家统一规定的学科培养目标。最初设立应用心理学专业的浙江大学最早在 1993 年设立了应用心理学本科专业，次年，南京师范大学恢复心理学本科招生，改心理学专业为应用心理学。1998 年，教育部对本科专业目录做出调整，将原有应用心理学定为二级学科，划分在心理学一级学科下。自此，伴随国家教育政策的调整，应用心理学专业的设置出现了转机。但直到 2000 年，也仅有 21 所院校拥有心理学专业相关的研究生授权点，整体心理学科研基础条件相对薄弱，因此能为心理健康教育提供科研条件的院校十分稀少。

2. 爆发阶段（2001~2003 年）

此时心理学专业的设置呈井喷之势快速发展。随着 2001 年心理健康教育各项政策和文件陆续出台，有心理学师资力量的各高校都开始筹备应用心理学本科专业的建设，因而出现了大批新开设应用心理学专业的院校。2001 年，新设应用心理学专业的学校为 22 所，2002 年为 30 所，2003 年为 25 所，占据现有应用心理学专业院校数量的近 1/3。从这个时候开始，全国应用心理学人才输出呈现爆炸式增长，为高校心理健康教育提供了充分的人才储备。

3. 快速发展阶段（2003~2010 年）

从 2003 年以后，新增应用心理学本科专业的院校数量有所放缓，但一直到 2019 年仍保持以大约每年 10 所的速度增加。在这个阶段，随着大量政策和制度的确立，对应用心理学专业的培养质量有了更有序的考核标准；而随着第一批井喷式增加的应用心理学专业本科生毕业，其就业状况也对培养目标提供了修正的客观证据支持。虽然本科专业发展速度加快，但研究生授权点增长速度依然缓慢。到 2010 年为止，仅新增 17 个研究生学位授权点，累计共 38 所。这些数字表明，心理学行业的应用人才数量在快速增加，但心理学相关科研人员数量增长仍然缓慢，高校心理健康教育研究的人才储备十分有限。

4. 完善阶段（2010 年至今）

2010 年以后，我国关于高校心理健康教育的政策制度趋于完善，再加上我国经济社会发展对应用心理专门人才迫切需求的形势，2010 年 10 月，国务院学位委员会在专业型硕士中增设了应用心理硕士专业，从 2011 年开始全国联考，面向全国统一招收全日制或非全日制硕士。仅 2010 年一年，就新增 33 个研究生学位授权点，几乎相当于原有数量翻倍。2010 年以后，不少教育硕士专业也开设了心理健康教育方向。此类专业的培养方案虽主要面向中小学的心理健康教育，但该专业的毕业生也存在进入高校工作的可能性，相关的科研成果也可以为高校心理健康教育所采用。2017 年又有 30 所院校新增研究生授权点，极大地扩充了心理学专业的科研基地数量。随着专业型硕士的发展，再加上应用心理学本科专业仍然保持着增长的势头，心理健康教育的相关人才储备得到了数量与质量、实践工作职向与研究工作取向的双重保证。

第三节　高校心理健康教育专项课题的发展趋势

专项课题是学科内专项领域研究力量规模化的代表。由于心理健康教育属于社会科学类别，国家级为心理健康教育课题立项的基金项数不仅能够体现国家对心理健康教育学科建设及应用发展的重视程度，也能够体现国内心理健康教育研究者团队的组织规模与科研能力。因此，我国高校心理健康教育研究的专项课题发展趋势能直接体现高校心理健康教育学术研究的规模化开展情况。

一 高校心理健康教育研究专项课题立项的总体状况

对中国知网中大学生心理健康教育研究的基金分布分析发现，在国家级基金的研究中，最早能查询到的立项可追溯到1992年，其中大约有九成为国家社科基金与全国教育规划课题。因此本研究只统计分析这两个基金下的立项。在国家社科规划办公室国家社科基金"项目数据库"的"项目名称"栏输入"心理"检索，手动剔除与大学生心理健康无关的项目后，余36项。在全国教育科学规划领导小组办公室官网中，下载其公布的"立项数据"年度表，逐一查阅并手动选出与大学生心理健康有关的项目69项。共收集来自两个基金的项目105项。

1992~2019年，两项基金大学生心理健康立项项目仅105项，数量相对较少。国家社科基金的立项来自重点项目、一般项目、青年项目、西部项目和后期资助项目五类；全国教育规划课题的立项来自国家或教育部重点课题、国家或教育部青年课题、规划课题、国家一般课题、单位资助教育部规划课题五类。国家社科基金的立项包含6个专业，即社会学、教育学、马列·社科、哲学、体育学、民族问题研究，专业类别多但多数为社会学和教育学，其他较少；全国教育规划课题的学科统计信息不完全，仅有36项课题有学科信息，其中23项为教育心理，体育卫生美育4项，德育、民族教育、教育信息技术各1项。

如图8-1所示，大学生心理健康项目研究在2000~2009年出现高潮，立项数量多达72项，占总量的68.57%；2010年至今大幅下降，共30项，占28.57%；而20世纪90年代最少，仅3项，占

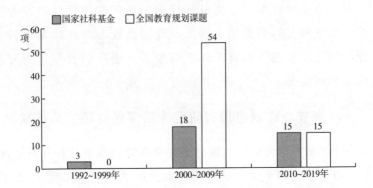

图 8-1 1992~2019 年国家社科基金和全国教育规划课题
大学生心理健康立项数量统计

说明：全国教育规划课题的数据自 2000 年始。

2.86%。在 2000~2009 年的 72 个立项中，国家社科基金的立项多属于一般项目和青年项目；而全国教育规划课题的立项多属于重点项目、规划基金和青年项目。2010 年至今立项的国家社科基金多属于一般项目，全国教育规划课题仍多属于重点项目。具体立项数量如表 8-2、表 8-3 所示。

表 8-2 国家社科基金大学生心理健康立项数量统计

单位：项

	1992~1999 年	2000~2009 年	2010~2019 年	总计
一般项目	1	8	9	18
青年项目	1	6	2	9
西部项目	0	3	2	5
重点项目	1	1	0	2
后期资助项目	0	0	2	2
总计	3	18	15	36

表 8-3 全国教育规划课程大学生心理健康立项数量统计

单位：项

	1992~1999 年	2000~2009 年	2010~2019 年	总计
重点基金	无	21	8	29
青年基金	无	10	3	13
规划基金	无	13	0	13
一般基金	无	5	4	9
单位资助基金	无	5	0	5
总计	无	54	15	69

由此可见，大学生心理健康教育项目主要来自全国教育规划课题，国家社科基金项目获批的并不多。

二 高校心理健康教育研究专项课题各阶段的发展特征

通过对大学生心理健康教育专项课题的名称进行分析，可按照研究主题将专项课题分为对大学生心理的研究与对高校心理健康教育的研究两大类，其中对大学生心理的研究包含对大学生心理状况、大学生心理测量工具以及大学生心理健康影响变量的研究；对高校心理健康教育的研究具体包括理论研究、实践研究、综合研究以及心理健康教育教师队伍、心理健康教育评鉴和危机干预的研究。根据现有数据，可将专项课题的发展分为三个阶段，呈现低-高-低的趋势。

（一）初始阶段（1992~1999 年）

这个阶段，我国初次出现规模化的高校心理健康教育研究。尽管这一时期心理学刚刚经过改革开放后的恢复期，但仍有些学者注意到大学生心理健康问题的重要性，在此期间共有 3 个课题被立项。其中 2 项为关于大学生心理的项目，探讨了当代大学生的心理特点和社会心理问题。另 1 项是最早研究心理健康教育与思想政治教育相互影响的项目。初始阶段的立项数量极少，表明高校心理健康教育还没有形成规模化的研究。

（二）爆发阶段（2000~2009 年）

这一阶段，立项项目数量激增，是大学生心理健康教育研究的快速增长期，共有 72 个课题立项。其中，有 27 个专项课题仅对大学生心理健康进行研究，43 个专项课题仅针对高校心理健康教育进行研究，2 个专项课题同时研究了大学生心理健康与高校心理健康教育这两项内容。

在涉及高校心理健康教育主题的 45 个专项课题中，有 20 项主要探讨了心理健康教育的模式的理论研究，如"家校合一""班级心理健康考试"等。另有 24 项研究与实践工作相关，包括 12 项研究从各个角度出发去探究体育运动对心理健康干预效果，如《大学生应对心理压力的运动干预研究》《边缘化学生心理健康的体育干预研究》等；2 项研究分别针对团体心理辅导与沙盘游戏疗法在心理健康教育实践中的应用；3 项研究探讨了心理健康教育教师队伍的培训、资格认证与胜任特征；3 项研究探讨了心理健康教育工作效果和质量的评估；4 项研究探讨了大学生的心理危机干预。除此之外，2003 年还开展了一项心理健康教育系统软件开发的专项课题，为后来的心理健康教育方式网络现代化打下了坚实基础。

在涉及大学生心理主题的 29 个专项课题中，有 16 项研究了大学生的心理状况。其中，既包括对一般群体的心理健康现状的研究，也存在对典型群体及少数民族大学生的心理特征的研究，如《残疾大学生心理特点与心理健康教育对策研究》《高校贫困生心理健康状况与心理关怀的研究》《边疆少数民族大学生心理健康研究》等。有 9 项专门对大学生心理健康的影响变量进行研究，讨论了包括人际关系、压力、创造力、生涯规划能力等因素对大学生心理健康的影响。另有 4 项与大学生心理测量有关，分别涉及大学生心理健康量表的编制、全国常模的制定、不同测量方法的有效性及职业心理适应测量方案。

（三）沉淀阶段（2010 年至今）

这一阶段的项目数量较上一阶段明显减少，是心理健康教育研究的冷却期，共有 30 个立项。其中，有 10 个专项课题仅对大学生心理健康进行研究，19 个专项课题仅针对高校心理健康教育进行研究，1 个专项课题同时研究了大学生心理健康与高校心理健康教育这两项内容。

在涉及高校心理健康教育主题的 20 个专项课题中，有 12 项涉及理论研究。其中，7 项涉及积极心理学，有的探讨了大学生积极心理资源的开发与培育，有的在积极心理学视域下对心理健康教育体系的构建、积极职业教育、积极心理健康教育的基本理论与规律进行研究；3 项探讨了心理健康教育与思想政治教育的契合；2 项针对心理健康教育的模式创新进行研究。另有 8 项涉及实践研究，其中 4 项探究了大学生抗挫折能力与抗逆力的提升办法、典型心理治疗法应对大学生网络成瘾以及太极拳对心理健康影响的个体文化差异；4 项涉及危机干预研究项目，包含大学生心理危机的预警及干预机制、自杀意念向自杀行为转变的干预等。

在涉及大学生心理健康主题的 11 个专项课题中，有 7 项探究大学生心理状况的项目，其中包括 2 项关于少数民族大学生心理健康水平的研究，2 项关于大学生心态变化特点与典型心理问题的研究，1 项关于大学生人格障碍的病理心理研究，1 项对来华留学生心理健康问题的研究，以及 1 项关于大学生社交网络的不当使用及其心理需要缺陷机制研究。另有 4 个项目是针对大学生心理健康的影响变量进行的研究。

第四节　高校心理健康教育科研成果的发展趋势

一　高校心理健康教育研究科研成果的总体状况

科研成果代表高校心理健康教育科研工作实际开展的情况，而发表的论文数量则是科研成果最为直接的体现。由于心理健康教育没有明确的学科体系定位，发表的论文可能涉及多种学科的多类期刊。

在中国知网中精确检索篇名含有"心理健康"且摘要含有"高校"或"大学生"，期刊来源为"核心期刊"或"CSSCI"的论文，共检索出 1992~2019 年的 2533 项结果，手动剔除重复及无关结果后，余 2327 项。由于"心理健康教育"这一名称在 1994 年才被确立（1994 年 8 月《中共中央关于进一步加强和改进学校德育工作的若干意见》中才明确提出"心理健康教育"），1992 年以前的论文选取分别以"心理健康""心理咨询""心理辅导"及"心理素质"为关键词进行搜索，不设置期刊来源条件，对结果逐一阅读后，筛选出 1979~1991 年的 54 篇相关论文。

图 8-2 为高校大学生心理健康研究科研成果的发展情况，可以看出，自 1992 年始，起初发表论文数量保持相对平稳地缓慢增长，直至 1999 年末，8 年间累计发文量仅 80 篇；2000 年后进入快速增长阶段，增长趋势持续至 2008 年达到最高峰，截至 2009 年末，累计发文量达 1071 篇，较前一阶段多出约 10 倍；2010~2019 年的 10 年中，研究热度有所下降，发文量呈逐渐下降趋势，但这 10 年中总计发文量最多，达 1176 篇。

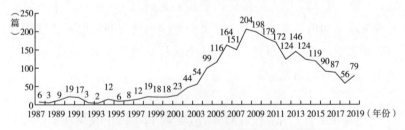

图 8-2　高校大学生心理健康研究科研成果的发展情况

二　高校心理健康教育科研成果各阶段的发展特征

根据以上发展趋势，对文献进行梳理，将高校心理健康教育相关的科研成果按时间可分为四个阶段，呈低-低-高-高的趋势。所有文献根据不同的研究主题分为大学生心理相关的研究与高校心理健康教育相关的研究。前者包括大学生心理健康及影响变量的研究与大学生心理测量工具的研究；后者包括高校心理健康教育的理论与实践研究及心理健康教育的元研究。

（一）初始阶段（1979~1991年）

本阶段共分析54篇论文，关于大学生心理的研究9篇，占比为16.7%；关于高校心理健康教育（大学生心理素质培养、高校心理咨询）的研究共45篇，占比为83.3%。

关于大学生心理健康的研究中，有5篇是对大学生心理素质和心理健康情况的研究，占比为9.3%，多采用问卷法与测量法。其中，1篇通过对83例大学生的心理咨询资料的总结，得出这些大学生常见的心理问题，主要为焦虑、情感和适应障碍（占92.77%），且与学习问题、环境应激和人际关系问题等方面诱因相关（季建林、徐俊冕、夏镇夷，1990）。另外4篇是大学生心理健康的影响变量研究，占比为7.4%，其中3篇探讨了社会、心理及其他因素对大学生心理健康的影响（马建青，1998；焦宗裕，1989；苏霞灯，1991），1篇研究了大学新生的创造能力与心理健康的关系（乐国安、齐向宏，1990）。

关于高校心理健康教育的研究中，有14篇理论研究，占该阶段总数的25.9%。其中，10篇为关于大学生心理咨询的研究，这些研究通过对实践中的心理咨询的总结，提出了针对大学生心理咨询的具体建议，界定了大学生心理咨询的性质及功能等，强调了心理咨询是解决大学生心理问题的有效手段；其余4篇从校园文化、情感教育等角度论述了其他心理健康教育的有效方法及辅助手段。

在此阶段，有31篇评述型文章，占总数的57.4%，主要包括对心理健康教育的倡议、建议及其意义的论述。学者们从不同的角度，结合大学生心理发展（石显成，1990）、生理发展的特点（薛文治，1989）、心理疾病的危害（万庆和，1990）以及对大学生心理健康状况的分析（张俊民，1990）和理论研究基础，论述了心理健康的重要性，呼吁各界更多地关注大学生心理健康教育及大学生心理健康问题。这些评述性文章表明，当时研究者们的重心在呼吁对心理健康的关注，试图引导研究心理健康的风向。

（二）萌芽阶段（1992~1999 年）

此阶段共分析论文 80 篇，关于大学生心理的研究 56 篇，占比为 70%；关于高校心理健康教育的研究共 24 篇，占比为 30%。

关于大学生心理的研究中，有 33 篇针对大学生心理健康水平的调查研究，占比为 41.3%，主要以 SCL-90 和 EPQ 等量表作为测查工具，筛查大学生一般群体中的心理障碍群体，以心理障碍群体所占比例，来说明大学生的心理健康水平。例如，周洪祥等在 1993 年全国第七届心理学学术会议上报告了使用 16PF 对大庆石油学院 2087 人进行心理测验筛查的研究，结果发现大庆市 22.86% 的在校大学生存在心理障碍（周洪祥等，1993）；张运生运用 SCL-90 对 1496 名大学生进行测查，发现调查组学生心理健康水平低于全国常模，心理障碍检出率为 20.72%（张运生，2004）。另有 22 篇研究探讨了大学生心理的影响变量，占比为 27.5%，探讨了 10 余种自变量与心理健康的关系，如父母教养方式（王建中、汪群，1996）、羞耻感（朱荣春、王通理、钱铭怡，1999）、防御方式（辛雅丽，1997）及人格特征（伊薇，1996）等。其中影响因素研究为 5 篇，例如，张凤琳和王振勇（1998）使用 SCL-90 及开放式问卷探究了重庆地区大学生心理健康及成因，结果显示影响大学生情绪状态的因素依据其发生的频率主要为学习问题、成长问题和爱情问题。与此同时，更多的研究者开始缩小研究对象范围，有针对性地分析某一群体的心理健康特征或比较某两类群体的心理健康差异，如对不同院校（张凤琳、王振勇，1998）、不同专业（丁秀玲、陈蓉蓉，1997）、不同性别（张艳芬，1995）群体的研究及少数民族（解亚宁等，1993）的研究。由于对大学生心理研究的增多，1998 年《中国心理卫生杂志》刊登了一篇名为《正确使用 SCL-90、16PF 量表测查心理健康水平》的评论文章，作为研究者们使用相关量表进行研究的使用指南（单茂洪，1998）。另外，本阶段有 1 篇综述分析了大学生心理健康 10 年研究的得失及发展，认为大学生心理健康研究成果呈逐年上升趋势，但数量还有限，研究呈实证研究和思辨研究两大模式；大学生心理健康研究领域较广，但多以大学生心理健康状况测评和大学生心理健康工作研究为主；大学生心理健康研究不断受到重视，开展了一批国家级、省级课题研究，出版了一批大学生心理健康类著作、教材，但总体研究水平还有待提高（马建青，1998）。

关于高校心理健康教育的研究中，理论研究 14 篇，占总数的 17.5%。研究者们立足当下所面临的问题，通过对相关理论依据的梳理提出了高校心理健康教育的目标、原则、内容、途径等。例如，樊富珉和李卓宝（1996）提出：心理健康教育的内容包括良好的心理素质的培养与心理疾病的防治，两者相辅相成；心理健康教育的途径主要有增加心理学课程、充实和改进心理咨询服务、开展新生心理健康调查、利用各种传播媒介广泛宣传、培训师生心理卫生骨干等。也有少数研究进一步对心理健康教育的整体模式和系统进行探索（柯尊平、宁维卫、朱健梅，1999）。除理论研究外，一篇探讨健美操对促进心理健康的实际功效的实践研究，利用体育的手段对大学生进行全面的健康教育，结果发现健美操可以改善心理环境，增进心理健康，是进行健康教育的重要手段之一（张卫平、杨小林，1999）。

另外，此阶段还有 23 篇评述类文章对高校心理健康教育的重要性进行了说明，这表明高校心理健康教育已经逐渐得到人们的认同，从对心理健康的呼吁中分离出来，反映了学界对高校设立心理健康教育的期待。

(三) 爆发阶段 (2000~2009 年)

此阶段共分析论文 1071 篇，关于大学生心理的研究 484 篇，占比为 45.2%；关于高校心理健康教育的研究共 587 篇，占比为 54.8%。

关于大学生心理的研究中，有关大学生心理状况的文章 213 篇，占比为 19.9%，对大学生心理影响变量的研究共 258 篇，占比为 24.1%。与之前不同的是，这一阶段对特定群体心理健康状况的研究数量上升，这些研究中的研究对象范围较为微观，表明研究者们开始关注对特定群体的研究，如民族文化、性别、独生子女、家庭条件等。其中，研究最多的是针对贫困大学生的相关研究，约占这一阶段所有研究的 6%，其次是医护专业大学生，约占 4%。除了研究对象，本阶段的研究方法也有了改变。心理健康的测量工具不再局限于 SCL-90 等诊疗式测查工具，同时会使用《大学生人格健康调查表》(UPI)、《心理健康测查表》(PHI) 或自编心理健康量表综合评定大学生的心理健康状况。通过自编量表全面而具体地分析大学生心理健康的实际问题，将使未来心理健康教育更具针对性。随之出现的还有 13 篇对大学生心理测量工具的研究，具体包括心理健康的评价方法 (李晖、汪娟，2009)、模糊评判工具 (兰宏勇、化存才、杨俊，2008)、量表的信效度检验 (湛希宁、甘怡群，2008) 等。

高校心理健康教育的研究中，共 313 篇理论研究，占比为 29.2%。理论研究主要集中于对心理健康教育新模式及新途径的探索。例如，黄赐英 (2006) 认为构建大学生心理健康教育模式应处理好西方咨询理论与中国传统文化、价值中立与价值干预、心理健康教育与思想政治教育、调适性教育与发展性教育、课程化与生活化等几个方面的关系；在目标确立、教育原则、咨询方法、教育内容、教育途径、队伍建设等几个方面构建大学生心理健康教育模式。李骅（2005）分析了大学生心理健康的现状，指出了提高大学生心理健康的途径和方法：加强学校心理健康教育；加强校园科技文化建设；加强学生的心理保健；培养学生自我心理调节的能力。实践研究98篇，占比为9.2%，其中探讨不同种类艺术体育类项目（包括体育锻炼、篮球、健美操、舞蹈、体操、太极拳、登山、音乐等）干预对大学生心理健康影响的研究47篇，其他实践研究还包括人际关系训练、朋辈咨询、团体咨询、课堂教学、心理疗法等相关研究。

此阶段有评述类文章169篇，数量较上一阶段有所增加，表明学者们对当前高校心理健康教育的反思达到了新的高度。除此之外，还有7篇研究总结了不同方向各类研究的发展状况。例如，韩丹（2009）对大学生心理健康教育课程的十年研究进行了分类、述评，并认为，大学生心理健康教育课程的研究视角、研究内容、研究方法等还应进一步深入和完善。黄艳苹和李玲（2009）使用Meta-analysis 5.3对收集到的十几年间的214篇有关大学生SCL-90状况的实证研究进行了统计分析。姚本先和陆璐（2007）则从理论研究和实证研究两方面阐述了我国大学生心理健康教育研究的发展，认为大学生心理健康教育的领域应进一步拓展、内容应继续深化、研究方法和手段也仍需改进。

（四）稳固阶段（2010年至今）

此阶段共分析论文1176篇，关于大学生心理的研究451篇，占比为38.4%；关于高校心理健康教育的研究共725篇，占比为61.6%。

大学生心理的相关研究中，有关大学生心理状况的文章181篇，占比为15.4%；对大学生心理影响变量的研究共260篇，占比为22.1%。在这一阶段的研究中，有少数学者将兴趣聚焦到大学生中特殊群体的心理研究中，如性少数群体（张宇迪，2020）和残疾群体（张晓丽等，2010）等。对于研究对象学生群体的分类，有的研究运用多个条件限制研究群体的范围，使其进一步缩小，从而实现对无关变量的进一步控制，如高职高专贫困生心理资本（贺斌，2014）。对于大学生心理的影响变量研究，更多的学者同时探讨多个因素（田宝伟、胡心怡，2016）及其交互作用（邓欣、马明坤、黄柳倩，2018）对大学生心理健康的影响，也更多地探讨某些因素对心理健康的中介作用（胡勇娟等，2018）与调节作用（袁孝珺等，2017）。另有10篇关于大学生心理测量工具的研究，较之前有所减少。

高校心理健康教育相关的研究中，理论研究503篇，占比42.8%。研究重点主要集中于对大学生心理健康教育体系的改革与创新（殷成洁、樊巧云，2014），其中有不少研究探讨了心理健康教育与思想政治教育的融合（何慧星、张澜，2010），也有不少研究提出了手机、网络、慕课等信息化心理健康教育途径。实践研究95篇，探讨艺术体育类项目干预对大学生心理健康影响的研究较上一阶段减少近一半。除此之外，本阶段继续着力于验证新的心理干预技术，如箱庭疗法、参与式教学、书写表达等。关于高校心理健康相关工作人员的研究20篇，包括对辅导员、心理健康专职人员的研究，数量较上一阶段增加两倍。

另外，这一阶段关于高校心理健康教育元研究的文章有34篇。其中，综述文章18篇，如姜巧玲和胡凯（2011）从网络心理健康教育的内容和实施途径出发，整理文献，对大学生网络心理健康教育研究的进展与发展趋势进行了综述，研究发现网络心理健康教育的研究趋势为网络心理健康教育的基础理论研究的强化，及网络心理健康教育的理论和实践运作体系构建。使用元分析的方法对文献进行统计研究的有14篇。例如，高爽、张向葵和徐晓林（2015）对30项自尊与心理健康的相关研究进行元分析，结果表明，自尊是大学生心理健康的重要影响因素，尤其对大学生抑郁、焦虑和人际敏感具有更显著的预测性。还有2篇文章使用基于CiteSpace的可视化分析，林静和傅宏（2017）通过CiteSpace软件对CSSCI数据库1998~2015年我国心理健康教育研究的436篇文献计量分析发现，心理健康教育的研究热点主要集中在机制建设、模式探索、大学生心理健康、特殊人群心理健康教育、心理咨询以及国外心理健康教育经验引进等。

除上述研究，与三个阶段不同的是，本阶段有 73 篇大学生心理健康教育类书籍的书评文章。大量书评文章的发表说明，大学生心理健康教育的研究已有诸多成果。

第五节　高校心理健康教育研究的发展趋势

一　40 余年来高校心理健康教育研究的发展特征

通过对 40 余年来我国与高校心理健康有关学科设置的发展趋势、专项课题的发展趋势、科研成果的发展趋势统计分析，可以清晰地描绘出高校心理健康学术研究开展基础条件的发展状况、规模化研究的发展状况、科研工作实际开展程度的发展状况。总体而言，40 余年来我国高校心理健康教育研究具有以下发展特征。

（一）不平衡性

心理健康教育的学科交叉性与应用性决定了其对心理学学科发展的依赖。在改革开放的 40 余年间，心理学学科建设本就相对较为缓慢，而心理健康教育作为心理学领域内非主流的学科分支，发展过程自然更加缓慢。因此，在前 20 年里，高校心理健康教育学术研究的发展与其他主流社会学科相比近似于停滞状态。而在 2000 年之后，随着心理学学科建设开始快速发展并不断完善，高校心理健康教育学术研究的发展速度也随之加快。一方面，是 2000~2010 年伴随心理学本科专业设置数量增加，科研团队数量随之增加，因此国家级课题项目尤其是全国教育规划课题项目为高校心理健康提供的规模化研究机会也呈爆发式增长，在此期间，论文发表数量与 2000 年之前有天壤之别。另一方面，则是 2010 年之后研究生点的快速增长，使科研团队的重心更趋向于高校心理健康教育的理论性研究，相关的论文发表数量大幅增加；而相关的实践技术，比如心理测量工具等研究有所减少。这些现象表明，我国高校心理健康教育的学术研究发展极不平衡，并未呈现一条平滑的发展曲线，没有形成良好的学科发展生态。

在研究对象方面，也出现了侧重点不平衡的现象。比如，2000~2010年，专项课题和科研成果的数量达到了40余年来的顶峰，在这一阶段出现了为数众多的大学生心理健康状况调查的专项课题，也发表了众多研究与各类大学生群体心理健康有关的论文。然而2010年之后，此类专项课题与研究成果的数量大幅下降，心理健康干预相关的研究数量显著上升。虽然在2000~2010年出现了大量研究成果弥补了之前的研究空白，但心理健康水平与时代发展息息相关，随着时间的推移，前一阶段的研究成果很有可能信息滞后，导致干预研究所引用的调查研究无法充分说明当时大学生的真实心理健康状况。高校心理健康教育的研究与实际工作关系紧密，因此在每个时代都应该有充分的各个类别的研究，才能保证研究体系达到有效的动态平衡。

（二）政策依赖性

无论是学科建设、专项课题还是科研成果的发展趋势，几乎都与国家关于高校心理健康教育的政策颁布时间高度重合。在2001年与2010年这两个重要的时间分水岭上，伴随着国家分别出台的一系列政策，高校心理健康教育发展出现了大幅变化。2000年之后，随着《教育部关于加强普通高等学校大学生心理健康教育工作的意见》《普通高等学校大学生心理健康教育工作实施纲要（试行）》《教育部办公厅关于进一步加强高校学生管理工作和心理健康教育工作的通知》《教育部 卫生部 共青团中央关于进一步加强和改进大学生心理健康教育的意见》等探索性文件的出台，与心理健康教育有关的心理学本科专业快速增长，以应用方向为主的全国教育规划项目为此给予大力扶持，而关于大学生心理健康影响因素、诊断量表等在实际心理健康教育开展中有重要应用意义的研究成果在此阶段数量较多。而在 2010 年之后，由于《中共中央关于深化文化体制改革、推动社会主义文化大发展大繁荣若干重大问题的决定》为心理健康教育提供了理论立足点，相关研究生点的设立数量激增，应用专项课题数量减少，高校心理健康教育理论研究数量大增。这两个重要时间节点各自代表的发展阶段状况表明，高校心理健康教育的研究基本条件、研究方向以及资金支持，与国家关于高校心理健康教育颁布的政策息息相关。

（三）学科体系构建不良

由于高校心理健康教育具有半结构性，即使经过 40 余年的发展，依然没能形成适合学科科研工作的良好生态系统，整个学科体系建设仍然存在诸多弊端。首先是基础理论匮乏。在 2010 年以前，高校心理健康教育的科研理论基础几乎完全依赖于心理学相关理论，未能形成符合交叉学科特性的理论基础。在 2010 年后，才逐渐出现试图将心理学与思想政治教育理论融合的探索性研究。学科建设滞后，导致相关人才培养落后，这使理论研究的发展极为缓慢。要形成高校心理健康教育自身的理论体系，仍然还需要漫长的探索过程。

如果没有足够的理论支撑，就很难指导该学科开展有效的实证研究，这体现为第二方面的不足——研究方法不充分。高校心理健康教育的四项工作中，关于教育教学、实践活动方面的研究要远少于关于咨询服务、预防干预方面的研究。一方面，这是由于从事心理健康教育研究的学者大多源于心理学专业，这使该领域的研究更依赖于原有心理学框架下的研究对象；另一方面，这是由于教育教学与实践活动本质上与咨询服务、预防干预不同，缺乏结构化和系统化，这导致这两项工作缺乏严谨的实证研究方法。

最后，则是全国高校从事专职心理健康教育工作人员"重实践、轻研究"的风气。心理健康教育与心理咨询高度重合，因此对从业人员学术研究的能力有较高要求。但是，学科建设、专项课题与科研成果三方面的发展趋势共同表明，从事高校心理健康教育研究工作的中坚力量依然是心理学专业的专职教师及科研工作者，而非从事一线心理健康教育的人员。这不仅不利于高校心理健康教育研究中理论与实际的结合，同时也不利于高校心理健康教育人员临床工作能力的提升。

二　高校心理健康教育研究的发展方向

（一）心理健康教育的理论建构与范式创新

在过去的 40 余年间，高校心理健康教育的研究发展一直处于探索阶段，并且十分依赖国家对心理健康教育的政策。到目前为止，虽然有《高等学校学生心理健康教育指导纲要》等政策文件为高校心理健康教育确定了指导思想与工作规范，但作为一个独立的分支学科，高校心理健康教育仍缺乏足够的理论支撑。实际上，其中也明确指出："各级教育工作部门和各高校要推动开展心理健康教育基础理论研究，逐步形成具有中国特色的心理学、教育学学科体系、学术体系、话语体系，促进研究成果转化及应用。"这表明，未来高校心理健康教育必然以基础理论研究为主要方向，致力于建设完整的学科体系。

除理论建构以外，探索独属于高校心理健康教育的研究范式也至关重要。目前，由于学科的半结构性，高校心理健康教育的四项主要工作中关于教育教学和实践活动研究在 40 余年来已有的研究中占比极低，这不仅受不完善的理论基础所限制，更是由于缺乏适合的相关研究范式。同时，也正是由于缺乏严谨的研究范式，教育教学和实践活动的工作开展缺乏标准，导致各高校自行其是，难以评估这两项工作的有效性。因此，范式创新不仅是未来学术研究的需要，也是提升心理健康教育实际工作效果的需要。

（二）与临床心理学的紧密结合

2010 年之后，应用心理硕士授权点的快速增长，表明国内以应用心理学为主要方向的高水平人才培养数量持续增长，能够开展临床心理工作的高素质人员持续增加，这为高校心理健康教育提供了越来越充分的人才储备。但是，无论是专项课题还是科研论文，充分结合临床心理学研究的数量极为稀少。在高校心理健康教育的四项主要工作中，咨询服务与危机干预都依赖临床心理学的知识与技能，因此，从事高校心理健康教育工作的人员应具备基本的临床研究能力。

在已有的高校心理健康教育科研论文中，可以发现两方面的特点：其一，临床个案报告数量较少，现有的临床心理学个案研究多集中在心理治疗领域，心理健康教育涉及较少；其二，在与咨询服务和预防干预两项工作相关的研究中，极少涉及临床诊断、人格模型构建或动力学评估。这些现象表明，高校心理健康教育的咨询服务与预防干预两项工作没能充分结合临床心理学，这不利于探索高校心理咨询的特殊设置、应对大学生群体的特殊危机干预技术、评估当前大学生人格结构临床特征、编制院校专属的心理健康评估量表。未来的高校心理健康教育研究需要更依赖临床心理学的理论与研究方法，将研究成果反哺实践工作，系统化与标准化咨询服务与危机干预。

（三）思想政治教育与心理健康教育相结合

作为交叉学科，心理健康教育既有心理学的成分，也有思想政治教育的成分，但在学术研究中，两者总是相互孤立。强调心理健康的研究中，通常不会涉及思想政治教育领域的理论与技术；而强调思想政治教育的研究中，往往也对科学心理学尤其是临床心理学的相关理论与技术一知半解。在 2010 年之后的科研成果稳固阶段，已经出现不少研究开始试图讨论两者融合，为未来新学科体系设立开了一个好头。

高校心理健康教育具有自身工作目标的特殊性，因此无论从哪个角度出发，其理论解释与研究方法都会有选择地受限。对于思想政治教育而言，心理学理论与研究方法属于新兴事物，与自身存在基本的学科设置矛盾；而对于心理学尤其是临床心理学而言，思想政治教育的目标与设置又对心理治疗原有体系有所限制。思想政治教育是我国高校独有的教学设置，因此在未来的研究中，应着力探索高校心理健康教育如何找到双方的平衡点，实现心理治疗在我国高校范围内的特定化改造，在大量结合思想政治教育理论的临床心理学实证研究基础上，形成全新的、能满足我国高校实际需求的心理健康教育技术、设置与工作体系。

本章小结

高校心理健康教育中，心理咨询是基础，心理教育课程是导向，心理健康教育的研究是龙头或方向。所有的咨询和课程的质量及发展都离不开研究，所以心理老师既是咨询师又是专业教师，更是研究者。但是，如何研究？这又是一个学术问题，因为心理健康教育学科的交叉性和复杂性使得其研究的内容、方法等范式都与一般心理学有所不同。本章探讨了心理健康教育研究的特殊性，梳理了40余年来这个学科方向研究成果的数量和质量，并对未来的研究方向提出了可能性的预测，期望该学科有更好的发展前景。

关键词

学科设置　专项课题　科研成果

拓展阅读

组学研究方法——复杂心理现象研究的新出路？

每一位心理学家从学生时代开始，就会被教授们灌输两个看上去极为矛盾的观念：①心理机制既复杂又系统，没有哪个心理现象或心理过程能够被某一个或几个变量所解释；②要想研究并了解心理现象，必须要严格控制任何可能影响实验结果（因变量）的其他因素，只在实验中保留所需自变量施加的影响。因此，几乎每一个心理学家都在研究设计中穷思竭虑，试图进行一项看起来违反应用常规而又符合科学严谨性的矛盾行为——控制任何可能影响实验结果的无关变量，只保留自变量开展实验，并试图用自变量解释一个在现实环境中完全不可能只通过自变量能够解释的因变量。

长久以来，向经典物理学学习成为心理学家们恪守的信条。无论是出于历史上心理学家们试图使公众承认心理学是属于自然科学领域的需要，还是出于遵循自行为主义之后心理学研究范式的传统，心理学家们都不得不面对一个痛苦的事实：越是控制严格的实验室研究，越是会面临外部效度（实验结果在实验室之外推广的程度）降低的危险。真正的人类心理机制既复杂又系统，在动态的环境下时刻受各种因素的影响。显然，单纯的实验室结果无法同时研究所有的影响因素，因此，实验室内结果指导实际应用的有效性必然受限。

但是，一项全新的研究可能会改变这个现象。2020 年 3 月 6 日，*Personality and Individual Differences* 杂志刊载了一项关于人格心理学的研究，试图通过类似基因组学（human genomics）的研究方法处理人格变量（Revelle et al. , 2020）。组学是生物医学领域中为了解决单一因素无法解释的问题时，通过整体分析各因素的作用试图解释生理病理现象。在基因组学中，研究者们会更关注整体基因组的作用与组内基因之间的关系，从而能更好地为预测生理病理现象提供更全面的模型。在本次研究中，研究者们借鉴了基因组学的研究方法，在开放数据中建立了一个庞大的协方差矩阵，并以此形成了特定标准的人格预测分数。通过与传统人格量表（如大五人格量表等）对比，研究者们声称，比起那些通过聚合因子而形成的传统人格量表而言，使用组学所建构的模型能提供更为充分的信息。

对于一直饱受外部效度受限所诟病的心理学尤其是应用心理学，人们总是希望知道如何在一项研究中尽可能地将与因变量相关的变量作为研究对象，而不是控制对象。毕竟对于较为复杂的心理结构，或与社会因素相关的心理现象，不仅控制无关变量十分困难，而且单一变量能提供的解释往往更加有限。组学研究方法的推广，或许为如临床心理学、人格心理学、教育心理学、社会心理学、管理心理学等一直受控制变量所苦的领域提供了崭新的思路，使人们对未来出现更多具有较高外部效度的研究成果拭目以待。

资料来源： Revelle, Dworak, & Condon（2020）。

参考文献

一 中文文献

安妍，2014，《认知激励理论在高职院校心理健康教育工作中的运用》，《中外企业家》第 17 期。

班华，1986，《德育要适应培养创造型人才的要求》，《南京师大学报》（社会科学版）第 1 期。

曹绍平，2012，《美国高校心理健康教育历史发展趋势及其借鉴意义》，《河池学院学报》第 5 期。

柴兴泉、周慧芬、王秀希，2011，《高校心理健康教育评估工作存在的问题及应对策略》，《教育探索》第 1 期。

陈浩彬，2007，《激励在大学生心理健康教育中的运用探究》，《沿海企业与科技》第 10 期。

陈家麟，2002，《学校心理健康教育》，教育科学出版社。

陈进，2015，《新形势下大学生心理危机干预工作的思考》，上海高校心理咨询协会第二十三届年会暨上海高校心理健康教育开展 30 周年学术研讨会。

陈进，2015，《新形势下大学生心理危机干预工作的思考》，上海交通大学出版社。

陈丽，2011，《高校心理健康教育长效机制的构建——西南交通大学心理研究与咨询中心的报告》，《西南民族大学学报》（人文社会科学版）第 4 期。

陈丽峰，2011，《表达性艺术疗法在心理治疗中的整合运用》，

《黑河学刊》第 12 期。

陈秋红，2018，《高校心理咨询师个人成长困境与策略探析》，《武汉工程职业技术学院学报》第 1 期。

陈旭、张大均，2002，《心理健康教育的整合模式探析》，《教育研究》第 1 期。

陈阳，2017，《加强高校心理健康教育与咨询示范中心建设的思考》，《辽宁教育》第 14 期。

陈晔，2011，《香港高校心理辅导工作对内地高校的启示——以香港浸会大学为例》，《学理论》第 10 期。

程玮，2008，《大学生心理教育与发展》，科学出版社。

崔景贵，2003，《我国学校心理教育的发展历程、现状与前瞻》，《教育理论与实践》第 5 期。

崔景贵，2008，《专业化：国外学校心理教师发展的路径与目标》，《思想理论教育导刊》第 8 期。

崔伊薇，1996，《大学青年心理健康状况及其与人格特征相互关系的研究》，《中国学校卫生》第 3 期。

戴朝护，2011，《大学生心理健康》，北京大学出版社。

戴吉、贺子菡，2019，《高校心理咨询师心理授权与职业倦怠的关系：专业认同的中介作用》，《中国健康心理学杂志》第 12 期。

戴梅竞、刘新军、王蓓，1998，《大学生心理健康状况的追踪观察》，《中国心理卫生杂志》第 3 期。

戴蒙、勒纳，2009，《儿童心理学手册（第 3 卷）》第 6 版，林崇德、李其维、董奇译，华东师范大学出版社。

戴晴晴，2005，《高校心理健康教育"三梯队"网络工作机制的建立与完善》，《江西财经大学学报》第 5 期。

单茂洪，1998，《正确使用 SCL-90、16PF 量表测查心理健康水平》，《中国心理卫生杂志》第 2 期。

邓欣、马明坤、黄柳倩，2018，《广西壮族大学生锻炼与睡眠的交互作用及其对心理健康影响》，《中国学校卫生》第 2 期。

丁勤璋，1989，《香港 1988 年心理卫生周》，《中国心理卫生杂志》第 5 期。

丁玮，2019，《浅谈高校心理社团在心理健康教育中的能动性建设》，《科教文汇》（下旬刊）第 10 期。

丁秀玲、陈蓉蓉，1997，《财经类大学生心理健康水平的调查与分析》，《南京经济学院学报》第 6 期。

丁园园、姚本先，2004，《中美学校心理健康教育比较研究》《中小学心理健康教育》第 3 期。

董鲁皖龙，2015，《数字时代，我们怎样和"00 后"一起成长》，《中国教育报》10 月 28 日，第 5 版。

杜殿坤，1982，《再谈赞科夫的教学论思想》，《外国教育资料》第 10 期。

段鑫星、赵玲编著，2008，《大学生心理健康教育》，科学出版社。

樊富珉，2002，《大学生心理健康教育研究》，清华大学出版社。

樊富珉，2003，《"非典"危机反应与危机心理干预》，《清华大学学报》（哲学社会科学版）第 4 期。

樊富珉，2005，《我国团体心理咨询的发展：回顾与展望》，《清华大学学报》（哲学社会科学版）第 6 期。

樊富珉，2005，《香港高校心理辅导及其对内地高校心理健康教育的启示》，《思想理论教育导刊》第 7 期。

樊富珉、贾晓明，2003，《"非典"心理援助热线来电初步分析报告》，《中国心理卫生杂志》第 9 期。

樊富珉、李卓宝，1996，《重视和加强大学生心理健康教育》，《教育研究》第 7 期。

方鸿志、潘思雨，2019，《改革开放 40 年来我国大学生心理健康教育的发展及趋势》，《当代教育科学》第 8 期。

房东波，2006，《美国大学生的自杀现象及其防范措施》，《世界教育信息》第 8 期。

凤肖玉，1983，《学校心理卫生工作》，《中国学校体育》第3期。

傅文第，2001，《试述学校心理健康教育评估的内容与程序》，《吉林教育科学·普教研究》第3期。

甘行元，2005，《新时期如何提高大学生党员的素质》，硕士学位论文，武汉大学。

高爽、张向葵、徐晓林，2015，《大学生自尊与心理健康的元分析——以中国大学生为样本》，《心理科学进展》第9期。

高云鹏、左丹，2007，《大学生应对方式、心理健康状况与自杀态度的调查研究》，《河西学院学报》第6期。

古晓君，2005，《对素质教育理论和实践的回顾与思考》，《教育探索》第6期。

郭本禹、陈巍，2012，《中国精神分析理论研究的进展》，《社会科学战线》第9期。

郭惠容，2001，《激励理论综述》，《企业经济》第6期。

韩丹，2009，《大学生心理健康教育课程研究述评》，《教育探索》第12期。

韩惠黎，2019，《巴甫洛夫高级神经活动学说在中国的传播和影响》，硕士学位论文，安徽医科大学。

韩瑞连、韩芳，2009，《生涯教育与职业教育及其相关概念内涵解析》，《国外职业教育》第1期。

郝文娟，2019，《如何让心理社团更好地为心理健康教育服务》，《才智》第4期。

何慧星、张澜，2010，《大学生思想政治教育与心理健康教育平行渗透模式研究》，《学校党建与思想教育》第23期。

何心展，2003，《心理健康护理的问题与思考》，《心理科学》第5期。

贺斌，2014，《高职高专贫困生心理资本、应对方式与心理健康的关系研究》，《现代预防医学》第4期。

洪岩，2018，《大学生心理约谈邀请技术研究》，《佳木斯职业学院学报》第 2 期。

胡森、张斌贤，2006，《教育大百科全书》，海南出版社。

胡勇娟、王晶、王卫平、薛朝霞，2018，《负性自动思维与消极应对在大学生冲动特质与心理健康间的多重中介作用》，《中国学校卫生》第 2 期。

华美花，2019，《积极心理学视角下大学生心理危机预防策略研究》，《海峡科学》第 6 期。

黄赐英，2006，《构建大学生心理健康教育模式的理论探讨》，《中国高教研究》第 2 期。

黄琼，2015，《国外高校心理健康教育发展趋势及对我国的启示》，《新经济》第 26 期。

黄希庭，2004，《大学生心理健康教育》，华东师范大学出版社。

黄希庭、郑涌，2002，《大学生心理健康与咨询》，高等教育出版社。

黄喜珊，2011，《心理健康教育》，清华大学出版社。

黄新华，2004，《构建三级保障网络促进大学生心理健康》，《湖南工程学院学报》（社会科学版）第 2 期。

黄艳苹、李玲，2009，《用症状自评量表（SCL-90）评估中国大学生心理健康状况的 Meta 分析》，《中国心理卫生杂志》第 5 期。

黄云清，2019，《高校心理咨询工作中的伦理问题与对策》，《晋城职业技术学院学报》第 1 期。

季丹丹，2009，《现代大学生心理健康教育》，清华大学出版社。

季建林、徐俊冕、夏镇夷，1990，《83 例大学生心理咨询分析》，《中国心理卫生杂志》第 1 期。

季文泽、汤琳夏，2019，《高校心理危机干预工作的实践与反思》，《高等教育研究学报》第 3 期。

贾晓明，2005，《大学生心理健康——走向和谐与适应》，北京理工大学出版社。

简华、胡韬，2006，《国外学校心理健康教育的主要经验及启示》，《遵义师范学院学报》第 3 期。

江立成、魏婷，2007，《我国高校大学生心理健康教育现状与发展趋势》，《合肥工业大学学报》（社会科学版）第 3 期。

姜巧玲、胡凯，2011，《大学生网络心理健康教育研究进展与趋势》，《现代大学教育》第 6 期。

焦宗裕，1989，《对影响大学生心理健康因素的调查分析》，《四川师范学院学报》（哲学社会科学版）第 6 期。

景秀燕，2013，《人力资本视角下的高等教育研究的文献综述》，《企业导报》第 18 期。

瞿葆奎、陈玉琨、赵永年，1989，《教育评价》，人民教育出版社。

考里，2004，《心理咨询与治疗的理论与实践》（第七版），石林等译，中国轻工业出版社。

柯佳敏，2003，《高校心理健康教育存在的问题与对策》，《思想理论教育导刊》第 6 期。

柯尊平、宁维卫、朱健梅，1999，《面向 21 世纪高校心理健康教育模式的探索》，《社会科学研究》第 3 期。

孔燕，1998，《大学生心理健康教育》，安徽人民出版社。

兰宏勇、化存才、杨俊，2008，《贫困大学生心理健康问题的模糊综合评判模型》，《云南大学学报》（自然科学版）第 S1 期。

兰顺东，2008，《职业生涯规划理论研究文献综述》，《教育与职业》第 3 期。

乐国安、齐向宏，1990，《大学新生创造能力与心理健康关系初探》，《青年研究》第 6 期。

雷菁，2017，《罗杰斯人本主义教育思想及其启示》，《前沿》第 12 期。

李春香，2001，《一年级大学生学习心理分析》，《开封大学学报》第 1 期。

李国强、高芳红，2013，《我国学校心理健康教育政策的演进与展望》，《湖南人文科技学院学报》第 2 期。

李国强、李凤莲，2015，《国外学校心理健康教育政策的特点及启示》，《湖南人文科技学院学报》第 1 期。

李骅，2005，《大学生心理健康的现状及其提高的途径与方法》，《北京体育大学学报》第 7 期。

李晖、汪娟，2009，《普通大学生心理健康的评价方法》，《统计与决策》第 19 期。

李金珍、王文忠、施建农，2003，《积极心理学：一种新的研究方向》，《心理科学进展》第 3 期。

李静生、玉启文、李丽，1993，《大学生心理健康状况调查报告》，《阴山学刊》第 4 期。

李黎，1996，《中国高校心理咨询的发展历程及其现状分析》，《绍兴文理学院学报》（哲学社会科学版）第 4 期。

李蔓荻、苏萌、郭娟娟，2017，《北京高校心理健康必修课师资队伍现状的调查研究》，《中医药管理杂志》第 18 期。

李娜，2019，《改革开放 40 年来我国高校心理健康教育的发展历程与展望》，《西部素质教育》第 19 期。

李荣斌，2019，《基于积极心理学的心理健康教育改进策略》，《西部素质教育》第 11 期。

李艳丽、阎书昌，2014，《周先庚与巴甫洛夫学说 1950 年代的引介》，《中国科技史杂志》第 3 期。

李焰、刘丹，2015，《清华大学学生心理健康教育工作手册》，清华大学出版社。

李正云、张华，2007，《美国学校心理辅导：历史、现状、动向及其启示》，《外国中小学教育》第 6 期。

李宗芹、宋文里，2009，《表达性艺术治疗》，《台湾应用心理研究》第 4 期。

廖友国、连榕，2019，《近三十年国民心理健康变迁的横断历史研究》，《西南大学学报》（社会科学版）第 2 期。

林登、休伊特，2013，《临床心理学》，王建平、尉玮译，中国人民大学出版社。

林静、傅宏，2017，《心理健康教育研究（1998—2015 年）：热点、演进及其展望——基于 CSSCI 数据库的 Citespace 可视化分析》，《教育科学研究》第 8 期。

林立涛，2015，《关于完善高校心理健康教育评估标准的思考》，《思想理论教育》第 3 期。

刘春艳、刘衍玲、陈显莉、刘春雨、方晓翠，2011，《大学生心理健康教育课程的教材分析及编写要求》，《教育与教学研究》第 4 期。

刘淳松、张益民、张红，2005，《大学生学习动机的性别、年级及学科差异》，《中国临床康复》第 20 期。

刘桂芬、甘红缨、李志强，2007，《大学生心理健康教程》，中国传媒大学出版社。

刘海娟、项丽娜、曲佳，2013，《大学生心理健康课程实践教学环节的探索与实践》，《北京教育》（德育）第 3 期。

刘海玲、阴山燕、李海英、蔚晗嫣，2016，《天津市高校心理健康教育的现状及对策研究——基于学生的视角》，《内蒙古师范大学学报》（教育科学版）第 1 期。

刘婧，2012，《高校心理健康教育评估研究》，硕士学位论文，中南民族大学。

刘明，2016，《关于陕西高校心理健康教育工作的调查和思考》，《新西部》（理论版）第 6 期。

刘平，1987，《大学生心理健康问题初探》，《泸州医学院学报》（哲学社会科学）第 S1 期。

刘伟志、袁玮、万能武、刘涛生，2006，《我国心理咨询业的伦理学探讨》,《医学与哲学》(人文社会医学版) 第 10 期。

刘小玲,2019,《2015-2018 年大学生心理健康状况调查研究》,《济宁学院学报》第 2 期。

刘晓敏,2004,《适应市场经济要求 全面提高学生素质》,《吉林工程技术师范学院学报》第 11 期。

刘晓明,2009,《大学生心理健康教育——体验·认知·训练》,科学出版社。

刘毅玮,2006,《西方心理学的传入与中国近现代心理学科的发展》,博士学位论文,河北大学。

柳君芳,2000,《我国职业指导的历史沿革与发展》,《中小学信息技术教育》第 2 期。

卢爱新,2007,《我国大学生心理健康教育发展研究》,博士学位论文,华中师范大学。

卢爱新,2019,《论改革开放以来政策推动下的高校心理健康教育发展》,《学校党建与思想教育》第 10 期。

吕军,2011,《心理健康教育概谈及启示》,《中小学心理健康教育》第 21 期。

吕英军,2010,《大脑与心智——神经精神分析学研究》,博士学位论文,南京师范大学。

吕元凤,2019,《心理团体辅导在高职院校中提升班级凝聚力的探索》,《职业》第 19 期。

罗杰斯,2006,《自由学习》,伍新春、管琳、贾容芳译,北京师范大学出版社。

马惠霞、韩向明、张克让,1995,《大学生的个性因素与心理健康状况的相关分析》,《中国临床心理学杂志》第 2 期。

马建青,1990,《心理卫生教育是学校教育的重要组成部分——浙江大学心理卫生教育的初步实践》,《中国健康教育》第 1 期。

马建青,1992,《中国高校心理咨询的现状与未来走向》,《中国青年研究》第 5 期。

马建青，1997，《高校心理咨询与德育结合的前景探讨》，《江苏高教》第 1 期。

马建青，1998，《我国大学生心理健康 10 年研究得失探析》，《中国心理卫生杂志》第 1 期。

马建青，2001，《影响大学生心理健康的社会和心理因素》，《青年研究》第 2 期。

马建青，2006，《心理咨询流派的理论与方法》，浙江大学出版社。

马建青，2016，《大学生心理健康教育课程 30 年建设历程与思考》，《思想理论教育》第 11 期。

马建青、王东莉、金海燕，1997，《大学生心理卫生课程十年探索》，《高等工程教育研究》第 2 期。

马湘培，2003，《高校应提升心理危机干预的能力——经历 SARS 反思高校心理咨询》，《广西政法管理干部学院学报》第 6 期。

马艳秀、杨振斌、李焰，2013，《构建中国高校心理健康教育评估指标体系的研究》，《思想教育研究》第 3 期。

麦克劳德，2015，《心理咨询导论》，潘洁译，上海社会科学院出版社。

梅国英，2005，《欧美国家学校心理健康教育对我们的启示》，《常州信息职业技术学院学报》第 3 期。

米切尔、布莱克，2007，《弗洛伊德及其后继者》，陈祉妍、黄峥、沈东郁译，商务印书馆。

米银俊、黄艳苹，2014，《高校心理健康教育评价工作现状分析》，《学校党建与思想教育》第 2 期。

穆小丹，1990，《心理健康——学校教育的重要课题》，《中国健康教育》第 1 期。

内伏、安传达，2007，《校本评估与学校发展》，卢立涛译，中国轻工业出版社。

聂振伟，2009，《大学心理》，中国人民大学出版社。

欧晓霞，2006，《大学生心理健康》，清华大学出版社。

潘柳燕、王海燕，2019，《广西高校心理咨询督导现状的调查研究》，《高教论坛》第 9 期。

潘曦、陈少平，2015，《近三十年我国大学生心理健康教育工作历史、现状与对策研究综述》，《武夷学院学报》第 10 期。

裴学进，2006，《论大学生心理健康教育的发展策略》，《思想教育研究》第 6 期。

裴学进，2015，《大学生心理健康教育研究视域的特点与启示——基于美国大学生心理健康教育研究视域的分析》，《山西高等学校社会科学学报》第 11 期。

裴学进、王雄杰，周瑶瑶，2009，《改革开放以来大学生心理健康教育的发展脉络与启迪》，《中国高教研究》第 9 期。

彭聃龄，2004，《普通心理学》（修订版），北京师范大学出版社。

漆明龙，2002，《台港地区心理健康教育发展的历史和现状》，《川北教育学院学报》第 2 期。

钱春霞，2017，《大学生心理档案伦理建设》，《档案与建设》第 9 期。

钱铭怡，2014，《心理咨询与心理治疗中知情同意与保密突破中的伦理问题》，中国心理学会第十七届全国心理学学术会议。

秦喆、苏亚玲，2016，《两岸高校心理健康教育与咨商工作的比较研究》，《太原学院学报》（自然科学版）第 9 期。

屈路明，2019，《试论高校青年教师激励机制》，《科教导刊》（下旬）第 8 期。

屈文妍，2010，《生涯规划为自我发展导航》，《北京教育》（普教版）第 8 期。

屈正良，夏金星，2008，《高校心理健康教育机构现状的调查与思考》，《高等农业教育》第 5 期。

任俊、叶浩生，2005，《西方积极心理学运动是一场心理学革命吗》，《心理科学进展》第6期。

阮晓钢、武璇，2013，《斯金纳自动机：形成操作性条件反射理论的心理学模型》，《中国技术科学》第12期。

塞利格曼，2011，《习得性无助》，机械工业出版社。

商磊，2010，《论精神分析学人性思考对管理心理学的贡献》，《中国政法大学学报》第4期。

邵献平、袁岳，2011，《论大学生科学素质教育的问题及其对策》，《武汉船舶职业技术学院学报》第2期。

邵艳红，2013，《国外大学生心理健康教育的特点及模式》，《北京教育·德育》第3期。

申荷永、高岚，2002，《心理教育》，云南大学出版社。

沈贵鹏，1994，《谈大学生的心理教育与咨询》，《盐城师专学报》（哲学社会科学版）第4期。

沈琪瑶，1992，《我国48所高校开展心理咨询活动的调查》，《海南师范学报》第4期。

沈晓良，1995，《开展心理健康教育，培养良好心理素质——高校教育改革思路中的重要一环》，《湛江师范学院学报》第3期。

石显成，1990，《加强大学生心理健康教育》，《安庆师院社会科学学报》第2期。

石秀英、张大均、郭改英，2008，《学校心理健康教育工作者绩效评估体系的初步构建》，《中小学心理健康教育》第8期。

史影、尹爱青，2017，《从马克思到罗杰斯——人本主义教学观探析》，《外国问题研究》第2期。

史志谨，2003，《人的全面发展与成人高校的文化素质教育》，《陕西师范大学继续教育学报》第S1期。

司马云杰，1988，《文化价值论》，人民出版社。

宋斌、闵军，2009，《国外职业生涯发展理论综述》，《求实》，第S1期。

宋英，2005，《大学班级增设心理委员的实践探索》，《中国学校卫生》第 12 期。

宋志英，2018，《安徽高校心理咨询从业者的督导现状分析》，《安庆师范大学学报》（社会科学版）第 4 期。

苏秋红，2012，《高校大学生学习动机研究》，硕士学位论文，福建师范大学。

苏霞灯，1991，《关于影响大学生心理健康因素的探讨》，《中国学校卫生》第 3 期。

孙时进、范新河、刘伟，2000，《团体心理咨询对提高大学生自信心的效果研究》，《心理科学》第 1 期。

唐春红，2013，《我国高校心理健康教育的回顾与展望》，《湖北社会科学》第 6 期。

唐晋、毛新志，2018，《高校心理咨询与治疗面临的伦理困境及应对措施》，《教育观察》第 11 期。

唐嵩潇、郝丽莉，2019，《团体心理辅导在高校心理健康教育工作中的积极意义》，《吉林化工学院学报》第 2 期。

田宝伟、胡心怡，2016，《压力知觉、歧视知觉及社会支持对同性恋男大学生心理健康的影响》，《中国特殊教育》第 12 期。

田必琴，2010，《我国职业生涯教育的发展历程及特点》，《法制与社会》第 4 期。

田永果，2014，《大学生自杀态度调查研究》，《佳木斯职业学院学报》第 1 期。

万庆和，1990，《谈谈大学生的心理健康》，《抚州师专学报》第 2 期。

汪亚芳，2006，《美国学校心理服务体系研究及其启示》，硕士学位论文，华中师范大学。

王爱丽、余桂林、陈和玉、谭瑾、李一枝、刘珈邑，2019，《团体心理辅导研究综述》，《世界最新医学信息文摘》第 80 期。

王成义，2005，《大学生压力状况的调查研究》，《中国健康心理学杂志》第 4 期。

王丹丹，2019，《让绘画疗法成为大学生心理健康课程改革的创新品牌》，《品牌研究》第 16 期。

王恩界、罗雪，2017，《中国大陆高校心理健康教育的发展历程与未来走向》，《大学教育》第 8 期。

王芳，2018，《基于微课的大学生心理健康教育课程改革探索》，《创新创业理论研究与实践》第 8 期。

王芳、傅宏，2007，《美国心理健康工作中保护青少年权利的方法及其启示》，《中国心理卫生杂志》第 12 期。

王国华，2014，《高校心理咨询督导机制的建立与完善》，《黑龙江科学》第 12 期。

王建国，2007，《大学生心理危机干预的理论探源和策略研究》，《西南大学学报》（人文社会科学版）第 3 期。

王璐、赵静、徐艳斐，2011，《心理危机干预的研究综述》，《吉林省教育学院学报》第 9 期。

王青，2013，《高校大学生心理危机干预体系研究》，《中国石油大学学报》（社会科学版）第 6 期。

王群，2005，《大学心理健康教育》，复旦大学出版社。

王瑞雪，2010，《高职学生社会支持、挫折应对方式与心理危机的相关研究》，硕士学位论文，内蒙古师范大学。

王书荃，2007，《学校心理健康教育十年研究回顾与思考》，《中国教育学刊》第 8 期。

王淑军，2016，《"心灵阳光"使 5 万大学生受益》，《人民日报》8 月 6 日。

王霞、范红霞，2009，《大学生学习适应性现状的调查研究》，《教育理论与实践》（学科版）。

王效道，1987，《心理卫生的发展趋势和任务》，《心理科学通讯》第 4 期。

王秀希、张丽娟、高玉红、许峰，2012，《高校心理健康教育评估体系的初步构建》,《邯郸学院学报》第 3 期。

王应杰、李艳红,1991,《高校必须重视心理健康教育与发展咨询》,《高等工程教育研究》第 3 期。

王玉龙,2013,《两个经典心理学实验及其挫折教育启发》,《当代教育理论与实践》第 5 期。

王中杰、王淑敏,2008,《从人性观看三大心理治疗流派——精神分析疗法、行为主义疗法与以人为中心疗法》,《教书育人》(高教论坛) 第 18 期。

吴钢,2000,《我国教育评价发展的回顾与展望》,《教育研究》第 8 期。

吴汉德,2003,《大学生心理健康》,东南大学出版社。

吴琼,2016,《陕西高校素质教育理论与实践研究》,硕士学位论文,西安建筑科技大学。

吴武典,2003,《台湾心理辅导的发展与现状》,第一届海峡两岸心理辅导研讨会。

吴霞,2015,《改革开放以来大学生心理健康教育研究》,博士学位论文,西南大学。

吴秀霞,2008,《我国大学生职业生涯规划教育发展历程与趋向》,《设计艺术研究》第 27 卷第 4 期。

吴雪丽,2007,《马斯洛人本主义思想对健康教育启示的研究》,硕士学位论文,首都师范大学。

吴颖新,2017,《论高校专职心理教师的职业倦怠及其对策》,《佳木斯教育学院学报》第 1 期。

伍新春、林崇德、臧伟伟、付芳,2010,《试论学校心理危机干预体系的构建》,《北京师范大学学报》(社会科学版) 第 1 期。

仵林军,2005,《大学生职业生涯规划研究》,硕士学位论文,南京理工大学。

武培博,2016,《论表达性艺术治疗在心理健康教育课程改革中的应用》,《当代教育实践与教学研究》第 4 期。

夏天阳、叶天放，1992，《蓝色伊甸园扫描——中国大学生评论》，江西高校出版社。

谢斌、唐宏宇、马弘，2011，《精神卫生立法的国际视野和中国现实——来自中国医师协会精神科医师分会的观点》，《中国心理卫生杂志》第 10 期。

谢长法，2002，《近代中国职业指导的历史进程》，《教育与职业》第 10 期。

谢君婷，2016，《大学新生学习适应性研究》，硕士学位论文，东北师范大学。

谢琴，2004，《大学生应对方式的校别、性别及焦虑水平差异的研究》，《广州体育学院学报》第 1 期。

谢忠明、张恩泰，2006，《当代大学生心理健康教育现状及对策研究》，《教书育人》（学术理论）第 2 期。

辛素飞、时蒙、张夫伟，2019，《中国大学生自杀态度变迁的横断历史研究》，《中国临床心理学杂志》第 2 期。

辛雅丽，1997，《大学生的防御方式与心理健康》，《中国心理卫生杂志》第 5 期。

辛自强、张梅、何琳，2012，《大学生心理健康变迁的横断历史研究》，《心理学报》第 5 期。

熊建圩、王巧云，2006，《大学生心理健康教育教程》，上海交通大学出版社。

熊荣生，2007，《高等教育与人力资本关系的研究》，《江西农业大学学报》（社会科学版）第 1 期。

熊燕、彭萍、胡一秋，2006，《大学生新生心理健康状况调查与分析》，《中国健康心理学杂志》第 6 期。

徐红，2000，《罗杰斯"以人为中心疗法"与中国文化的精神沟通》，《心理科学》第 1 期。

徐开娟，2016，《从欧美、台湾看内地心理健康教育》，《教育现代化》第 10 期。

徐小军，2004，《大学生学习适应性：结构、发展特点与影响因素研究》，硕士学位论文，西南师范大学。

许岱民，2011，《大学生心理健康教育的现状与对策》，《中国科技信息》第 11 期。

许淑莲、朱琪，1987，《首届青少年心理卫生学术交流会议纪要》，《中国心理卫生杂志》第 3 期。

许新赞，2016，《表达性艺术疗法在高校团体心理咨询课程教学中的应用》，《大学教育》第 3 期。

薛春艳，2015，《大学生心理健康教育课程建设特点及其反思》，《学校党建与思想教育》第 7 期。

薛文治，1989，《论大学生的心理健康》，《山西财经学院学报》第 2 期。

闫奕铭、陈竹，2014，《〈中华人民共和国精神卫生法〉的实施问题研究》，《中外企业家》第 1 期。

杨冠军，2011，《论大学生压力源调查及压力管理对策》，《唐山师范学院学报》第 3 期。

杨婉晨，2019，《心理健康教育四级工作网络体系在高校危机干预中的作用研究》，《现代商贸工业》第 10 期。

姚本先，1987，《大学新生心理矛盾与引导》，《上海高教研究》第 4 期。

姚本先，2008，《学校心理健康教育：理论研究和实践探索的整合》，安徽大学出版社。

姚本先、陆璐，2007，《我国大学生心理健康教育研究的现状与展望》，《心理科学》第 2 期。

姚宏伟、孟菲、周桂英，2017，《新媒体时代高校学生心理危机预警干预体系研究》，《教育现代化》第 15 期。

姚云，2004，《高校素质教育的实践趋势》，《交通高教研究》第 1 期。

叶一舵，2006，《台湾学校心理辅导的历史回顾》，《中小学心理健康教育》第 1 期。

叶一舵，2008，《我国大陆学校心理健康教育二十年》，《福建师范大学学报》（哲学社会科学版）第 6 期。

殷成洁、樊巧云，2014，《新媒体背景下大学生心理健康教育的创新》，《教育与职业》第 26 期。

殷霞，2011，《高校心理咨询伦理问题调查研究》，硕士学位论文，南京师范大学。

尹宁，2019，《团体辅导在心理健康教育课程中的应用研究》，《智库时代》第 37 期。

应小萍、罗劲，2010，《灾难后的心理原始化回归》，《中国农业大学学报》（社会科学版）第 2 期。

余国政、陈咏梅，2006，《大学生学习兴趣探析》，《湖北理工学院学报》（人文社会科学版）第 3 期。

余礼凤，2018，《高职院校人文社科课程改革策略——以"00后"高职生心理特点为视角》，《辽宁高职学报》第 11 期。

俞国良，2007，《现代心理健康教育：心理卫生问题对社会的影响及解决对策》，人民教育出版社。

俞国良、琚运婷，2018，《我国心理健康教育政策的历史进程分析与启示》，《中国教育学》第 10 期。

袁孝珺、霍凯芳、李府桂、周奕欣、周明洁，2017，《成年期女性友谊质量在亲密关系依恋与心理健康间的中介作用：是否恋爱的调节变量》，《中国临床心理学杂志》第 5 期。

翟贤亮、葛鲁嘉，2017，《积极心理学的建设性冲突与视域转换》，《心理科学进展》第 2 期。

詹启生、李义丹，2005，《建立大学生心理危机干预新模式》，《高等工程教育研究》第 3 期。

湛希宁、甘怡群，2008，《问题取向应对风格量表的信效度检验及与心理健康的关系》，《中国心理卫生杂志》第 3 期。

张博、许凯，2019，《高校大学生心理健康发展中心建设规范探索》，《中国校外教育》第 27 期。

张成山、江远主编，2010，《新编大学生心理健康教育》，清华大学出版社。

张大均，2004，《大学生心理健康教程》，华中科技大学出版社。

张大均，2010，《大学生心理健康教育》，科学出版社。

张凤琳、王振勇，1998，《重庆地区大学生心理健康及成因的调查研究》，《西南师范大学学报》（哲学社会科学版）第 4 期。

张海熹编者，1998，《中国哲学的精神：冯友兰文选》，国际文化出版公司。

张海钟、王云霞，1996，《身心健康教育与思想品德教育及心理咨询的关系》，《教育探索》第 6 期。

张厚粲，2003，《行为主义心理学》，浙江教育出版社。

张继如，2003，《大学生心理素质教育》，内蒙古大学出版社。

张建卫、刘玉新、金盛华，2003，《大学生压力与应对方式特点的实证研究》，《北京理工大学学报》（社会科学版）第 1 期。

张静君，2011，《心理咨询与心理治疗法制化探讨》，硕士学位论文，上海交通大学。

张俊民，1990，《浅谈对大学生心理健康的培养》，《心理学探新》第 1 期。

张璐婧，2018，《英国高校心理健康教育工作的特点及启发——以纽卡斯尔大学为例》，《河南教育》第 4 期。

张钦峰、魏星、王一涵，2018，《陕西高校心理健康教育工作现状调查与对策研究》，《西部素质教育》第 17 期。

张若熙，2019，《高校心理咨询发展的趋势》，《文化创新比较研究》第 36 期。

张声远，1986，《心理健康的三大标准》，《上海教育研究》第 6 期。

张卫平、杨小林，1999，《健美操对大学生心理健康影响的研究》,《中国学校卫生》第 2 期。

张晓丽、李新征、王壮生、张玉梅,2010,《残疾大学生 163 名心理健康状况比较分析》,《中国学校卫生》第 5 期。

张晓璐,2015,《农村大学生心理健康状况分析及对策》,《山西农经》第 10 期。

张艳芬,1995,《试论当代女大学生的生理卫生与心理健康》,《黑龙江高教研究》第 2 期。

张宇迪,2020,《跨性别与顺性别大学生的心理健康状况》,《中国心理卫生杂志》第 1 期。

张云,2007,《大学生心理健康向导》,华东师范大学出版社。

张运生,2004,《1496 名大学生心理健康状况调查》,《中国公共卫生》第 12 期。

赵恒泰、王吉广,1986,《心理健康与成才——谈谈大学生的心理健康》,《天津师大学报》第 6 期。

赵江燕,2017,《表达性艺术治疗方法在工读学生心理辅导中的应用研究》,硕士学位论文,江西理工大学。

赵竞,2018,《构建网络环境下大学生心理健康教育新模式》,《理论观察》第 3 期。

赵君、苏荣坤,2019,《〈精神卫生法〉对高校心理健康教育工作的影响》,《沈阳师范大学学报》(社会科学版)第 3 期。

赵亮,2015,《高校内部管理机构设置现状分析——以国内 20 所部属高校为例》,《南京医科大学学报》(社会科学版)第 2 期。

赵毅、曹克广、陈宪吉,2001,《对大学生学习动机与心理特点的探讨》,《承德石油高等专科学校学报》第 3 期。

郑安云、常江,2015,《大学生心理健康教育案例教学》,高等教育出版社。

郑斌,2018,《高校心理咨询中保密的伦理困境与解决对策探究》,《辽宁科技学院学报》第 6 期。

郑龙、右方颖,1989,《香港心理学发展概况》,《心理科学通讯》第 6 期。

郑翔，2005，《构建大学生心理健康教育三级网络的思考》，《福建工程学院学报》第 2 期。

中国心理学会秘书处，1995，《中国心理学会正式成立》，《科学通报》第 9 期。

仲玉英、曹渊勇、万敏杰，1987，《心理指导——高校思想教育的新探索》，《当代青年研究》第 11 期。

周红霞，2015，《运用激励理论实施大学生健康心理管理》，《内蒙古教育》（职教版）第 5 期。

周洪祥等，1993，《大学生心理健康状况调查及预防措施探讨》，中国心理学会全国第七届心理学学术会议文摘选集。

周家华、王金凤，2004，《大学生心理健康教育》，清华大学出版社。

周莉，2010，《大学生心理健康教育》，中国人民大学出版社。

周明娜，2016，《高校心理咨询师职业倦怠研究综述》，《赤峰学院学报》（自然科学版）第 16 期。

周婷，2015，《高校心理健康教师职业发展困境及对策》，《课程教育研究》第 23 期。

周婷，2016，《大学生心理社团建设探析》，《才智》第 16 期。

周围、赵霞，2009，《学校心理咨询师个人成长的调查研究》，《南通大学学报》（教育科学版）第 4 期。

周文生、唐磊，2010，《大学生心理健康教程》，化学工业出版社。

朱家雄、周林，1983，《心理卫生与教育》，《外国教育资料》第 3 期。

朱亮，2006，《大学生心理健康教育历史、现状及发展研究》，硕士学位论文，合肥工业大学。

朱美燕，2011，《大学生心理危机干预的发展趋向》，《教育评论》第 2 期。

朱荣春、王通理、钱铭怡,1999,《大学生羞耻感和心理健康以及自我效能、自尊的相关研究》,《中国心理卫生杂志》第4期。

朱艳、丁敬耘、顾华,2019,《高校辅导员心理健康教育工作伦理困境的质性研究》,《华北水利水电大学学报》(社会科学版)第2期。

朱永祥,1993,《国外学校心理学发展的现状与趋势》,《比较教育研究》第3期。

宗敏,2015,《两岸高校学生心理健康教育比较研究》,《当代教育理论与实践》第12期。

二 英文文献

American Psychological Association. 1951. "Ethical standards for psychology: Sections 1 and 6." *American Psychologist* 6: 626–661.

American Psychological Association. 1992. "Ethical principles of psychologists and code of conduct." *American Psychologist* 12: 1597–1611.

Anonymus, eds. 1996. *Aggression and violent behavior: a review journal*. Elsevier Science.

Csikszentmihalyi, M. 2014. "Flow and the foundations of positive psychology." Dordrecht:Springer: 279–298.

Gable, S. L. & Haidt, J. 2005. "What (and why) is positive psychology?" *Review of general psychology* 2: 103–110.

Grieder, C. 1938. "The university in American life." *The Phi Delta Kappan* 8: 260–265.

Ho, R. T. H. 2015. "A place and space to survive: A dance/movement therapy program for childhood sexual abuse survivors." *The Arts in Psychotherapy* 46: 9–16.

Maggs, J. L. & Schulenberg, J. 1998. "Reasons to drink and not to drink: Altering trajectories of drinking through an alcohol misuse prevention program." *Applied Developmental Science* 1: 48–60.

Pack, M. J. 2013. "Critical incident stress management: A review of the literature with implications for social work." *International Social Work* 5: 608-627.

Pope, K. S. & Vasquez M. J. 1998. "Ethicsin psychotherapy and counseling. 2nd." San Francisco: Jossey-Bass: 19-39.

Price, J. S. 2009. "Creative healing: An expressive art therapy curriculum designed to decrease the symptoms of depression and anxiety." Master diss., Prescott College.

Revelle, W. , Dworak, E. M. & Condon, D. M. 2020. "Exploring the persome: The power of the item in understanding personality structure." *Personality and Individual Differences* (in press) .

Revelle, W. , Dworak, E. M. , & Condon, D. M. 2020. Exploring the persome: The power of the item in understanding personality structure. Personality and Individual Differences, 109905, https: // doi. org/https: //doi. org/10. 1016/j. paid. 2020. 109905.

Seligman, M. E. P. 1998. "Building human strength: Psychology's forgotten mission." APA Monitor.

Seligman, M. E. P. 2003. " Foreword: The past and future of positive psychology. " *Flourishing: Positive psychology and the life well-lived:* 11-20.

Wallingford, N. 2009. "Expressive arts therapy: Powerful medicine for wholeness and healing." Master diss., Pacifica Graduate Institute.

编后语

　　本书是在社会科学文献出版社的大力支持下，在西北大学副校长常江的亲自指导和帮助下，在西北大学社科处改革开放 40 年项目和社科处出版基金的支持下，在西北大学党委副书记吕建荣、学生工作处处长董国强的关心与鼓励下顺利完稿的。在此，我们向西北大学各位领导及教务处、社科处表示衷心的感谢！要感谢社会科学文献出版社的张小菲编辑，她热情、认真，不急不燥，尊重理解，是一位尤其难得的职业人，感谢她一直以来的支持和关照！

　　本书由郑安云老师编撰大纲，郑安云和张文芳老师统稿，参与初稿编写的老师还有：第一章蒋桂黎（西安航空职业技术学院）；第二章张文芳、李浩正；第三章李岚溪、贺小玲；第四章钱海姣（商洛学院）；第五章李佳、夏志远；第六章杨婉晨、张向强；第七章张达、傅元；第八章屈展（西安工程大学）、李佳阳。樊靖、李佳宁、张文静协助进行了书稿的校对。

　　本书编写、校稿正值新冠肺炎疫情发生之时，编委会沟通研讨均在线上进行，受限于沟通方式，讨论可能不够充分，书中难免存在不足之处，还希望读者多提宝贵意见，我们将不胜感激！

编　者

2020 年 6 月

图书在版编目（CIP）数据

高校心理健康教育发展 40 年／郑安云，张文芳主编
. --北京：社会科学文献出版社，2021.8
ISBN 978-7-5201-8786-2

Ⅰ.①高…　Ⅱ.①郑…②张…　Ⅲ.①高等学校-心
理健康-健康教育-研究-中国　Ⅳ.①G444

中国版本图书馆 CIP 数据核字（2021）第 158091 号

高校心理健康教育发展 40 年

主　　编／郑安云　张文芳

出 版 人／王利民
责任编辑／张小菲
责任印制／王京美

出　　版／社会科学文献出版社·群学出版分社（010）59366453
　　　　　地址：北京市北三环中路甲 29 号院华龙大厦　邮编：100029
　　　　　网址：www.ssap.com.cn
发　　行／市场营销中心（010）59367081　59367083
印　　装／三河市尚艺印装有限公司

规　　格／开本：787mm×1092mm　1/16
　　　　　印张：17.25　字数：238 千字
版　　次／2021 年 8 月第 1 版　2021 年 8 月第 1 次印刷
书　　号／ISBN 978-7-5201-8786-2
定　　价／128.00 元

本书如有印装质量问题，请与读者服务中心（010-59367028）联系

▲▲ 版权所有 翻印必究